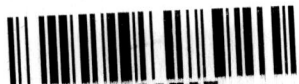

晉 司馬彪 撰
梁 劉 昭注補

後漢書志

第一二册
第一九至第三〇（志二）

中華書局

後漢書志第十九

郡國一

河南　河內　河東　弘農　京兆　馮翊　扶風

右司隸

漢書地理志記天下郡縣本末，及山川奇異，風俗所由，至矣。今但錄中興以來郡縣改異，及春秋、三史會同征伐地名，〔一〕以爲郡國志。〔二〕凡前志有縣名，今所不載者，皆世祖所幷省也。前無今有者，後所置也。凡縣名先書者，郡所治也。〔三〕

〔一〕臣昭案：志猶有遺闕，今衆書所載，不可悉記。其春秋土地，通儒所據而未備者，皆先列焉。

〔二〕本志唯郡縣名爲大書，其山川地名悉爲細注，今進爲大字。新注證發，臣劉昭採集。

〔三〕帝王世記曰：「自天地設闢，未有經界之制。三皇尙矣。諸子稱神農之王天下也，地東西九十萬里，南北八十五萬里。及黃帝受命，始作舟車，以濟不通。乃推分星次，以定律度。自斗十一度至婺女七度，一名須女，曰星紀之次，於辰在丑，謂之赤奮若，於律爲黃鍾，斗建在子，今吳、越分野。自婺女八度至危十六度，曰玄枵之次，一名天黿，於辰在子，謂之困敦，於律爲大呂，斗建在丑，今齊分野。自危十七度至奎四度，曰豕韋之次，一名娵訾，於辰在亥，謂之大淵獻，於律爲太蔟，斗建在寅，今衞分野。自奎五度至胃六度，曰降婁之次，於辰在戌，謂之閹茂，於律爲夾鍾，斗建在卯，今魯分野。自胃七度至畢十一度，曰大梁之次，於辰在酉，謂之作噩，於律爲姑洗，斗建在辰，今趙分野。自畢十二度至東井十五度，曰實沈之次，於辰在申，謂之涒灘，於律爲中呂，斗建在巳，今晉、魏分野。自井十六度至柳八度，曰鶉首之次，於辰在未，謂之叶洽，於律爲蕤賓，斗建在午，今秦分野。自柳九度至張十七度，曰鶉火之次，於辰在午，謂之敦牂，一名大律，於律爲林鍾，斗建在未，今周分野。自張十八度至軫十一度，曰鶉尾之次，於辰在巳，謂之大荒落，於律爲夷則，斗建在申，今楚分野。自軫十二度至氐四度，曰壽星之次，於辰在辰，謂之執徐，於律爲南呂，斗建在酉，今韓分野。自氐五度至尾九度，曰大火之次，於辰在卯，謂之單閼，於律爲無射，斗建在戌，今宋分野。自尾十度至斗十度百三十五分而終，曰析木之次，於辰在寅，謂之攝提格，於律爲應鍾，斗建在亥，今燕分野。凡天有十二次，日月之所躔也；地有十二分，王侯之所國也。故四方方七宿，四七二十八宿，合百八十二星。東方蒼龍三十二星，七十五度；北方玄武三十五星，九十八度（四分度之一）；西方白虎五十一星，八十度；南方朱雀六十四星，百一十二度。周天三百六十五度四分度之一。一度二千九百三十二里，分爲十二次，一次三十度三十二分度之十四，各以附其七宿閒。距周天積百七萬九百一十三里，徑三十五萬六千九百七十一里。陽道左行，故太歲右轉，凡中外官常明者百二十四，可名者三百二十，合二千五百星。微星之數，凡萬一千五百二十星，萬物所受，咸系命焉。此黃帝創制之大略也。而佗說稱日月所照三十五萬里。考諸子所載，神農之地，過日月之表，近爲虛誕。及少昊氏之衰，九黎亂德，其制無聞矣。洎顓頊之所建，帝嚳受定，則孔子稱其地北至幽陵，南暨交阯，西蹈流沙，東極蟠木，日月所照，莫不底焉，是以建萬國而制九州。至堯遭洪水，分爲十二州，今虞書是也。及禹平水土，還爲九州，今禹貢是也。是以其時九州之地，凡二千四百三十萬八千二十四頃，定墾者九百（一）〔三〕十萬（八）〔六〕千二十四頃，不墾者千五百萬二千頃，民口千三百五十五萬三千九百二十三人。至于塗山之會，諸侯承唐虞之盛，執玉帛亦有萬國。是以山海經稱禹使大章步自東極，至于西垂，二億三萬三千五百里七十一步。又使豎亥步〔自〕南極，（北）盡於北垂，二億三萬三千五百里七十五步。四海之內，則東西二萬八千里，南北二萬六千里，出水者八千里，受水者八千里，〔經〕名山五千三百五十，（經）六萬四千五十六里。出銅之山四百六十七，出鐵之山三千六百九。以供財用，儉則有餘，奢則不足。以男女耕織，不奪其時，故公家有三十年之積，私家有九年之儲。及夏之衰，棄稷弗務，有窮之亂，少康中興，乃復禹迹。孔甲之至桀行暴，諸侯相兼，逮湯受命，其能存者三千餘國，方於塗山，十損其七。民離毒政，將亦如之。殷因於夏，六百餘載，其間損益，書策不存，無以考之。又遭紂亂，至周剋商，制五等之封，凡千七百七十三國，又減湯時千三百矣。民衆之損，將亦如之。及周公相成王，致治刑錯，民口千三百七十一萬四千九百二十三人，多禹十六萬一千人，周之極盛也。其後七十餘歲，天下無事，民彌以息。及昭王南征不反，穆王失荒，加以幽、厲之亂，平王東遷，三十餘載，至齊桓公二年，周莊王之十三年，五千里內，非天王九賓之御，自世子公侯以下至於庶民，凡千一百八十四萬七千人，除有土老疾，定受田者九百萬四千人。其後諸侯相并，當春秋時，尚有千二百國。二百四十二年之中，殺君三十六，亡國五十二，諸侯奔走不得保社稷者，不可勝數。至于戰國，存者十餘。於是從横短長之說，相奪於時，殘民詐力之兵，動以萬計。故崤有匹馬之禍，宋有易子之急，晉陽之（國）〔圍〕，縣釜而炊，長平之戰，血流漂鹵。周之列國，唯有燕、衞、秦、楚而已。齊及三晉，皆以篡亂，南面稱王。衞雖得存，不絕若綫。然考蘇、張之說，計秦及山東六國，戎卒尙存五百餘萬，推民口數，尙當千餘萬。及秦兼諸侯，置三十六郡，其所殺傷，三分居二；猶以餘力，行參夷之刑，收太半之賦，北築長城四十餘萬，南戍五嶺五十餘萬，阿房、驪山七十餘萬，十餘年閒，百姓死沒，相踵于路。陳、項又肆其餘烈，故新安之坑，二十餘萬，彭城之戰，睢水不流。至漢祖定天下，民之死傷，亦數百萬。是以平城之卒，不過三十萬，方之六國，五損其二。自孝惠至文、景，與民休息，六十餘歲，民衆大增，是以太倉有不食之粟，都內有朽貫之錢。武帝乘其資畜，軍征三十餘歲，地廣萬里，天下之衆亦減半矣。及霍光秉政，乃務省役，至于孝平，六世相承，雖時征行，不足大害，民戶又息。元始二年，郡、國百三，縣、邑千(四)〔五〕百八十七，地東西九千三百二里，南北萬三千三百六十八里，定墾田八百二十七萬五百三十六頃，民戶千三百二十三萬三千六百一十二，口五千九百一十九萬四千九百七十八人，多周成王四千五百四十八萬五十五人，漢之極盛也。及王莽篡位，續以更始、赤眉之亂，至光武中興，百姓虛耗，十有二存。中元二年，民戶四百二十七萬千六百三十四，口(三)〔二〕千一百萬七千八百二十人。永平、建初之際，天下無事，務在養民，迄于孝和，民戶滋殖。及孝安永初、元初之閒，兵飢之苦，民人復損。至于孝桓，頗增於前。永壽二年，戶千六百七萬九百六，口五千六萬六千八百五十六人，墾田亦多，單師屢征。及靈帝遭黃巾，獻帝即位而董卓興亂，大焚宮廟，劫御西遷，京師蕭條，豪桀並爭，郭汜、李傕之屬，殘害又甚，是以興平、建安之際，海內凶荒，天子奔流，白骨盈野，故陝津之難，以箕撮指，安邑之東，后裳不完，遂有寇戎，雄雌未定，割剝庶民，三十餘年。及魏武皇帝剋平天下，文帝(授)〔受〕禪，人衆之損，萬有一存。景元四年，與蜀通計民戶九十四萬三千四百二十三，口五百三十七萬二千八百九十一人。又案正始五年，揚威將軍朱照日所上吳之所領兵戶凡十三萬二千，推其民數，不能多蜀矣。昔漢永和五年，南陽戶五十餘萬，汝南戶四十餘萬，方之於今，三帝鼎足，不踰二郡，加有食祿復除之民，凶年飢疾之難，見可供役，裁若一郡。以一郡之人，供三帝之用，斯亦勤矣。自禹至今二千餘載，六代損益，備於玆焉。」臣昭案：謚記云春秋時有千二百國，未知所出。班固云周之始，爵五而土三，蓋千八百國。轉相吞滅，數百年閒，列國耗盡，至春秋時，尚有數十。

河南尹秦三川郡，高帝更名。世祖都雒陽，建武十五年改曰河南尹。〔一〕二十一城，永和五年戶二十萬八千四百八十六，口百一萬八百二十七。

〔一〕應劭漢官曰：「尹，正也。郡府聽事壁諸尹畫贊，肇自建武，訖于陽嘉，注其清濁進退，所謂不隱過，不虛譽，甚得述事之實。後人是瞻，足以勸懼，雖春秋采毫毛之善，罰纖釐之惡，不避王公，無以過此，尤著明也。」

雒陽〔一〕周時號成周。〔二〕有狄泉，在城中。〔三〕有唐聚。〔四〕有上程聚。〔五〕有士鄉聚。〔六〕有褚氏聚。〔七〕有榮錡澗。〔八〕有前亭。〔九〕有圉鄉。〔一〇〕有大解城。〔一一〕

河南〔一二〕周公時所城雒邑也，春秋時謂之王城。〔一三〕東城門名鼎門，〔一四〕北城門名乾祭。〔一五〕又有甘城；〔一六〕有蒯鄉。〔一七〕**梁**故國，伯翳後。〔一八〕有霍陽山。〔一九〕有注城。〔二〇〕**滎陽**有鴻溝水。〔二一〕有廣武城。〔二二〕有虢亭，虢叔國。有隴城。〔二三〕有薄亭。有敖亭。〔二四〕有(費)〔滎〕澤。〔二五〕**卷**〔二六〕有長城，經陽武到密。〔二七〕有垣雝城，或曰古衡雍。〔二八〕有扈城亭。〔二九〕**原武** **陽武**〔三〇〕**中牟**〔三一〕有圃田澤。〔三二〕有清口水。〔三三〕有管城。〔三四〕有曲遇聚。〔三五〕有蔡亭。**開封**〔三六〕**苑陵**有棐林。〔三七〕

有制澤。〔三八〕有瑣侯亭。〔三九〕 **平陰** **穀城**瀍水出。〔四〇〕有函谷關。〔四一〕 **緱氏**〔四二〕有鄔聚。〔四三〕有轘轅關。〔四四〕 **鞏**〔四五〕有尋谷水。〔四六〕有東訾聚，今名訾城。〔四七〕有坎埳聚。〔四八〕有黃亭。有湟水。〔四九〕有明谿泉。〔五〇〕 **成臯**〔五一〕有旃然水。〔五二〕有瓶丘聚。有漫水。有汜水。〔五三〕 **京**〔五四〕 **密**〔五五〕有大騩山。〔五六〕有梅山。〔五七〕有陘山。〔五八〕 **新城**〔五九〕有高都城。〔六〇〕有廣成聚。〔六一〕有鄤聚，古鄤氏，今名蠻中。〔六二〕

偃師〔六三〕有尸鄉，〔六四〕春秋時曰尸氏。〔六五〕 **新鄭**詩鄭國，祝融墟。〔六六〕 **平**

〔一〕摯虞曰：「古之周南，今之雒陽。」魏氏春秋曰：「有委粟山，在陰鄉，魏時營爲圓丘。」皇覽曰：「縣東北山萇弘冢，縣北芒山道西呂不韋冢。」

〔二〕公羊傳曰：「成周者何？東周也。」何休曰：「周道始成，王之所都也。」帝王世記曰：「城東西六里十一步，南北九里一百步。」晉元康地道記曰：「城內南北九里七十步，東西六里十步，爲地三百（里）〔頃〕一十二畝有三十六步。城東北隅周威烈王冢。」

〔三〕左傳僖二十九年「盟于狄泉」，杜預曰城內太倉西南池水。或曰本在城外，定元年城成周乃繞之。案：此水晉時在東（官）〔宮〕西北。帝王世記曰：「狄泉本殷之墓地，在成周東北，今城中有殷王冢是也。又太倉中大冢，周景王也。」

〔四〕左傳昭二十三年「尹辛敗劉師于唐」。

〔五〕古程國，史記曰重黎之後，伯休甫之國也。關中更有程地。帝王世記曰「文王居程，徙都豐」，故此加爲上程。

〔六〕馮異斬武勃(也)〔地〕。

〔七〕左傳昭二十六年「王宿褚氏」，杜預曰縣南有褚氏亭。

〔八〕左傳周景王「崩于榮錡氏」，杜預曰鞏縣西。

〔九〕杜預曰縣西南有泉亭。即泉戎也。

〔一〇〕左傳昭二十二年單氏「伐東圉」，杜預曰縣東南有圉鄉。又西南有戎城，伊雒之戎。

〔一一〕左傳昭二十三年晉師次于解，杜預曰縣西南有大解、小解。

〔一二〕帝王世記曰：「城西有郟鄏陌，太康畋于有雒之表，今河之南。」本傳有(員)〔負〕犢山。

〔一三〕鄭玄詩譜曰：「周公攝政五年，成王宅雒邑，使邵公先相宅，既成，謂之王城。」博物記曰：「王城方七百二十丈，郛方(七)〔一〕十里，南望雒水，北至陝山。」地道記曰去雒城四十里。左傳定八年「單子伐穀城」，杜預曰在縣西。

〔一四〕帝王世記曰：「東南門九鼎所從入。」又曰：「武王定鼎雒陽西南，雒水北鼎中觀是也。」

〔一五〕左傳昭二十四年「士伯立於乾祭」。皇覽曰：「城西南柏亭西周山上周靈王冢，民祠之不絕。」

〔一六〕杜預曰縣西南有甘泉。

〔一七〕左傳昭二十三年尹辛攻蒯。晉地道記曰：「在縣西南，有蒯亭。」

〔一八〕有陽人聚。史記曰：「秦滅東周，不絕其祀，以陽人地〔賜周君〕。」

〔一九〕左傳哀四年「楚爲一昔之期，襲梁及霍」。

〔二〇〕史記曰魏文侯(四)〔三〕十二年敗秦于注。博物記曰：「梁伯好土功，今梁多有城。」

〔二一〕文穎曰：「於滎陽下引河東南爲鴻溝，卽官度水也。」

〔二二〕西征記曰：「有三皇山，或謂三室山。山上有二城，東者曰東廣武，西者曰西廣武，各在山一頭，相去二百餘步，其閒隔深澗，漢祖與項籍語處。」

〔二三〕左傳文〔三〕〔二〕年「盟于垂隴」。

〔二四〕周宣王狩于敖。左傳宣十二年「晉師在敖、鄗之閒」。秦立爲敖倉。

〔二五〕左傳宣十二年楚潘黨逐魏錡及熒，杜預曰縣東熒澤也。

〔二六〕左傳成十年晉鄭盟脩澤，杜預曰縣東有脩武亭。

〔二七〕史記蘇秦說襄王曰：「大王之地，西有長城之界。」

〔二八〕史記无忌謂魏王曰「王有鄭地，得垣雍」者也。杜預曰即是衡雍。又今縣所治城。

〔二九〕左傳莊二十三年「盟于扈」，杜預曰在縣西北。

〔三〇〕有武彊城。史記曰曹參攻武彊。秦始皇東遊至陽武博浪沙中，爲盜所驚。

〔三一〕左傳宣元年諸侯救鄭，遇于北林，杜預曰縣西南有林亭，在鄭北。

〔三二〕左傳曰原圃。爾雅十藪，鄭有圃田。

〔三三〕左傳閔二年遇于淸，杜預曰縣有淸陽亭。

〔三四〕杜預曰管國也，在京縣東北。漢書音義曰：「故管叔邑。」

〔三五〕前書曹參破楊熊。

〔三六〕左傳哀十四年「逢澤有介麇」，杜預曰在縣東北，遠，疑〔非〕。徐廣曰逢池也。

〔三七〕左傳宣元年諸侯會于棐林，杜預曰縣東〔南〕有林鄉。徐齊民北征記曰：「縣東南有大隧澗，鄭莊公所闕。又大城東臨溴水，水東溱水注于洧，城西臨洧水。」

〔三八〕左傳（宣）〔成〕十〔六〕年諸侯遷於制田，杜預曰縣東有制（城）〔澤〕。

〔三九〕左傳襄十一年諸侯之師次于瑣，杜預曰縣西有瑣侯亭。

〔四〇〕博物記曰：「出潛亭山。」

〔四一〕西征記曰：「函谷左右絕岸十丈，中容車而已。」

〔四二〕左傳曰呂相絕秦伯，「殄滅我費、滑」，杜預曰滑國都於費，今緱氏縣。案本紀，縣有百坏山。干寶搜神記曰：「縣有延壽城。」

〔四三〕左傳王取鄔、劉，杜預曰鄔在縣西南。

〔四四〕瓚曰：「險道名，在縣東南。」

〔四五〕鞏伯國。左傳曰「商湯有景亳之命」，杜預曰縣西南有湯亭。帝王世記曰：「湯亭〔在〕偃師。」又曰：「夏太康五弟，須于雒汭，在縣東北三十里。」

〔四六〕左傳昭二十三年王師、晉師圍鄩中。史記（曰）張儀〔曰〕「下兵三川，塞什谷之口」，徐廣曰縣有尋口。

〔四七〕左傳昭二十三年「單子取訾」，杜預曰在縣西南。晉地道記曰在縣之東。

〔四八〕左（氏）〔傳〕，周襄王出，國人納之坎埳，杜預曰在縣東。地道記在南。

〔四九〕左傳昭二十二年「王子猛居于皇」，杜預曰有黃亭，在縣西（北）〔南〕。

〔五〇〕左傳昭二十（三）〔二〕年「賈辛軍于谿泉」。

〔五一〕史記曰，成皋北門名（王）〔玉〕門。左傳「破燕師于北制」，杜預曰「北制，一名虎牢」，亦即此縣也。穆天子傳曰：

「七萃之士，生搏虎而獻天子，命爲柙，而畜之東虢，是曰虎牢。」左傳曰鄭子皮勞晉韓宣子于索氏，杜預曰縣東有大索城。尚書禹貢「至于大伾」，張揖云成臯縣山。又有旋門坂，縣西南十里，見東京賦(曰)。

〔五二〕左傳襄十八年楚伐鄭，次旃然。

〔五三〕左傳曰周襄王處鄭地氾。

〔五四〕鄭共叔所居，左傳云「謂之京城大叔」。應劭曰：「有索亭。楚漢戰京、索。」北征記又有索水。

〔五五〕春秋時曰新城，傳曰新密。僖六年諸侯圍新城，杜預曰一名密縣。

〔五六〕山海經曰：「大騩之山，其陰多鐵，多美堊。有草焉，狀如蓍而毛，青華而白實，其名曰(莨)〔[illegible]〕，服者不夭。」

〔五七〕左傳曰襄十八年楚伐鄭，右迴梅山，在縣西北。

〔五八〕史記魏襄王六年伐楚，敗之陘山。秦破魏華陽，地亦在縣。杜預遺令曰：「山上有冢，或曰子產，邪東北向新鄭城，不忘本也。」

〔五九〕左傳曰文十七年周敗戎于邥垂，杜預曰縣北有垂亭。史記秦遷西周公於憚狐，徐廣曰「與陽人聚相近，在雒陽南百五十里梁、新城之閒」。

〔六〇〕史記蘇代說韓相國以高都與周者。

〔六一〕有廣成苑。

〔六二〕左傳昭十六年楚殺鄤子，杜預曰縣東南有蠻城。又祭遵獲張滿也。

〔六三〕帝王世記曰：「帝嚳所都，殷盤庚復南亳，是爲西亳。」皇覽曰「北有臯繇祠」，又曰「有湯亭，有湯祠」。

〔六四〕帝王世記曰：「尸鄉在縣西二十里。」

〔六五〕左傳昭二十六年劉人敗子朝之師于尸氏。前書田橫自殺處。

〔六六〕皇甫謐曰：「古有熊國，黃帝之所都。」

河內郡高帝置。雒陽北百二十里。十八城，戶十五萬九千七百七十，口八十萬一千五百五十八。

懷有隰城。〔一〕**河陽**〔二〕有湛城。**軹**〔三〕有原鄉。〔四〕有溴梁。〔五〕**波**有絺城。〔六〕**沁水**〔七〕**野王**有太行山。〔八〕有射犬聚。〔九〕有邘城。〔一〇〕**溫**蘇子所都。濟水出，王莽時大旱，遂枯絕。〔一一〕**州**　**平皋**有邢丘，故邢國，周公子所封。〔一二〕有李城。〔一三〕**山陽邑**。有雍城。〔一四〕有蔡城。〔一五〕**武德**　**獲嘉**侯國。**脩武**故南陽，秦始皇更名。有南陽城，〔一六〕陽樊、攢茅田。〔一七〕有小脩武聚。〔一八〕有隤城。〔一九〕**共**本國。淇水出。〔二〇〕有汎亭。〔二一〕**汲**〔二二〕**朝歌**〔二三〕紂所都居，〔二四〕南有牧野，〔二五〕北有邶國，南有寧鄉。〔二六〕**蕩陰**有羑里城。〔二七〕**林慮**故隆慮，殤帝改。有鐵。〔二八〕

〔一〕左傳曰王取鄭隰城，杜預曰在縣西南。傳又曰郤至與周爭鄇田，杜預曰縣西南有鄇人亭。

〔二〕左傳曰王與鄭盟，杜預曰縣南孟津。

〔三〕左傳曰王以蘇忿生田向與鄭，杜預曰縣西北地名向上。

〔四〕左傳曰王與鄭原，杜預曰沁水西北有原城。

〔五〕左傳曰襄十六年諸侯會溴梁。

〔六〕左傳曰王與鄭絺，杜預曰在野王縣西南。

〔七〕山海經曰沁水出井陘東。

〔八〕山海經曰：「其上有金玉，下有碧。有獸焉，其狀如麋而四角，馬尾而有距，其名曰驒還。」酈食其說曰「杜太行之道」，韋昭曰在縣北。

〔九〕世祖破青犢也。

〔一〇〕史記曰紂以文王、九侯、鄂侯爲三公，徐廣曰「鄂」一作「邘」。武王子封在縣西北。

〔一一〕皇覽曰：「縣郭東濟水南有虢公冢。」

〔一二〕臣瓚曰：「丘名也，非國，在襄國西。」

〔一三〕史記曰邯鄲李同却秦兵，趙封其父李侯，徐廣曰即此城。

〔一四〕杜預曰古雍國，在縣西。

〔一五〕蔡叔邑此，猶鄭管城之類乎？

〔一六〕左傳僖四年晉文公圍南陽。史記曰：「白起攻韓南陽，太行道絕之。」山海經曰：「太行之山，清水出焉。」郭璞曰：「脩武縣北黑山亦出清水。」

〔一七〕服虔曰：「樊仲山之所居，故名陽樊。」杜預曰縣西北有（蕢）〔攢〕城。左傳曰定元年魏獻子田大陸，杜預曰西北吳澤也。

〔一八〕春秋曰寧。史記曰高祖得韓信軍小脩武，晉灼曰在城東。

〔一九〕左傳隱十一年「以隤與鄭」。

〔二〇〕前志注曰水出北山。博物記曰：「有奧水，流入淇水，有綠竹草。」

〔二一〕凡伯邑。

〔二二〕晉地道記曰有銅關。

〔二三〕有鹿腹山。

〔二四〕帝王世記曰紂糟丘、酒池、肉林在城西。前書注曰鹿臺在城中。

〔二五〕去縣十七里。

〔二六〕史記无忌說魏安僖王曰「通韓上黨於共寧」，徐廣曰有寧鄉。左傳曰襄二十三年「救晉，次雍榆」，杜預曰縣東有雍城是也。

〔二七〕韋昭曰：「羑音酉。文王所拘處。」

〔二八〕徐廣曰：「洹水所出。蘇秦合諸侯盟處。」班叔皮遊居賦亦曰「漱余馬乎洹泉，嗟西伯於牖城」。

河東郡秦置，雒陽西北五百里。〔一〕二十城，戶九萬三千五百四十三，口五十七萬八百三。

〔一〕博物記曰：「有山澤近鹽。沃土之民不才，漢興少有名人，大衣冠三世皆衰絕也。」

安邑〔一〕有鐵，有鹽池。〔二〕**楊**有高梁亭。〔三〕**平陽**侯國。〔四〕有鐵。堯都此。〔五〕**臨汾**〔六〕有董亭。〔七〕**汾陰**〔八〕有介山。〔九〕**蒲坂**有雷首山。〔一〇〕有沙丘亭。〔一一〕**大陽**有吳山，上有虞城，〔一二〕有下陽城，〔一三〕有茅津。〔一四〕有顛軨坂。〔一五〕解〔一六〕有桑泉城。〔一七〕有臼城。〔一八〕有解城。〔一九〕有瑕城。〔二〇〕皮氏有耿鄉。〔二一〕有鐵。有冀亭。〔二二〕聞喜邑，〔二三〕本曲沃。〔二四〕有董池陂，古董澤。〔二五〕有稷山亭。〔二六〕有涑水。〔二七〕有洮水。絳邑。〔二八〕有翼城。〔二九〕永安故彘，〔三〇〕陽嘉二年更名。〔三一〕有霍大山。〔三二〕河北詩魏國。有韓亭。猗氏〔三三〕垣有王屋山，兗水出。〔三四〕有壺丘亭。〔三五〕有邵亭。〔三六〕襄陵〔三七〕北屈〔三八〕有壺口山。〔三九〕有采桑津。〔四〇〕蒲子〔四一〕濩澤侯國。有〔祁〕〔析〕城山。〔四二〕端氏〔四三〕

〔一〕帝王世記曰：「縣西有鳴條陌。湯伐桀，戰昆吾亭。左傳昆吾與桀同日亡。」地道記〔巫〕咸山在南。

〔二〕前志曰池在縣西南。魏都賦注曰在猗氏六十四里。楊佺期雒陽記曰：「河東鹽池長七十里，廣七里，水氣紫色。有別御鹽，四面刻如印齒文章，字妙不可述。」

〔三〕左傳曰僖〔九〕〔二十四〕年晉懷公死高梁，杜預曰在縣西南。地道記有梁城，去縣五十里，叔嚮邑也。

〔四〕左傳曰成七年諸侯盟馬陵，杜預曰衞地也，平陽東南地名馬陵。又說在魏郡元城。

〔五〕晉地道記曰有堯城。

〔六〕博物記曰有賈鄉，賈伯邑。

〔七〕左傳曰晉改蒐于董，杜預曰縣有董亭。

〔八〕博物記曰：「古之綸，少康邑。」

〔九〕縣西北有狐谷亭。郭璞爾雅注曰：「縣有水口，如車輪許，濆沸涌出，其深無限，名之爲瀵。」

〔一〇〕史記曰趙盾田首山，息桑下，有餓人祇彌明。縣南二十里有歷山，舜所耕處。又伯夷、叔齊隱於首陽山，馬融曰在蒲坂華山之北，河曲之中。

〔一一〕左傳曰文十二年秦晉戰河曲，杜預曰在縣南。湯伐桀，孔安國曰河曲之南。

〔一二〕杜預曰虞國也。帝王世記曰：「舜嬪于虞，虞城是也。」亦謂吳城，史記秦昭王伐魏取吳城，即此城也。皇覽曰：「盜跖冢臨河〔曲〕。」博物記曰傅巖在縣北。

〔一三〕虢邑，左傳僖二年虞、晉所滅。縣東北三十里。

〔一四〕左傳曰「秦伐晉，遂自茅津濟」，杜預曰在縣西。南有茅亭，即茅戎。

〔一五〕左傳曰「入自顛軨」。博物記曰在縣鹽池東，吳城之北，今之吳坂。杜預曰在縣東北。

〔一六〕左傳曰咎犯與秦晉大夫盟於郇，杜預曰縣西北有郇城。博物記曰有智邑。

〔一七〕左傳僖二十四年晉文公入桑泉，杜預曰在縣西二十里。

〔一八〕左傳曰晉文公入取臼衰者也。杜預曰在縣東南。博物記曰：「臼季邑。縣西北卑耳山。縣西南齊桓公西伐所登。」

〔一九〕左傳僖十五年晉侯賂秦，內及解梁城。

〔二〇〕左傳文十二年秦侵晉及瑕，杜預曰猗氏縣東北有瑕城。

〔二一〕尚書祖乙徙耿。左傳閔元年晉滅耿，杜預曰縣東南有耿鄉。博物記曰有耿城。

〔二二〕左傳僖二年，晉荀息曰「冀爲不道」，杜預曰國，在縣東北。史記蘇代說燕王曰：「下南陽，封冀。」

〔二三〕博物記曰縣治涑之川。史記曰伐韓到乾河。郭璞曰：「縣東北有乾河口，但有故溝處，無復水。」左傳曰僖三十一年「晉蒐清原」，杜預曰在縣北。

〔一四〕曲沃在縣東北數里，與晉相去六七百里。見毛詩譜注。

〔一五〕左傳曰「改蒐于董」，「董澤之蒲」。

〔一六〕縣西五十里。左傳曰宣十五年「晉侯治兵于稷」。

〔一七〕左傳呂相絕秦，曰「伐我涑川」。

〔一八〕縣西有絳邑城，杜預曰故絳也。

〔一九〕左傳隱五年曲沃伐翼，杜預曰在縣東八十里。

〔二〇〕史記曰周穆王封造父趙城，徐廣曰在永安。博物記曰有呂鄉，呂甥邑也。

〔二一〕杜預曰縣東北有堯城。

〔二二〕爾雅曰：「西南之美者，有霍山之多珠玉焉。」左傳曰閔元年晉滅霍，杜預曰「縣東北有霍大山」。史記曰原過受神人書，稱「余霍大山山陽侯天吏也」。又蜚廉於山得石椁，仍葬也。

〔二三〕地道記曰：「左傳文十三年『詹嘉處瑕』，在縣東北。」

〔二四〕史記曰：「魏武侯二年，城王垣。」博物記曰：「山在東，狀如垣。」

〔二五〕左傳襄元年晉討宋五大夫，寘諸瓠丘，杜預曰縣東南有壺丘亭。

〔二六〕博物記曰：「縣東九十里有郫邵之阸，賈季迎公子樂于陳，趙孟殺諸郫邵。」

〔二七〕晉地道記曰晉武公（自）曲沃徙此。

〔二八〕左傳曰「二屈」，杜預曰「二」當爲「北」。傳曰「屈產之乘」，有駿馬。

〔三九〕禹貢曰：「壺口治梁及岐。」

〔四〇〕左傳僖八年晉敗狄于采桑，杜預曰縣西南有采桑津。

〔四一〕左傳曰晉文公居蒲城，杜預曰今蒲子縣。

〔四二〕前志曰在縣西南。

〔四三〕史記曰，趙、韓、魏分晉，封晉端氏。

弘農郡武帝置。其二縣，建武十五年屬。雒陽西南四百五十里。九城，戶四萬六千八百一十五，口十九萬九千一百一十三。

弘農故秦函谷關，〔一〕燭水出。〔二〕有枯樅山。〔三〕有桃丘聚，故桃林。〔四〕有務鄉。〔五〕有曹陽亭。〔六〕**陝**〔七〕本虢仲國。〔八〕有焦城。〔九〕有陝陌。〔一〇〕**黽池**穀水出。〔一一〕有二崤。**新安**澗水出。〔一二〕**宜陽**〔一三〕**陸渾**西有虢略地。〔一四〕**盧氏**有熊耳山，〔一五〕伊水、淯水出。〔一六〕**湖**故屬京兆。〔一七〕有閺鄉。〔一八〕**華陰**故屬京兆。〔一九〕有太華山。〔二〇〕

〔一〕左傳曰「虢公敗戎于桑田」，杜預曰在縣東北桑田亭。

〔二〕前志出（衡）〔衙〕（山）嶺下谷。

〔三〕本傳赤眉立盆子於鄭北，古今注曰在此山下。

〔四〕左傳曰守桃林之塞，博物記曰在湖縣休與之山。

〔五〕赤眉破李松處。

〔六〕史記曰，章邯殺周章于曹陽，晉灼曰縣東十三里。又獻帝東歸敗處，曹公改曰好陽。

〔七〕史記曰：「自陝以西，邵公主之；自陝以東，周公主之。」

〔八〕杜預曰虢都上陽，在縣東（南）。有虢城。

〔九〕故焦國，史記曰武王封神農之後於焦。

〔一〇〕博物記：「二伯所分。」

〔一一〕前志曰出穀陽谷。

〔一二〕博物記曰：「西漢水出新安入雒。」又有孝水，見潘岳西征賦。

〔一三〕有金門山，山竹爲律管。

〔一四〕左傳僖十五年晉侯賂秦，東盡虢略，杜預曰從河曲南行，而東盡故虢。

〔一五〕山海經曰：「其上多漆，其下多椶。浮豪之水出焉，西北流注于雒，其中多美玉，多人魚。」

〔一六〕晉地道記：「伊東北入雒。」

〔一七〕前志有鼎湖。

〔一八〕皇覽曰：「戾太子南出，葬在闅鄉南。」秦又改曰寧秦。

〔一九〕史記曰魏文侯三十六年齊侵陰晉。前志曰高帝改曰華陰。呂氏春秋九藪云「秦之陽華」，高誘曰「或在華陰西」。誘又曰「桃林縣西長城是也」。晉地道記曰「潼關是也」。

〔二〇〕左傳晉賂秦，南及華山。山海經曰：「太華之山，削成而四方，其高五千仞，其廣十里，鳥獸莫居。有蛇焉，名曰肥遺，六足四翼，見則天下大旱。」武王放馬牛於桃林墟，孔安國曰在華山東。晉地道記山在縣西南。

京兆尹秦內史，武帝改。其四縣，建武十五年屬。雒陽西九百五十里。〔一〕十城，戶五萬三千二百九十九，口二十八萬五千五百七十四。

〔一〕決錄注曰：「京，大也。天子曰兆民。」

長安高帝所都。〔一〕鎬在上林苑中。〔二〕有細柳聚。〔三〕有蘭池。〔四〕有曲郵。〔五〕有杜郵。〔六〕**霸陵**有枳道亭。〔七〕有長門亭。〔八〕**杜陵**〔九〕酆在西南。〔一〇〕**鄭**〔一一〕**新豐**有驪山，〔一二〕東有鴻門亭〔一三〕及戲亭。〔一四〕有（嚴）〔掫〕城。**藍田**出美玉。〔一五〕**長陵**故屬馮翊。〔一六〕**商**故屬弘農。〔一七〕**上雒**侯國。有冢領山，雒水出。故屬弘農。〔一八〕有菟和山。〔一九〕有蒼野聚。〔二〇〕**陽陵**故屬馮翊。

〔一〕漢舊儀曰：「長安城方（亦）〔六〕十三里，經緯各長十五里，十二城門，九百七十三頃。城中皆屬長安令。」辛氏三秦記曰：「長安地皆黑壤，城中今赤如火，堅如石。父老所傳，盡鑿龍首山爲城。」皇覽曰：「衞思后葬城東南桐（松）〔柏〕園，今千人聚是。」

〔二〕孟康曰：「長安西南有鎬池。秦始皇江神反璧曰：『爲吾遺鎬池君。』」古史考曰：「武王遷鎬，長安豐亭鎬池也。」皇覽曰：「文王、周公冢皆在鎬聚東杜中。」

〔三〕前書周亞夫所屯處。

〔四〕史記曰秦始皇微行夜出，逢盜蘭池。三秦記曰：「始皇引渭水爲長池，東西二百里，南北三十里，刻石爲鯨魚二百文。」

〔五〕前書高帝征黥布，張良送至曲郵。

〔六〕史記曰白起死處。三秦記曰：「長安城西有九嵕山，西有杜山。」杜預曰：「畢國在西北。」

〔七〕前書秦王子嬰降於軹道旁，地道記曰霸水西。

〔八〕前書文帝出長門，若見五人於道北，立五帝壇。

〔九〕杜預曰古唐杜氏也。

〔一〇〕杜預曰：「在鄠縣東。」決錄注曰：「鎬在酆水東，酆在鎬水西，相去二十五里。」

〔一一〕史記殺商君鄭黽池。鄭桓公封於此。黃圖云：「下邽縣並鄭，桓帝西巡復之。」

〔一二〕杜預曰：「古驪戎國。」韋昭曰：「戎來居此山，故號驪戎。」三秦記曰：「始皇墓在山北，有始皇祠。不齋戒往，即疾風暴雨。人理欲上，則杳冥失道。縣西有白鹿原，周平王時白鹿出。」案關中圖，縣南有新豐原，白鹿在霸陵。

〔一三〕前書高帝見項羽處，孟康曰「在縣東七十里，舊大道北下坂口名」。關中記云始皇陵北十餘里有謝聚。

〔一四〕周幽王死處，蘇林曰縣東南四十里。

〔一五〕三秦記曰：「有川，方三十里，其水北流。出玉、銅、鐵、石。」地道記有虎候山。

〔一六〕蔡邕作樊陵頌云：「前漢戶五萬，口有十七萬，王莽後十不存一。永初元年，羌戎作虐。至光和，領戶不盈四千。園陵蕃衞粢盛之供，百役出焉。民用匱乏，不堪其事。」

〔一七〕帝王世記曰：「契所封也。」左傳哀四年「將通於少習」，杜預曰少習，縣東之武關。

〔一八〕山海經曰雒水出(護)〔讙〕舉之山。案(衆)〔史〕記云雒水出熊耳。山海經曰雒出王城南，至相谷西，東北流，去虎牢城西四十里，注河口，謂之雒汭。

〔九〕左傳哀四年，楚司馬軍于菟和。

〔一〇〕左傳曰（昭）〔哀〕四年楚（左）〔右〕師軍蒼野，杜預曰在縣南。

左馮翊秦屬內史，武帝分，改名。雒陽西六百八十八里。〔一〕十三城，戶三萬七千九十，口十四萬五千一百九十五。〔二〕

〔一〕決錄注曰：「馮，馮也。翊，明也。」

〔二〕潘岳關中記曰：「三輔舊治長安城中，長吏各在其縣治民。光武東都之後，扶風出治槐里，馮翊出治高陵。」

高陵　**池陽**〔一〕　**雲陽**〔二〕　**祋祤**永元九年復。　**頻陽**　**萬年**〔三〕　**蓮勺**　**重泉**　**臨晉**本大荔。有河水祠。有芮鄉。〔四〕有王城。〔五〕　**郃陽**永平二年復。　**夏陽**有梁山、〔六〕龍門山。〔七〕　**衙**〔八〕　**粟邑**永元九年復。

〔一〕爾雅十藪，周有焦穫，郭璞曰縣瓠中是也。地道記「有巀嶭山，在北。有鬼谷，生三所氏」。案：史記鬼谷在潁川陽城，與地記不同。

〔二〕有荆山。帝王世記曰：「禹鑄鼎於荆山，在馮翊懷德之南，今其下荆渠也。」

〔三〕帝王世記曰「秦獻公都櫟陽」是也。

〔四〕古芮國，與虞相讓者。

〔五〕史記曰秦厲恭公伐大荔，取其王城，即此城也。左傳晉陰飴甥與秦伯盟王城，杜預曰後改爲武鄉，在縣東。

〔六〕詩云：「弈弈梁山。」在縣西北。公羊傳曰河上之山也。杜預曰古梁國。史記曰本少梁。爾雅曰梁山，晉望也。

〔七〕書曰導河積石，歷龍門。太史公曰「遷生龍門」，韋昭曰在縣北。博物記曰：「有韓原，韓武子采邑。」

〔八〕左傳文二年晉敗秦于彭衙。皇覽曰：「有蒼頡冢，在利陽亭南，墳高六丈。」

右扶風秦屬內史，武帝分，改名。〔一〕十五城，戶萬七千三百五十二，口九萬三千九十一。

〔一〕決錄曰：「扶風，化也。」

槐里周曰犬丘，〔一〕高帝改。　**安陵**〔二〕　**平陵**　**茂陵**　**鄠**〔三〕豐水出。〔四〕有甘亭。〔五〕　**郿**有邰亭。〔六〕　**武功**永平八年復。有太一山，本終南。垂山，本敦物。〔七〕有斜谷。〔八〕　**陳倉**〔九〕　**汧**〔一〇〕有吳嶽山，〔一一〕本名汧，汧水出。有回城，名回中。〔一二〕　**渝麋**侯國。　**雍**〔一三〕有鐵。〔一四〕　**栒邑**有豳鄉。〔一五〕　**美陽**有岐山，〔一六〕有周城。〔一七〕　**漆**有漆水。〔一八〕有鐵。〔一九〕　**杜陽**永和二年復。〔二〇〕

〔一〕又名廢丘，周懿王、章邯所都。

〔二〕皇覽曰：「縣西北畢陌，秦武王冢。」

〔三〕古扈國。

〔四〕左傳曰「康有酆宮之朝」，杜預曰有靈臺，康王於是朝諸侯。

〔五〕帝王世記曰在縣南。夏啓伐扈，大戰于甘。又南山有王季冢。

〔六〕史記曰封棄於邰，徐廣曰今斄鄉。又案王忳傳，郿之斄亭，爲寃鬼報戮故亭長者也。秦是斄縣，後省。帝王世記曰：「秦出公徙平陽。」新論曰：「郃在漆縣，其民有會日，以相與夜中市，如不爲，則有災咎。」

〔七〕前志在縣東。

〔八〕西征賦注曰：「褒斜谷，在長安西南。南口褒，北口斜，長百七十里。其水南流。」

〔九〕三秦記曰：「秦武公都雍，陳倉城是也。有石鼓山。將有兵，此山則鳴。」

〔一〇〕爾雅（曰）十藪，秦有楊紆，郭璞曰在縣西。

〔一一〕郭璞曰：「別名吳山，周禮所謂嶽山者。」

〔一二〕來歙開道處。

〔一三〕左傳邵穆公采邑，史記有鴻冢。

〔一四〕帝王世記曰秦德公徙都。

〔一五〕鄭玄詩譜曰：「豳者，公劉自邰而出，所徙戎狄之地名。」又有劉邑。

〔一六〕左傳椒舉曰：「成王有岐陽之蒐。」山海經曰：「其上多白金，其下多鐵，城水出焉，東南流注于江。」

〔一七〕杜預曰城在縣西北。帝王世記曰：「周太王所徙，南有周原。」

〔一八〕山海經曰：「（輸）〔羭〕次之山，漆水出焉。」郭璞曰：「漆水出岐山。詩云『自土沮、漆』。」地道記曰水在縣西。皇覽曰：「有師曠冢，名師曠山。」

〔一九〕杜預曰豳國在東北。帝王世記曰有豳亭。

〔二〇〕詩譜曰：「周原者，岐山陽，地屬杜陽，地形險阻而原田肥美。」

右司隸校尉部，郡七，縣、邑、侯國百六。〔一〕

〔一〕漢（書）舊儀曰：「司隸治所，故孝武廟。」魏（志）略曰：「曹公分關中置漢興郡，（國）〔用〕游楚爲太守。」獻帝起居注曰：「中平六年，省扶風都尉置漢安郡，鎭雍、渝糜、杜陽、陳倉、汧五縣也。」

校勘記

三三八五頁九行　其山川地名悉爲細注今進爲大字　按：細注既進爲大字，則山川地名與郡縣名同爲大字，殊欠分曉，今郡縣名悉用黑體字以別之。

三三八五頁九行　新注證發　汲本「新」作「細」。錢大昭謂閩本亦作「新」。

三三八五頁一〇行　帝王世記　按：別本「記」皆作「紀」，今悉依原本。

三三八五頁一一行　自斗十一度　按：集解引惠棟說，謂費直周易分野壽星起斗十度，蔡邕月令章句壽星起斗六度，陳卓云斗十二度。

三三八五頁一三行　自婺女八度　按：惠棟謂費直起女六度，蔡邕起女二度。

三三八五頁一三行　至危十六度　按：惠棟謂陳卓云十五度。

三三八六頁一行　自危十七度　按：惠棟謂費直起危十四度，蔡邕起危十度，陳卓云十六度。

三三八六頁二行　自奎五度　按：惠棟謂費直起奎二度，蔡邕起奎八度。

三三八六頁三行　自胃七度　按：惠棟謂費直起婁十度，蔡邕起胃一度。

三三八六頁四行　自畢十二度　按：惠棟謂費直起畢九度，蔡邕起畢六度。

三三八六頁五行　自井十六度　按：惠棟謂費直起井十二度，蔡邕起井十度。

三三八六頁五行　自柳九度　按：惠棟謂費直起柳五度，蔡邕起柳三度。

三三八六頁五行　至張十七度　按：惠棟謂陳卓云十六度。

三三八六頁六行　斗建在未　按：「斗」原譌「中」，逕改正。

三三八六頁六行　自張十八度　按：惠棟謂費直起張十三度，蔡邕起張十二度，陳卓起張十七度。

三三八六頁七行　自軫十二度　按：惠棟謂費直起軫七度，蔡邕起軫六度。

三三八六頁八行　今韓分野　惠棟謂陳卓云鄭之分野，鄭玄案堪輿書，壽星，鄭也，作「韓」者誤。　按：王先謙謂韓滅鄭，故亦稱鄭，竹書可證，惠以「韓」爲誤字，非。

三三八六頁八行　自氐五度　按：惠棟謂費直起氐十一度，蔡邕起亢八度。

三三八六頁九行　自尾十度　按：惠棟謂費直起尾九度，蔡邕起尾四度。

三三八六頁九行　至斗十度　汲本、殿本「十」作「七」。　按：惠棟謂陳卓云斗十一度。

三三八六頁一一行　北方玄武三十五星九十八度（四分度之一）　按：殿本考證齊召南謂蒼龍、玄武、白虎、朱雀各言星度之數，下言周天三百六十五度四分度之一，不應於北方星度獨言四分度之一也，「四分度之一」五字自是衍文。今據删。

三三八七頁二行　定墾者九百（一）〔三〕十萬（八）〔六〕千二十四頃　據殿本改。按：以下不墾者之數合計九州之地數，殿本是。

三三八七頁二行　不墾者千五百萬二千頃　按：「千」原譌「午」，逕改正。

三三八七頁三行　是以山海經稱禹使大章步自東極至于西垂　按：惠棟謂「垂」一作「極」，下「北垂」同。又按：惠棟謂自「禹使大章」至下「二億三萬三千五百里七十五步」，山海經無此文，淮南子墬形訓有之。

三三八七頁四行　二億三萬三千五百里七十一步　惠棟補注本「三千」作「二千」，注云「二」一作「三」。汲本、殿本及惠棟補注本「五百里」皆作「三百里」。今按：淮南子墬形訓作「二億三萬三千五百里七十五步」。

三三八七頁四行　又使豎亥步〔自〕南極（北）盡於北垂　王先謙謂以上文例之，「南極」上奪一「自」字，「北」字衍。今據刪補。按：淮南子作「步自北極，至于南極」。

三三八七頁五行　出水者　按：惠棟謂一作「出水之山者」。

三三八七頁五行　〔經〕名山五千三百五十（經）六萬四千五十六里　惠棟謂「經」字當在「名山」上。今據改。

三三八七頁六行　出鐵之山三千六百九　按：惠棟謂自「東西二萬八千里」至此，皆山海經中山經之文，彼文「九」下有「十」字。

三三八七頁三行 平王東遷三十餘載至齊桓公二年　張森楷校勘記謂案東遷至齊桓公二年七十九年，非三十餘載，文有訛。今案：「三」疑「七」之譌。

三三八七頁一五行 晉陽之(國)〔圍〕　據殿本改。

三三八八頁三行 不過三十萬　按：「三」字原譌「二」，逕改正。

三三八八頁四行 武帝乘其資畜　按：汲本、殿本「乘」作「承」。

三三八八頁六行 縣邑千(四)〔五〕百八十七　殿本考證齊召南謂按前漢書地理志，縣、邑千三百一十四，道三十二，侯國二百四十一，然則合計千五百八十七也，本文「四百」應是「五百」之訛。今據改。

三三八八頁七行 民戶千三百二十三萬三千六百一十二　按：前志作「千二百二十三萬三千六十二」。

三三八八頁七行 口五千九百一十九萬四千九百七十八人　按：前志作「五千九百五十九萬四千九百七十八」。

三三八八頁九行 口(三)〔二〕千一百萬七千八百二十人　據汲本、殿本改。按：惠棟補注引李心傳說，謂西漢戶口至盛之時，率以十戶爲四十八口有奇，東漢戶口率以十戶爲五十二口。此上云「民戶四百二十七萬千六百三十四」，以十戶爲五十二口計之，祇二千一百萬餘，則原作「三千一百萬」，譌也。

三三八八頁一四行　文帝(授)〔受〕禪　據殿本改。

三三八九頁二行　尚有數十　按：「十」字原空白，據汲本、殿本補。

三三八九頁五行　郡府聽事壁諸尹畫贊　按：「郡」字原空白，據汲本、殿本補。「畫」原譌「盡」，逕改正。

三三八九頁六行　罰纖釐之惡　按：汲本、殿本「罰」作「貶」，「釐」作「介」。

三三八九頁一二行　熒陽　汲本、殿本「熒」作「滎」。按：段玉裁謂熒澤、熒陽，古無作「滎」者，淺人任意竄易，以爲水名當作「滎」，不知泲水名熒，自有本義，於絕小水之義無涉也。

三三八九頁一三行　有(費)〔熒〕澤　集解引惠棟說，謂「費澤」無攷，案注及濟水注當作「熒澤」。今據改。

三三九〇頁一行　轂城　前志作「轂成」。按：集解引惠棟說，謂古字通以「城」爲「成」，見劉寬碑陰及韓勑別碑。

三三九〇頁三行　成皐　汲本「皐」作「睪」，殿本作「臯」，注同。按：集解引錢大昕說，謂「睪」當作「臯」，字形相涉而譌。校補引柳從辰說，謂皐爲臯之或體字，作「睪」者，蓋偶譌缺一筆，未可概指爲譌。黃山謂睪亦可通「臯」。

三三九〇頁五行　新城　按：集解引惠棟說，謂前志「城」作「成」，古字通。

三三九〇頁五行　今名蠻中　集解引惠棟說，謂說文「新城䜌中」，古蠻䜌字或相通。按：黃山謂欒䜌相通，蓋古本名欒中，故說文作「䜌中」耳，非蠻䜌字相通也。說詳校補。

三三九〇頁六行　匽師　按：集解引惠棟說，謂前書「匽」作「偃」。

三三九〇頁一〇行　爲地三百(里)〔頃〕　據汲本、殿本改。

三三九〇頁一三行　在東(官)〔宮〕西北　據汲本、殿本改。

三三九〇頁一六行　伯休甫之國也　按：「甫」原譌「川」，逕改正。

三三九一頁一行　馮異斬武勃(也)〔地〕　據汲本、殿本改。

三三九一頁四行　卽泉戎也　按：殿本「戎」作「城」。

三三九一頁五行　單氏伐東圉　按：「圉」原譌「園」，逕改正。

三三九一頁六行　昭二十三年晉師次于解　按：依左傳「三」當作「二」，「晉」當作「王」。

三三九一頁七行　本傳有(員)〔負〕犢山　集解引馬與龍說，謂本書劉昆傳，昆避難河南負犢山中，彼注云「郡國志河南郡有負犢山」。作「員」者，形近致訛，李賢所見本尚不誤。今據改。按：「本」原譌「才」，逕改正。

三三九一頁八行　郛方(七)〔一〕十里　據汲本、殿本改。

三三九一頁一四行　以陽人地〔賜周君〕　據殿本考證齊召南說補，與史記秦本紀合。

三三九一頁一六行　魏文侯(四)〔三〕十二年敗秦于注　按：魏文侯立三十八年卒，無四十二年。敗秦于注，乃三十二年事。各本皆未正，今據史記改。

三三九一頁一七行　於滎陽下引河東南爲鴻溝　汲本、殿本「滎」作「榮」。按：滎陽之「滎」本從火，作「榮」者後人妄改，見前「滎陽」條校記。

三三九二頁三行　左傳文〔三〕〔二〕年盟于垂隴　據汲本、殿本改。

三三九二頁一三行　左傳閔二年遇于淸　「二」原作「一」，逕據汲本、殿本改。按：左傳閔二年無此文。

三三九二頁一六行　在縣東北遠疑〔非〕　據殿本補，與杜注合。

三三九二頁一七行　縣東〔南〕有林鄉　惠棟謂諸本皆脫「南」字。今據補，與杜注合。

三三九三頁二行　左傳〔宣〕〔成〕十〔六〕年諸侯遷於制田　集解引惠棟說，謂諸侯遷制田，成十六年事，注誤。今據改。

三三九三頁二行　縣東有制〔城〕〔澤〕　據集解引惠棟說改，與杜注合。

三三九三頁一〇行　湯亭〔在〕偃師　據集解引惠棟說補。

三三九三頁一三行　史記〔曰〕張儀〔曰〕　按：注所引乃張儀說秦惠王之辭，「曰」字當在「張儀」下，今乙正。

三三九三頁一四行　左〔氏〕〔傳〕　王先謙謂「氏」例當作「傳」，此駁文。今據改。

三三九三頁一四行　地道記在南　按：集解引惠棟說，謂依水經注「南」當作「西」。

三三九三頁一五行　左傳昭二十二年王子猛居于皇　按：「二十二年」原譌「一十二年」，逕改正。

三三九三頁一五行　在縣西(北)〔南〕　集解引惠棟說，謂「西北」今左傳注云「西南」。今據改。

三三九三頁一六行　昭二十(三)〔二〕年　惠棟謂「三」當作「二」。今據改，與左傳合。

三三九三頁一七行　成皋北門名(王)〔玉〕門　據殿本改。按：前書及通鑑並作「玉」。

三三九四頁二行　見東京賦(曰)　汲本「曰」作「云」。按文此字當衍，殿本無，今據删。

三三九四頁四行　周襄王處鄭地氾　按：集解引錢大昕說，謂襄王所處在潁川之襄城，注文重出，當去此存彼。

三三九四頁六行　一名密縣　按：今左傳杜注作「新鄭，鄭新密，今滎陽密縣」。惠棟云注文有脫誤。

三三九四頁七行　多美堊　按：集解引惠棟說，謂今山海經云「多美玉青堊」。

三三九四頁七行　其名曰(蓑)〔獲〕　據汲本、殿本改。

三三九四頁八行　在縣西北　按：「在」上當脫「杜預曰」三字。又按：左傳杜注「西北」作「東北」。

三三九四頁一五行　楚殺鄾子　校補引柳從辰說，謂今左昭十六年經傳「鄾」均作「蠻」，注誤。

三三九五頁五行　有絺城　按：集解引惠棟說，謂「絺」說文作「郗」。

三三九五頁一三行　王取鄭隰城　按：「取」疑「與」之誤。左隱十一年王以蘇忿生田與鄭，有隰郕，杜注「在懷縣西南」。僖二十五年傳「隰郕」作「隰城」。

三三九六頁一三行　左傳僖四年晉文公圍南陽　按：注有誤。僖四年重耳方出亡，安有所謂「晉文公圍南陽」事？

三三九六頁一三行　太行之山　按：「行」原譌「時」，逕改正。

三三九六頁一五行　縣西北有(贊)〔攢〕城　據汲本、殿本改。

三三九七頁一一行　洹水所出　按：校補引柳從辰說，謂水經「洹水出上黨泫氏縣」，注云「出洹山，在長子縣也」。又「東過隆慮縣北」，注云「縣北有隆慮山」。是隆慮非卽洹水所出。

三三九七頁一三行　少有名人大衣冠三世皆衰絕也　按：張森楷校勘記謂「大衣冠」不詞，疑「大」下有「族」字，「衣冠」屬下爲句。

三三九七頁一五行　蒲坂　按：前志「坂」作「反」。

三三九八頁五行　兖水出　集解引惠棟說，謂「兖」當作「沇」。又引錢大昕說，謂兖卽沇字，古人從水字或橫寫，沇作兖，亦是以立水爲橫水，隸省爲六爾。兖州本以沇水得名，非兩字也。按：說文「沇」下段注云，古文作㕣，小篆作沇，隸變作兖，此同義而古今異形。

三三九八頁六行　有(祁)〔析〕城山　據殿本改。按：錢大昕謂「祁」當作「析」。

三三九八頁七行　〔巫〕咸山在南　王先謙謂「咸」上脫「巫」字，班志可證。今據補。

三三九八頁一〇行　僖(九)〔二十四〕年晉懷公死高梁　殿本考證齊召南謂注引左傳紀年多訛，晉文公入國而後殺懷公於高梁，是僖二十四年事。今據改。

三三九八頁二行　衛地也平陽東南地名馬陵　按：注引杜注有誤。春秋成七年杜注作「馬陵，衛地。陽平元城有地名馬陵」。又按：王先謙謂「衛」當作「魏」。

三三九八頁一四行　縣有董亭　按：校補謂今左傳注作「汾陰縣有董亭」。考晉志無汾陰縣，此或據魏舊言之，而其時亭地已改隸汾陰耳。

三三九八頁一五行　古之綸少康邑　按：集解引惠棟說，謂案梁國虞縣有綸城，少康邑，注失考。

三三九九頁五行　盜跖冢臨河〔曲〕　集解引惠棟說，謂案皇覽，冢臨河曲，直宏農華陰山潼鄉，注脫「曲」字也。今據補。

三三九九頁一〇行　在縣西二十里　按今左傳杜注作「在河東解縣西」，不言「二十里」。

三三九九頁一四行　杜預曰猗氏縣東北有瑕城　按：今左傳僖十二年無此注。僖三十年「許君焦、瑕」，杜注「晉河外五城之二邑」，卽此，然不云「猗氏縣東北」也。

三四〇〇頁七行　在縣東八十里　按：左傳杜注云「在平陽絳邑縣東」，不言「八十里」。

三四〇〇頁一一行　得石椁　按：汲本、殿本「椁」作「棺」。

三四〇〇頁一六行　晉武公〔自〕曲沃徙此　據集解引馬與龍說補。按：馬與龍謂注「曲沃」上脫「自」字。漢書地理志「河東郡絳，晉武公自曲沃徙此」。注地道記說蓋卽本班志，當在前「絳邑」

下，不知何以置此。地道記不應若是之誤，劉昭亦不應誤引若是，當由後人傳寫誤脫，因妄竄耳。

三四〇一頁八行　有務鄉　集解引錢大昕說，謂劉聖公傳作「務鄉」，音莫老反。

三四〇一頁一三行　按：殿本考證齊召南謂此注錯簡，當在下「陝有陝陌」之下。杜預左傳注云「桑田，虢地，在弘農陝縣東北」。蓋舊志陝有桑田亭，而劉昭引此文爲注也。又按：注「桑田亭」原譌「桑里亭」，逕改正。

三四〇一頁一四行　出(衡)〔衙〕(山)嶺下谷　按：前志「衡」作「衙」，水經河水注及開山圖亦作「衙」。集解引錢大昕說，謂「衡」當作「衙」。又前書補注引段玉裁說，謂「嶺」誤析爲「山領」，古「嶺」祇作「領」字。王先謙謂段云「山」字衍，是。今據以改删。

三四〇二頁四行　虢都上陽在縣東〔南〕　按：左傳僖五年「晉侯圍上陽」，杜注「上陽，虢國都，在弘農陝縣東南」。今據補。

三四〇二頁一〇行　從河曲南行而東盡故虢　按：今左傳杜注作「從河南而東盡虢界也」。

三四〇二頁一四行　秦又改曰寧秦　按：齊召南謂此注六字亦錯簡，當在下華陰注「高帝改曰華陰」之上，證以前志自明。

三四〇二頁一七行　名曰肥遺　殿本「遺」作「𧕴」，與今山海經合。按：校補謂𧕴後起字，疑本通作「遺」。

三四〇三頁七行　有(嚴)〔掫〕城　按：集解引洪頤煊說，謂本書劉玄傳注引續志作「掫城」，「嚴」是「掫」字之訛。今據改。

三四〇三頁一〇行　長安城方(亦)〔六〕十三里　據校補引錢大昭說改。按：史記呂后紀索隱引亦作「六十三里」。

三四〇三頁一一行　葬城東南桐(松)〔柏〕園　據集解引惠棟說改。

三四〇四頁一七行　雒水出(護)〔讙〕舉之山　集解引惠棟說，謂「護舉」山海經作「讙舉」。校補引柳從辰說，謂水經亦作「讙舉」。今據改。

三四〇四頁一七行　(衆)〔史〕記云　據汲本、殿本改。

三四〇五頁三行　左傳曰(昭)〔哀〕四年楚(左)〔右〕師軍蒼野　據左傳改。

三四〇五頁三行　杜預曰在縣南　按：今左傳杜注云「在上雒縣」，不言「南」。

三四〇六頁一行　杜預曰古梁國　按：左傳文公十年，晉伐秦，取少梁，杜注「少梁，馮翊夏陽縣」。與此異。

三四〇七頁五行　爾雅(曰)十藪　按文「曰」字當衍，今刪。

三四〇八頁一行　漢(書)舊儀　按：「書」字衍，今刪。

三四〇八頁一行　魏(志)〔略〕曰　集解引陳景雲說，謂今本魏志無此文，疑出魏略，「志」字偶誤。按：游楚事見魏志張既傳注，正引魏略，今據改。

三四〇八頁一行　（國）〔用〕游楚爲太守　集解引錢大昕說，謂「國」當作「以」。今按：何焯以宋殘本校，「國」作「用」，國用形近易誤，今從何校改。

後漢書志第二十

郡國二

潁川　汝南　梁國　沛國　陳國　魯國

右豫州

魏郡　鉅鹿　常山　中山　安平　河閒　清河　趙國　勃海

右冀州

潁川郡秦置。雒陽東南五百里。十七城，戶二十六萬三千四百四十，口百四十三萬六千五百一十三。

陽翟禹所都。〔一〕有鈞臺。〔二〕有高氏亭。〔三〕有雍氏城。〔四〕襄有養陰里。

襄城〔五〕有西不羹。〔六〕有汜城。〔七〕有汾丘。〔八〕有魚齒山。〔九〕昆陽有湛水。〔一〇〕

定陵有東不羹。〔一一〕舞陽邑。郾　臨潁　潁陽　潁陰〔一二〕有狐宗鄉，或曰古狐人亭。有岸亭。〔一三〕許〔一四〕新汲〔一五〕隭陵春秋時曰隭。〔一六〕長社有長葛城。〔一七〕有向鄉。〔一八〕有蜀城，有蜀津。〔一九〕陽城〔二〇〕有嵩高山，〔二一〕洧水、潁水出。〔二二〕有鐵。有負黍聚。〔二三〕父城有應鄉。〔二四〕輪氏建初四年置。

〔一〕汲冢書：「禹都陽城。」古史考曰「鄭厲公入櫟」，即此也。晉地道記曰去雒陽二百八十六里，屬河南。

〔二〕左傳曰「夏啓有鈞臺之享」，杜預曰有鈞臺陂。帝王世記云在縣西。

〔三〕左傳成十七年衞侵鄭，至高氏，杜預曰縣西南。

〔四〕左傳襄十八年楚伐鄭，侵雍梁，杜預曰在縣東北。史記齊湣王十二年攻魏，楚圍雍氏。

〔五〕左傳定四年「盟臯鼬」，杜預曰縣東南有城臯亭。

〔六〕杜預曰有不羹城。

〔七〕杜預曰在縣南。周襄王所處。

〔八〕左傳襄十八年楚治兵於汾，杜預曰縣東北有汾丘城。

〔九〕左傳謂魚陵，杜預曰魚齒山也，在犨縣北。

〔一〇〕左傳襄十六年，楚公子格與晉戰於湛阪。

〔一一〕杜預曰縣西北有不羹亭。地道記曰：「高陵山，汝水所出。」

〔一二〕左傳文九年楚伐鄭，師於狼淵，杜預曰縣西有狼陂。獻帝遣御史大夫張音奉皇帝璽綬策書，禪帝位於魏，是文帝繼王位，南巡在潁陰，有司乃爲壇於潁陰。庚午，登壇，魏相國華歆跪受璽綬，以進於王。王既受畢，降壇視燎，成禮而反。帝王世記云：「魏文皇帝登禪于曲蠡之繁陽亭，爲縣曰繁昌，亦禹貢豫州之域，今許之封內，今潁川繁昌是也。」北征記曰：「城在許之南七十里。東有臺，高七丈，方五十步，臺南有壇高二丈，方三十步，即受終之壇也。」案北征記云是外黃縣繁昌城，非也。

〔三〕史記魏哀王五年秦伐魏，走犀首岸門，徐廣曰岸亭。

〔四〕左傳莊二十八年楚伐鄭，鄭奔桐丘，杜預曰縣東北有桐丘城。獻帝徙都，改許昌。

〔五〕左傳文元年衞孔達侵鄭，伐緜訾及匡，杜預曰縣東北有匡城。成十七年伐（齊）〔鄭〕至曲洧，杜預曰縣治曲洧，城臨洧水。

〔六〕春秋鄭共叔所保，故曰「克段於鄢」。又成十六年晉敗楚於鄢陵。李奇曰：「六國曰安陵。」

〔七〕左傳隱五年宋伐鄭，圍長葛。縣本名長葛。地道記曰：「社中樹暴長，漢改名。」

〔八〕左傳襄十一年諸侯師于向，杜預曰在縣東北。

〔九〕史記曰魏惠王元年韓、趙合軍伐魏蜀澤。

〔一〇〕帝王世記曰：「陽城有啓母冢。」

〔一一〕山海經謂爲太室之山。禹貢有外方山，鄭玄毛詩譜云外方之山即嵩也。孟子曰「益避禹之子於箕山之陰」，注云嵩高之北。

〔一二〕晉地道記曰：「潁水出陽乾山。」

〔一三〕史記曰周敬王十九年鄭伐負黍。馮敬通賦「遇許由於負黍（山）」也。

〔四〕杜預曰應國在西南。史記曰客謂周最，以應爲秦王太后養地。

汝南郡高帝置。雒陽東南六百五十里。三十七城，戶四十萬四千四百四十八，口二百一十萬七百八十八。

平輿有沈亭，故國，姬姓。〔一〕 新陽侯國。 西平有鐵。有柏亭，故柏國。 上蔡本蔡國。 南頓本頓國。 汝陰本胡國。〔二〕 汝陽 新息（侯）國。 北宜春 灑強侯國。 灈陽 期思有蔣鄉，故蔣國。 陽安（有）道亭，故國。〔三〕 項〔四〕 西華 細陽 安城侯國。有武城亭。 吳房有棠谿亭。〔五〕 鮦陽侯國。〔六〕 慎陽 慎 新蔡有大呂亭。〔七〕 安陽侯國。有江亭，故國，嬴姓。 富波侯國，永元中復。 宜祿永元中復。 朗陵侯國。〔八〕 弋陽侯國。有黃亭，故黃國，嬴姓。 召陵〔九〕有陘亭。〔一〇〕有安陵鄉。 征羌侯國。有安陵亭。〔一一〕 思善侯國。 宋公國，周名郪丘，漢改爲新郪，章帝建初四年徙宋公於此。有繁陽亭。〔一二〕 褒信侯國。有賴亭，故國。〔一三〕 原鹿侯國。〔一四〕 定潁侯國。 固始侯國。故寢也，光武中興更名。有寢丘。〔一五〕 山桑侯國，故屬沛。有下城父聚。有垂惠聚。〔一六〕 城父故屬沛，春秋時曰夷。〔一七〕 有章華臺。〔一八〕

〔一〕有（摯）〔摰〕亭，見說文。

〔二〕杜預曰縣西北有胡城。地道記有陶丘鄉。詩所謂「汝墳」。

〔三〕杜預曰在縣南。袁山松書有朔山。魏氏春秋曰：「初平三年，分二縣置陽安都尉。」

〔四〕故國，左傳僖十七年魯所滅。地道記曰有公路城，袁術所築。

〔五〕左傳曰房國，楚靈王所滅。又楚封吳王夫概於棠谿。地道記有吳城。

〔六〕皇覽曰：「縣有葛陂鄉，城東北有楚武王冢，民謂之楚王岑。永平中，葛陂城北祝里社下於土中得銅鼎，而銘曰『楚武王之冢』。民傳言秦、項、赤眉之時欲發之，輒頹壞〔塡〕厭，不得發。」

〔七〕地道記曰故呂侯國。左傳昭四年吳伐楚，入櫟，杜預曰縣東北有櫟亭。

〔八〕左傳成六年楚拒晉桑隧，杜預曰縣東有桑里亭。

〔九〕左傳昭十三年楚蔡公與子干、子晳盟于鄧，杜預曰縣西南有鄧城。

〔一〇〕左傳僖四年齊伐楚，次陘，杜預曰在縣南。蘇秦說韓宣惠王曰：「南有陘山。」

〔一一〕史記无忌說魏安僖王曰：「王之使者出，過而惡安陵氏於秦。」博物記曰故安陵君也。

〔一二〕左傳襄四年楚師繁陽，杜預曰鯛陽南有繁陽亭。

〔一三〕史記楚封王孫勝白公。杜預曰褒信縣有白亭。

〔一四〕春秋左氏傳僖二十一年宋盟鹿上，杜預曰原鹿縣也。

〔一五〕史記曰楚莊王封孫叔敖子，又蒙恬破楚軍。

〔一六〕蘇茂弃垂惠，王劉紆。

〔七〕夷屬陳，左傳僖二十三年楚所取。有乾谿，在縣南。

〔八〕杜預曰：「章華宮在華容縣城內。」

梁國秦碭郡，高帝改。其三縣，元和元年屬。雒陽東南八百五十里。九城，戶八萬三千三百，口四十三萬一千二百八十三。

下邑〔一〕　睢陽〔二〕本宋國閼伯墟。有盧門亭。〔三〕有魚門。〔四〕有陽梁聚。〔五〕　虞有空桐地，有桐地，有桐亭。〔六〕有綸城，少康邑。碭山出文石。〔七〕　蒙〔八〕有蒙澤。〔九〕　穀熟有新城。〔一〇〕有邳亭。〔一一〕　鄢故屬陳留。　寧陵故屬陳留。〔一二〕有葛鄉，故葛伯國。〔一三〕　薄故屬山陽，〔湯〕所都。〔一四〕

〔一〕左傳哀七年築黍丘，杜預曰縣西南有黍丘亭。

〔二〕北征記曰：「城周三十七里，南臨濊水，凡二十四門。」地道記曰：「梁孝王築城十二里，小鼓唱節杵下而和之，稱睢陽曲。」

〔三〕左傳桓十四年宋伐鄭，「取太宮之椽，爲盧門之椽」。昭二十一年敗吳鴻口，杜預曰縣東〔南〕有鴻口亭。地道記曰：「昭二十一年『禦諸橫』，橫亭在縣南。」

〔四〕左傳僖二十二年邾人縣公冑於魚門。

〔五〕左傳襄十二年楚伐宋，師楊梁，杜預曰有梁亭。僖二十八年楚子玉夢河神謂己曰「吾賜汝孟諸之麋」，杜預曰在縣東北。爾雅十藪，宋有孟諸。

〔六〕左傳哀二十六年，宋景公死空桐。

〔七〕史記曰高祖隱於芒、碭山澤巖石之閒。有陳勝墓。

〔八〕帝王世記曰有北亳，即景亳，湯所盟處。

〔九〕左傳宋萬殺宋閔公於蒙澤。僖二年齊侯盟貰，杜預曰縣西北有貰城，貰字與貫字相似。

〔一〇〕左傳曰文十四年諸侯會新城。帝王世記有南亳。

〔一〕古邳國。

〔二〕左傳成十六年會沙隨，杜預曰縣北有沙隨亭。

〔三〕（左傳）〔杜預〕曰在縣東北。

〔四〕杜預曰蒙縣西北有薄城。中有湯冢。左傳宋公子御說奔亳。其西又有微子冢。

沛國秦泗（川）〔水〕郡，高帝改。雒陽東南千二百里。二十一城，戶二十萬四百九十五，口二十五萬一千三百九十三。

相〔一〕　蕭本國。〔二〕　沛有泗水亭。〔三〕　豐〔四〕西有大澤，高祖斬白蛇於此。有枌榆亭。〔五〕　酇〔六〕有鄍聚。〔七〕　穀陽　譙〔八〕刺史治。〔九〕　洨有垓下聚。〔一〇〕　蘄有大澤鄉，陳涉起此。〔一一〕　銍　鄲　建平　臨睢故芒，光武更名。　竹邑侯國，故竹。　公丘本（膠）〔滕〕國。〔一二〕　龍亢〔一三〕　向本國。　符離　虹〔一四〕　太丘　杼秋故屬梁國，有澶淵聚。〔一五〕

〔一〕左傳桓十五年會於袲，杜預曰在縣西南。一名犖。

〔二〕北征記：「城周十四里，南臨汙水。」

〔三〕亭有高祖碑，班固爲文，見固集。地道記有許城。左傳定八年，鄭伐許。

〔四〕地道記曰：「去國二百六十，州六百，雒千二十五里。」

〔五〕案：前志注「枌榆社在縣東北十五里」。或鄉名，高祖里社。戴延之西征記曰：「縣西北有漢祖廟，爲亭長所處。」

〔六〕左傳昭四年吳伐楚入棘，杜預曰縣東北有棘亭。襄元年鄭侵宋，取犬丘，杜預曰縣東北有犬丘城。帝王世記曰「曹騰封費亭侯，縣有費亭是也」。

〔七〕左傳曰「冀爲不道，伐鄍三門」，服虔曰鄍，晉別都，杜預曰是虞邑，地處闕，則非此鄍矣。博物記曰：「諸侯會于鄍亭。」

〔八〕平陽邑，左傳僖二十三年楚所取。乾谿在南。

〔九〕漢官曰去雒陽千二十里。

〔一〇〕高祖破項羽也。

〔一一〕史記曰高祖擊黥布於會甀，徐廣曰在縣西。

〔一二〕杜預曰在縣東南。

〔一三〕地道記曰左傳隱二年入向城，在縣東南。

〔一四〕地道記云左傳昭八年「大蒐於紅」。

〔一五〕左傳襄二十年「盟於澶淵」。

陳國高帝置為淮陽，章和二年改。雒陽東南七百里。九城，戶十一萬二千六百五十三，口百五十四萬七千五百七十二。

陳〔一〕 **陽夏**有固陵聚。〔二〕 **寧平** **苦**春秋時曰相。有賴鄉。〔三〕 **柘** **新平** **扶樂** **武平**〔四〕 **長平**故屬汝南。〔五〕有辰亭。〔六〕有赭丘城。

〔一〕帝王世記曰：「庖犧氏所都，舜後所封。」左傳僖元年會於檉，杜預曰縣西北有檉城。爾雅曰：「丘上有丘曰宛丘。」陳有株邑，蓋朱襄之地。博物記曰：「邛地在縣北，防亭在焉。詩曰：『(印)〔邛〕有旨苕，防有鵲巢。』」

〔二〕史記高祖五年(楚)〔追〕項籍至固陵，晉灼漢書注云汝南固始縣。

〔三〕伏滔北征記曰：「有老子廟，廟中有九井，水相通。」古史考曰：「有曲仁里，老子里也。」地道記曰：「城南三十里有平城。」

〔四〕左傳成十六年，諸侯侵陳鳴鹿，杜預曰縣西南有鹿邑。

〔五〕左傳宋華氏戰于鬼閻，杜預曰縣西北有閻亭。

〔六〕左傳宣十一年盟辰陵，杜預曰縣東南有辰亭。

魯國秦薛郡，高后改。本屬徐州，光武改屬豫州。六城，戶七萬八千四百四十七，口四十一萬一千五百九十。

魯國，(古)奄國。〔一〕有大庭氏庫。〔二〕有鐵。有闕里，孔子所居。〔三〕有牛首亭。〔四〕有五父衢。〔五〕 **騶**本邾國。〔六〕 **蕃**有南梁水。〔七〕 **薛**本國，〔八〕六國時曰

徐州。〔九〕　卞有盜泉。有郚鄉城。〔一〇〕　汶陽〔一一〕

〔一〕帝王世記曰：「黃帝生於壽丘，在魯東門之北。少昊自窮桑登帝位，窮桑在魯北，後徙曲阜。」應劭曰：「曲阜在魯城中，委曲長七八里。」左傳曰伯禽封少昊之墟。僖二十九年介葛盧舍于昌衍，杜預曰縣東南有昌平城。皇覽曰：「奄里伯公冢在城內祥舍中，民傳言魯五德奄里伯公葬其宅。」

〔二〕杜預曰：「大庭氏，古國名，在城內，魯於其處作庫。」

〔三〕漢晉春秋曰：「鍾離意相魯，見仲尼廟頹毀，會諸生於廟中，慨然歎曰：『蔽芾甘棠，勿翦勿伐，況見聖人廟乎！』遂躬留治之。周觀輿服之在焉，自仲尼以來，莫之開也。意發視之，得古文策書，曰『亂吾書，董仲舒，治吾堂，鍾離意。璧有七，張伯盜一。』意尋案未了。而卒張伯者，治中庭，治地得六璧，上之。意曰：『此有七，何以不遂？』伯懼，探璧懷中。魯咸以爲神。」意別傳曰：「意省堂有孔子小車乘，皆朽敗，意自糶俸雇漆膠之直，請魯民治之，及護几席（嗣）〔劒〕履。後得甕中素書，曰『護吾履，鍾離意』。」又禮記矍相之圃亦在城中西南，近孔子廟。而仲尼墓在魯城門北便之外泗水上，去城一里。葬地蓋一頃，墓墳南北十步，東西十三步，高一丈二尺。墓前有瓴甓爲祠壇，方六尺，與地平。塋中異木以百數，魯人莫能識也。皇覽曰：「孔子本無祠堂，塋中不生荆棘及刺人草。伯魚冢在孔子冢東，與孔子冢併，大小相望。子思冢在孔子冢南。」案：今墓書孫在祖前，謂此爲驕孫祔。

〔四〕左傳曰桓十四年宋伐鄭，取牛首。

〔五〕地道記曰在城東。

〔六〕有騶山，高五里，秦始皇刻石焉。劉會騶山記曰：「邾城在山南，去山二里。城東門外有韋賢墓，北有繹山。左傳文十三年邾遷於繹。郭璞曰繹山純石，積構連屬。城北有牙山，牙山北有唐口山，唐口山北有陽山。城北有孟軻冢焉。」

〔七〕左傳襄四年戰狐台，杜預曰縣東南有目台亭。

〔八〕地道記曰：「夏車正奚仲所封，冢在城南二十里山上。」皇覽曰：「靖郭君冢在城中東南陬。孟嘗君冢在城中向門東北邊。」

〔九〕史記曰齊宣王九年與魏襄王會徐州而相王。

〔一〇〕左傳文公七年城郚，杜預曰縣南有郚鄉城。隱元年盟于蔑，杜預曰蔑，地名，縣南有姑城。襄十七年齊圍桃，杜預曰縣東南有桃墟。

〔一一〕左傳桓十二年盟曲池，杜預曰縣北有曲水亭。地道記「臨淄縣西南門曰曲門，其側有池」。案：魯桓與杞、莒盟，不往齊地，地道爲妄。

右豫州刺史部，郡、國六，縣、邑、〔公〕、侯國九十九。

魏郡高帝置。雒陽東北七百里。〔一〕十五城，戶十二萬九千三百一十，口六十九萬五千六百六。

〔一〕魏志曰：「建安十七年，割河內之蕩陰、朝歌、林慮，東郡之衞國、頓丘、東武陽、發干，鉅鹿之廮陶、曲(陽)〔周〕、南和、(廣平之)廣平、任(城)，趙國之襄國、邯鄲、易陽，以益魏郡。十八年，分置東西都尉。」

鄴〔一〕有故大河。有滏水。〔二〕有汙水，有汙城。〔三〕有平陽城。〔四〕有武城。有九侯城。〔五〕**繁陽** **內黃**〔六〕清河水出。有羛陽聚。〔七〕有黃澤。〔八〕**魏**

元城〔九〕〔五鹿〕墟，故沙鹿，〔一〇〕有沙亭。〔一一〕黎陽〔一二〕陰安邑。館陶清淵　平恩　沙侯國。〔一三〕斥丘有葛。〔一四〕武安有鐵。〔一五〕曲梁侯國，〔一六〕故屬廣平。有雞澤。〔一七〕梁期

〔一〕帝王世記曰：「縣西南有上司馬，殷太甲常居焉。」魏都賦注曰：「縣西北有鼓山，時時自鳴，鳴則兵。」又交谷水在縣南。案：本傳有西唐山。又鄴北太行山，西北去，亦不知山所極處，亦如東海不知水所窮盡也。

〔二〕魏都賦曰：「北臨漳、滏，則冬夏異沼。」注云：「水經鄴西北。滏水熱，故名滏口。」

〔三〕史記曰項羽破秦軍汙水上。

〔四〕史記曰靳歙別下平陽。

〔五〕徐廣曰一作「鬼侯」。與文王爲紂三公。

〔六〕左傳襄十九年會于柯，杜預曰縣東北有柯城。昭九年荀盈卒于戲陽，杜預曰縣北有戲陽城。

〔七〕世祖破五校處。

〔八〕前志曰在縣西。

〔九〕左傳成七年會馬陵，杜預曰縣東南有地名馬陵。史記曰龐涓死處。

〔一〇〕左傳：「沙鹿崩。」穀梁傳曰：「林屬於山曰鹿。沙，山名也。」

〔一一〕左傳定七年盟于沙（亭），杜預曰〔沙亭〕在縣東南。七年盟于瑣，晉地道記曰縣南有瑣陽城。

〔一二〕左傳定十四年會于牽，杜預曰縣東北有牽城。

〔三〕魏都賦注曰有龍山。

〔四〕杜預曰有乾侯。魯昭公所處。

〔五〕即臺孝威隱于縣山。

〔六〕左傳宣十五年敗赤狄于曲梁。

〔七〕左傳襄三年諸侯會雞澤，杜預曰在縣西南。

鉅鹿郡秦置。建武十三年省廣平國，以其縣屬。雒陽北千一百里。十五城，戶十萬九千五百一十七，口六十萬二千九十六。

癭陶有薄落亭。　**鉅鹿**故大鹿，有大陸澤。〔一〕　**楊氏**　**鄡**　**下曲陽**有鼓聚，故翟鼓子國。〔二〕　有昔陽亭。〔三〕　**任**　**南和**　**廣平**　**斥章**　**廣宗**　**曲周**　**列人**　**廣年**　**平鄉**　**南䜌**

〔一〕有廣阿澤。呂氏春秋九藪趙之鉅鹿，高誘注云廣阿澤也，山海經曰大陸之水。史記紂盈鉅橋之粟。許慎云：「鉅鹿之大橋也。」鉅鹿南有棘原，章邯所軍處。前書曰沙丘臺在縣東北七十里。

〔二〕杜預曰縣西南有肥累城。古肥國，白狄別種。

〔三〕左傳昭十二年晉荀吳入昔陽，杜預曰沾縣東有昔陽城。(取)〔肥〕故都也。

常山國高帝置。建武十三年省眞定國，以其縣屬。十三城，戶九萬七千五百，口六十三萬一千一百八十四。

元氏〔一〕　高邑故鄗，光武更名。刺史治。〔二〕有千秋亭、五成陌，〔三〕光武即位於此矣。　都鄉侯國。有鐵。　南行唐有石臼谷。　房子贊皇山，〔四〕濟水所出。〔五〕　平棘有塞。　欒城〔六〕　九門〔七〕　靈壽衞水出。　蒲吾〔八〕　井陘　眞定　上艾故屬太原。

〔一〕晉地道記有石塞、三公塞。

〔二〕漢官曰去雒陽一千里。

〔三〕縣南七里。

〔四〕在縣西南六十里。

〔五〕晉地道記有礫塞、中谷塞。

〔六〕〔在平棘〕縣西北四十里。

〔七〕史記趙武靈王出九門，如野臺以望齊、中山之境。碣石山，戰國策云在縣界。

〔八〕史記番吾君。杜預曰晉之蒲邑也。古今注曰：「永平十年，作常山呼沱河蒲吾渠，通漕船也。」

中山國高祖置。雒陽北一千四百里。十三城，戶九萬七千四百一十二，口六十五萬八千一百九十五。

盧奴　北平有鐵。　（母）〔毋〕極　新市有鮮虞亭，故國，子姓。〔一〕　望都〔二〕　唐有中人亭，〔三〕有左人鄉。〔四〕　安國　安憙本安險，章帝更名。

漢昌本苦陘，章帝更名。　**蠡吾**侯國，故屬涿。　**上曲陽**故屬常山。恒山在西北。〔五〕　**蒲陰**本曲逆，章帝更名。有陽城。〔六〕　**廣昌**故屬代郡。

〔一〕杜預曰白狄別種。

〔二〕左傳晉伐鮮虞及中人，杜預曰縣西北有中人城。晉地道記有馬安關。

〔三〕博物記曰：「堂闕在中人西北百里，中人在縣西四十里。」列子曰：「趙襄子使新稺穆子攻翟，取左人、中人。」

〔四〕帝王世記曰：「堯封唐。堯山在北，唐水西入河，南有望都山，即堯母慶都所居，相去五十里。都山一名豆山。」博物記曰：「左人，唐西北四十里。」

〔五〕有泉水，干吉得神書。晉地道記：「自縣北行四百二十五里，恒多山坂，名飛狐口。」

〔六〕晉地道記曰：「有陽安關。陽城。蒲陽山，蒲水出也。」

安平國故信都，高帝置。明帝名樂成，延光元年改。雒陽北二千里。十三城，戶九萬一千四百四十，口六十五萬五千一百一十八。

信都有絳水、呼沱河。　**阜城**故昌城。　**南宮**　**扶柳**　**下博**　**武邑**　**觀津**〔一〕　經西有滹水，津名薄落津。〔二〕　**堂陽**故屬鉅鹿。　**武遂**故屬河閒。　**饒陽**故名饒，屬涿。有無蔞亭。〔三〕　**安平**故屬涿。　**南深（國）〔澤〕**故屬涿。

〔一〕本清河下縣。決錄注曰：「孝文竇皇后父隱身漁釣，墜淵而卒。景帝立，后爲太后，遣使者更填父所墜淵而葬，起大墳于縣城南，民號曰竇氏青山。」

〔二〕史記曰，趙武靈王曰：「吾國東有河、薄落之水。」

〔三〕馮異進豆粥光武。案：志有解犢侯，靈帝封。

河閒國文帝置，世祖省屬信都，和帝永元(三)〔二〕年復故。雒陽北二千五百里。十一城，戶九萬三千七百五十四，口六十三萬四千四百二十一。

樂成　弓高　易故屬涿。　武垣故屬涿。　中水故屬涿。　鄚故屬涿。

高陽故屬涿。有葛城。　文安故屬勃海。　束州故屬勃海。　成平故屬勃海。

東平舒故屬勃海。

清河國高帝置。桓帝建和二年改爲甘陵。雒陽北千二百八十里。七城，戶十二萬三千九百六十四，口七十六萬四百一十八。

甘陵故厝，安帝更名。　貝丘　東武(成)〔城〕　鄃　靈和帝永元九年復。〔一〕

繹幕　廣川故屬信都。有棘津城。〔二〕

〔一〕地道記曰有鳴犢河。

〔二〕太公呂尚困於棘津城，琅邪海曲，非此城也。案：永初元年鄧太后分置廣川王國，後王薨，國除。太后崩，還益清河。

趙國秦邯鄲郡，高帝改名。雒陽北千一百里。五城，戶三萬二千七百一十九，口十八萬八千三百八十一。

邯鄲〔一〕有叢臺。〔二〕易陽〔三〕襄國本邢國，秦爲信都，項羽更名。有檀臺。〔四〕

有蘇人亭。柏人中丘〔五〕

〔一〕張華曰：「趙奢冢在邯鄲西山上，謂之馬服山。」

〔二〕有洪波臺。

〔三〕魏都賦曰：「溫泉毖涌而自浪。」注曰：「溫泉在易陽，世以治疾，洗百病。」

〔四〕史記曰趙成侯，魏獻榮椽，因以爲檀臺。

〔五〕晉地道記曰有石門塞、燒梁關。

勃海郡高帝置。雒陽北千六百里。八城，戶十三萬二千三百八十九，口百一十萬六千五百。

南皮　高城侯國。重合侯國。浮陽侯國。東光〔一〕章武　陽信

延光元年復。　脩故屬信都。

〔一〕有胡蘇亭。胡蘇河之名見爾雅。

右冀州刺史部，郡、國九，縣、邑、侯國百。

校勘記

三四三二頁一〇行　有氾城　按：「氾」原譌「汜」，逕改正。

三四三二頁一二行　臨潁　按：集解引錢大昕說，謂和帝女封臨潁公主，志似脫「邑」字。桓帝時，邊詔爲臨潁侯相，蓋公主之子襲封爲侯也。

三四三三頁一行　隱陵　按：前志「隱」作「傿」。

三四三三頁三行　輪氏　按：前志作「綸氏」。

三四三三頁三行　建初四年置　殿本考證齊召南謂按前志潁川郡有綸氏，疑縣不自建初置也。今按：漢書補注王先謙謂「置」疑「復」之誤。

三四三三頁一五行　高陵山汝水所出　按：張森楷校勘記謂案前志，潁川、汝南俱有定陵，此定陵下但云「有東不羹」，其高陵云云在汝南定陵下，今於此處注之，非是。

三四三三頁一六行　是文帝繼王位　按：張森楷校勘記謂案上下文義，「是」字頗不相屬，疑當作「時」，否則下有「時」字脫去。

三四三三頁五行　徐廣曰岸亭　集解引惠棟說，謂當作「岸門亭」，諸本缺「門」字。今按：史記魏世家裴駰集解引作「岸亭」，小司馬索隱引作「岸門亭」。

三四三三頁六行　獻帝徙都改許昌　按：集解引周壽昌說，謂考獻帝改都許在建安元年八月，改許縣爲許昌縣在魏文帝黃初二年，非獻帝徙都時改名也。注誤。

三四三三頁七行　成十七年伐〔齊〕〔鄭〕至曲洧　按：據左傳「齊」當作「鄭」，各本皆未正，今改。

三四三三頁九行　克段於鄢　按：「段」原譌「叚」，逕改正。

三四三三頁一三行　伐魏蜀澤　按：殿本考證謂魏世家作「濁澤」，六國年表又作「涿澤」。

三四三三頁一七行　史記曰周敬王十九年鄭伐負黍　按：殿本考證齊召南謂按周本紀無此文。年表是周威烈王十九年鄭敗韓於負黍，時鄭繻公十六年，韓景侯二年也。又按：「伐」原譌「代」，逕改正。

三四三三頁一七行　遇許由於負黍〔山〕　據集解引惠棟說刪。

三四三四頁五行　新息〔侯〕國　集解引錢大昕說，謂「國」上當有「侯」字，馬援所封。今據補。按：集解又引馬與龍說，謂光武封朱浮爲侯，在馬援前，見浮傳。

三四三四頁六行　濦強　按：集解引惠棟說，謂說文「濦」作「㶏」，云「㶏水出陽城少室山，東入潁」。

三四三四頁六行　〔有〕道亭故國　張森楷校勘記謂「道」上當有「有」字，各本皆脫，蓋道是國，道亭非國也。按：張說是，今據補。

三四三四頁七行　安城侯國　按：前志作「安成」。錢大昕謂銚期封安成侯，卽此安城也。光武又封劉賜爲安成侯。

三四二四頁八行　慎陽　集解引惠棟說，謂索隱、路史引司馬志皆作「滇陽」。前志作「慎陽」，闞駰云合作「滇」。今按：前書師古注謂「慎」字本作「滇」，音眞，後誤爲「愼」耳。

三四二五頁一行　有(摯)〔䡟〕亭見說文　集解引錢大昕說，謂「摯」當作「䡟」。說文「汝南平輿縣有䡟亭」，讀若晉。今據改。

三四二五頁六行　縣有葛陂鄉　按：集解引惠棟說，謂「葛陂」一作「葛陵」。

三四二五頁六行　民謂之楚王岑　按：集解引惠棟說，謂水經汝水注作「楚王琴」，云楚人謂冢曰琴也。

三四二五頁七行　輒頹壞〔塡〕厭　集解引惠棟說，謂諸本脫「塡」字。今據補。

三四二五頁九行　縣東有桑里亭　按：今杜注云「朗陵縣東南有桑里」，不言「亭」。

三四二五頁一三行　无忌說魏安僖王　按：「无」原譌「元」，逕改正。

三四二五頁一三行　鮦陽南有繁陽亭　按：今杜注云「繁陽，楚地，在汝南鮦陽縣南」，不言「亭」。

三四二五頁一四行　史記楚封王孫勝白公　按：下引杜注，「史記」疑「左傳」之誤。杜注見左哀十六年。

三四二五頁一四行　褒信縣有白亭　按：左傳哀十六年杜注「褒信縣」下有「西南」二字。

三四二六頁七行　穀熟　按：集解引惠棟說，謂「熟」當作「孰」。

三四二六頁七行　鄢　按：前志作「傿」。

三四二六頁八行　薄故屬山陽〔湯〕所都　殿本考證齊召南謂案「山陽」下脫「湯」字。薄與亳通，前書臣瓚注「薄，湯所都」是也。今據改。

三四二六頁一四行　郕人懸公胄於魚門　按：殿本考證齊召南謂睢陽宋國，不應有郕城門事。此亦錯簡，當在「魯國騶本邾國」下。

三四二六頁一五行　杜預曰有梁亭　按：今杜注云「睢陽縣東有地名揚梁」。

三四二七頁四行　左傳宋萬殺宋閔公於蒙澤　按：柳從辰云左傳「殺」作「弒」，無「宋」字。校補謂今案注引左傳文往往有增損字句處，章懷注亦然。「弒」多改「殺」，則有所避忌也。

三四二七頁八行　（左傳）〔杜預〕曰在縣東北　集解王先謙謂「左傳」二字應作「杜預」，見桓十三年注，諸本皆誤。今據改。

三四二七頁九行　杜預曰蒙縣西北有薄城　按：杜注見莊十二年，「薄」作「亳」。

三四二七頁一〇行　秦泗（川）〔水〕郡　殿本考證謂「川」何焯校本改「水」。集解引惠棟說，謂「川」當作「水」。今據改。

三四二七頁一五行　公丘本（膠）〔滕〕國　據殿本改。按：前志亦云「故滕國」。

三四二七頁一六行　虹　按：汲本作「紅」。前志作「虹」，音貢。

三四二八頁三行　左傳定八年鄭伐許　按：定八年無鄭伐許事，疑有誤。

三四二八頁一七行　襄二十年盟於澶淵　按：集解引錢大昕說，謂春秋之澶淵，杜云在頓丘縣南，劉昭以杼秋之澶淵當之，非也。

三四三九頁一行　戶十一萬二千六百五十三口百五十四萬七千五百七十二　張森楷校勘記謂每戶十三四人，戶少口多，毋乃不倫？今按：惠棟補注前引李心傳云，西漢戶口至盛之時，率以十戶爲四十八口有奇，東漢戶口率以十戶爲五十二口，此必有誤。

三四三九頁六行　（卭）〔邛〕有旨若　據集解本改。

三四三九頁七行　（楚）〔追〕項籍至固陵　據汲本、殿本改。

三四三九頁七行　晉灼漢書注云　按：「灼」原譌「卿」，逕據汲本、殿本改正。

三四三九頁七行　汝南固始縣　按：集解引惠棟說，謂前志淮陽有固始縣，云「汝南」者，非也。

三四三九頁一五行　魯國〔古〕奄國　據殿本補。按：汲本亦脫「古」字，王先謙謂大注「奄國」上鈌「古」字，各本皆有。

三四三九頁一六行　六國時曰徐州　按：此「徐」非禹貢徐州之「徐」。司馬貞謂「徐」字從「人」，說文作「郐」，並音舒。何焯校本定作「徐」。說詳補注。

三四四〇頁二行　黄帝生於壽丘　按：「生」原譌「主」，逕據汲本、殿本改正。

三四四〇頁七行　亂吾書董仲舒　按：校補謂本書鍾離意傳章懷注引意別傳「亂」作「修」，未詳孰是。

三四四〇頁八行　壁有七　按：此「壁」字及下兩「壁」字原皆譌「璧」，逕改正。

三四〇頁一〇行 及護几席〔嗣〕〔劍〕履 據汲本、殿本改。

三四〇頁一三行 與孔子冢併 汲本、殿本「併」作「近」。按：併，相並也，作「併」義長。

三四〇頁一四行 宋伐鄭取牛首 按：集解引錢大昕說，謂左傳之牛首，杜元凱以爲鄭邑，劉昭以魯之牛首亭當之，非也。

三四〇頁一六行 劉薈騶山記 按：汲本「薈」作「會」。

三四一頁六行 縣南有郜鄉城 按：今杜注作「有郜城」，無「鄉」字。

三四一頁一〇行 縣邑〔公〕侯國九十九 校補引錢大昭說，謂兗州作「縣、邑、公、侯國八十」，以有東郡衞公國也。今豫州汝南郡有宋公國，則此「侯」上亦當有「公」字。今據補。

三四一頁三行 鉅鹿之廮陶曲〔陽〕〔周〕 集解引馬與龍說，謂「陽」當作「周」，諸本皆誤。今據改。

三四一頁一三行 （廣平之）廣平任（城） 錢大昭謂閩本無「廣平之」三字，據建武十三年省廣平國入鉅鹿，則不得云「廣平之廣平」。今據刪。又集解引馬與龍說，謂謝鍾英云任城屬東平，任縣屬鉅鹿，志衍「城」字。今據刪。

三四二頁一行 〔五鹿〕墟故沙鹿 集解引惠棟說，謂水經河水注引郡國志，云「五鹿墟故沙鹿，有沙亭」。案前書元后傳云「元城東有五鹿之墟，即沙鹿地也」。應脫「五鹿」二字。今據補。

三四三二頁三行　梁期　按：集解引惠棟說，謂史記作「粱淇」。

三四三二頁一二行　前志曰在縣西　前書地理志魏郡內黃注：「應劭曰，今黃澤在西。」按文「前志」當作「應劭」。

三四三二頁一五行　盟于沙(亭)杜預曰〔沙亭〕在縣東南　集解引惠棟說，謂左傳云「盟于沙」，衍「亭」字。杜注云「沙亭在縣東南」，脫「沙亭」二字。今據以刪補。

三四三二頁一五行　七年盟于瑣　按：杜注云「瑣卽沙也」。

三四三三頁八行　鄴　案：集解引惠棟說，謂前志作「鄴」，古字通。

三四三三頁一四行　(取)〔肥〕故都也　據殿本改。

三四三四頁一〇行　〔在平棘〕縣西北四十里　按：汲本、殿本作「在縣西四十里」。集解引惠棟說，謂哀四年，國夏伐晉，取欒，杜預云「欒城在平棘縣西北」。此脫「在平棘」三字。今據補。

三四三四頁一五行　(母)〔毋〕極　據殿本改。按：校補謂作「母」者誤，通典作「無極」，可證。

三四三五頁四行　晉地道記有馬安關　按：集解引惠棟說，謂水經滱水注引地道記作「馬溺關」，又引中山記，云「人渡馬溺，是山之要害也」。

三四三五頁五行　堂闕在中人西北百里　按：汲本、殿本「堂」作「唐」。

三四三五頁九行　有陽安關　按：「關」原譌「闕」，逕改正。

三四三五頁三行　阜城故昌城　按：集解引錢大昕說，謂前志昌城縣屬信都郡，而勃海郡卻有阜城縣。又引惠棟說，謂宋書州郡志云前漢勃海有阜城縣，續志云故昌城，信都有昌城，未詳孰是。

三四三五頁一四行　南深〔國〕〔澤〕故屬涿　據殿本改。按：集解引錢大昕說，謂「國」當作「澤」。案前志，涿郡、中山皆有深澤縣，而涿郡加「南」字，續志有南深澤，無深澤。

三四三六頁四行　和帝永元〔三〕〔二〕年復故　據殿本改。按：集解引洪亮吉說，謂「三年」應作「二年」。

三四三六頁一二行　東武〔成〕〔城〕　據汲本、殿本改。

三四三七頁四行　中丘　按：集解引錢大昕說，謂當云「故屬常山」。

三四三七頁一二行　鄗城侯國　按：前志作「高成」。

後漢書志第二十一

郡國三

陳留　東郡　東平　任城　泰山　濟北　山陽　濟陰

右兗州

東海　琅邪　彭城　廣陵　下邳

右徐州

陳留郡武帝置。雒陽東五百三十里。十七城，戶十七萬七千五百二十九，口八十六萬九千四百三十三。

陳留有鳴鴈亭。〔一〕**浚儀**本大梁。〔二〕**尉氏**〔三〕**雍丘**本杞國。〔四〕**襄邑**有滑亭。〔五〕有承匡城。〔六〕**外黃**〔七〕有葵丘聚，齊桓公會此。城中有曲棘里。〔八〕有繁陽城。**小黃**〔九〕**東昏**〔一〇〕**濟陽**〔一一〕**平丘**有臨濟亭，田儋死此。有匡。〔一二〕有黃池亭。〔一三〕封丘〔一四〕有桐牢亭，或曰古蟲牢。〔一五〕酸棗〔一六〕長垣侯國。有匡城。〔一七〕有蒲城。〔一八〕有祭城。〔一九〕己吾有大棘鄉。〔二〇〕有首鄉。〔二一〕考城故菑，〔二二〕章帝更名。故屬梁。〔二三〕圉故屬淮陽。有高陽亭。〔二四〕扶溝故屬淮陽。

〔一〕左傳成十六年衞伐鄭鳴鴈，杜預曰在〔雍丘〕縣西北。陳留志曰：「有桐陵亭，古桐丘。」

〔二〕帝王世記曰：「禹避商均浚儀。」晉地道記：「儀封人，此縣也。」通俗文曰：「渠在浚儀，曰莨蕩」也。

〔三〕陳留志曰：「有陵樹鄉，北有澤，澤有天子苑囿，有秦樂廐，漢諸帝以馴養猛獸。」

〔四〕陳留志曰：「城內有神井，能興霧雹。」案：徐齊民北征記曰：「有呂祿臺，高七丈。有酈生祠。」曹植禹廟讚曰：「有禹祠，植移于其城，城本名杞城。」

〔五〕左傳莊三年次于滑，杜預曰在縣西北。

〔六〕地道記曰在縣西。左傳文十一年會晉郤缺于承匡。有桐門亭，有黃門亭。襄元年會鄫，杜預曰縣東南有鄫城。

〔七〕左傳「惠公季年，敗宋師于黃」，杜預曰宋邑，縣東有黃城。

〔八〕左傳昭二十五年「宋公佐卒曲棘」。

〔九〕漢舊儀曰：「高祖母起兵時死縣北，爲作陵廟於小黃。」

〔一〇〕陳留志曰：「故戶牖鄉有陳平祠。」

〔一一〕有武父鄉。左傳桓十二年「盟于武父」，杜預曰縣東北有武父城。縣東南有戎城。縣都鄉有行宮，光武生。

〔一二〕匡人之亭，曹公破袁術處。

〔一三〕陳留志云：「黃亭在封丘。」左傳哀十三年盟黃池，杜預曰在〔封邱〕縣南。傳曰「吳四子服景伯以還，及戶牖」，然即黃池在戶牖西。或以爲外黃縣東溝，非也。

〔一四〕博物記有狄溝，卽敗狄于長丘是也。

〔一五〕左傳成五年諸侯會蟲牢。陳留志：「有鞠亭，古鞠居。」

〔一六〕左傳鄭太叔至于廩延，杜預曰縣北有延津。襄五年會城棣，杜預曰縣西南有棣城。東有地烏巢，曹公破袁紹處。陳留志曰：「城內有韓王故宮闕。」

〔一七〕陳留志曰：「孔子〔四〕〔圍〕此。」北征記城周三里。左傳僖十五年會牡丘，次于匡，杜預曰匡在縣西南。昭十三年會平丘，杜預曰縣西南有平丘城。

〔一八〕左傳成九年會于蒲，杜預曰在縣西南。史記曰孔子自匡過蒲。陳留志云「有子路祠。」

〔一九〕杜預曰鄭祭封人仲邑。陳留志曰：「有蘧伯玉墓及祠。」又西南有宛亭。左傳僖二十八年衞人盟宛濮，杜預曰近濮水。

〔二〇〕左傳宣二年鄭破宋師大棘，杜預曰在襄邑縣南。

〔二一〕左傳〔桓八〕〔僖五〕年齊侯〔師〕〔會〕于首止，杜預曰在襄邑東南，有首〔止城〕〔鄉〕。

〔二二〕陳留志曰：「古戴國地名。」杜預曰：「戴在外黃東南。」爾雅曰：「木立死曰菑。」呂氏春秋：「草鬱卽爲菑。」

〔二三〕陳留志曰：「有箕子祠。有穀亭。古句瀆之丘。」案本傳有蒲亭。

〔二四〕陳留志曰：「有萬人聚，王邑破翟義積尸處。」前書「今高陽」。文穎曰：「高陽，聚邑名，在縣西。」

東郡秦置。去雒陽八百餘里。十五城，戶十三萬六千八十八，口六十萬三千三百九十三。

濮陽古昆吾國，〔一〕春秋時曰濮。有鹹城，或曰古鹹國。〔二〕有清丘。〔三〕有鉏城。**燕**本南燕國。有雍鄉。〔四〕有胙城，古胙國。有平陽亭。〔五〕有瓦亭。〔六〕有桃城。〔七〕**白馬**有韋鄉。〔八〕**頓丘**〔九〕**東阿**〔一〇〕有清亭。〔一一〕**東武陽**濕水出。**范**有秦亭。〔一二〕**臨邑**有（沛）〔泲〕廟。**博平**　**聊城**有夷儀聚。〔一三〕有聶（戚）〔城〕。〔一四〕**發干**　**樂平**侯國。故清，章帝更名。**陽平**侯國。有莘亭。〔一五〕有岡成城。〔一六〕**衞**公國。本觀故國，姚姓，光武更名。有河牧城。〔一七〕有竿城。〔一八〕**穀城**春秋時小穀。〔一九〕有嶲下聚。〔二〇〕

〔一〕杜預曰古衞也。帝王世記曰：「顓頊自窮桑徙商丘。」左傳曰「衞，顓頊之墟」，杜預曰帝丘，昆吾氏因之，故曰昆吾之墟，縣城內有顓頊冢。皇覽曰：「冢在城門外廣陽里中。」博物記曰：「桑中在其中。」

〔二〕左傳僖十三年同會于鹹。

〔三〕左傳曰宣十二年盟清丘，杜預曰縣東南。

〔四〕謝沈書曰，赤眉攻雍鄉。

〔五〕左傳哀十六年「衞侯飲孔悝酒於平陽」。

〔六〕左傳曰定八年會于瓦，杜預曰縣東北。

〔七〕史記曰春申君說秦曰「王又舉甲拔桃入邢」是也。

〔八〕杜預曰：「縣東南有章城。古豕韋氏之國」。

〔九〕（白虎通）〔皇覽〕曰「帝嚳冢在城〔南〕臺陰野〔中〕」是也。

〔一〇〕左傳桓十年會于桃丘，杜預曰縣東南有桃城。襄十四年孫林父敗衞侯于阿澤，杜預曰縣西南大澤。魏志有渠丘山。

〔一一〕左傳隱四年「遇于清」是也。

〔一二〕左傳莊三十一年「築臺于秦」。地道記在縣西北。

〔一三〕左傳僖元年「邢遷于夷儀」。

〔一四〕左傳曰「聊攝以東」。

〔一五〕杜預注傳曰衞作新臺在縣北。衞殺公子伋之地，故曰「待諸莘」。

〔一六〕秦封蔡澤爲岡成君，未詳。

〔一七〕左傳文元年會于戚，鄭救晉中行氏，晉敗鄭鐵，杜預曰戚城南有鐵丘。

〔一八〕前書故發干（縣）〔城〕。

〔一九〕左傳莊三十二年「城小穀」，杜預曰城中有管仲井。又傳曰埋長狄榮如首於周首之北門，杜預曰縣東北有周首亭。

〔二〇〕左傳僖二十六年追齊師至酅，杜預曰縣西有地名酅下。皇覽曰：「縣東十五里有項羽冢。」

東平國故梁，景帝分爲濟東國，宣帝改。雒陽東九百七十五里。七城，戶七萬九千一十二，口四十四萬八千二百七十。

無鹽本宿國，任姓。〔一〕有章城。〔二〕有闞亭。〔三〕有堂陽亭。〔四〕　富成　章　壽張春秋曰良，漢曰壽良，光武改曰壽張。有堂聚，故聚屬東郡。〔五〕　須昌故屬東郡。〔六〕有致密城，古中都。有陽穀城。〔七〕　寧陽故屬泰山。

〔一〕左傳昭二十五年臧會奔郈，杜預曰縣東南有郈鄉亭。
〔二〕古國。左傳莊三十年，齊取鄣。
〔三〕左傳桓十一年會于闞，杜預曰在須昌縣東南。有闞城，博物記云即此亭是。
〔四〕故縣，後省。
〔五〕地道記曰：「有蚩尤祠，狗城。」皇覽曰：「蚩尤冢在縣闞〔鄉〕城中，高七丈。」
〔六〕杜預曰：「須句，古國，在西北。」
〔七〕左傳僖三年會陽穀，杜預曰在縣北。

任城國章帝元和元年，分東平爲任城。雒陽東千一百里。三城，戶三萬六千四百四十二，口十九萬四千一百五十六。

任城本任國。有桃聚。〔一〕　亢父〔二〕　樊

〔一〕光武破龐萌於桃鄉。
〔二〕左傳襄十三年「取邿」，杜預曰縣有邿亭。哀六年「城邿瑕」，杜預曰縣北有邿瑕城。

泰山郡高帝置。雒陽東千四百里。十二城，戶八千九百二十九，口四十三萬七千三百一十七。

奉高有明堂，武帝造。〔一〕博有泰山廟。岱山在西北。有龜山。〔二〕有龍鄉城。〔三〕梁甫侯國。有菟裘聚。〔四〕鉅平侯國。有亭禪山。〔五〕有陽關亭。〔六〕嬴有鐵。山茌侯國。萊蕪有原山，淄水出。〔七〕蓋沂水出。〔八〕南武陽侯國。有顓臾城。南城故屬東海。有東陽城。〔九〕費侯國，〔一〇〕故屬東海。有祊亭。〔一一〕有台亭。〔一二〕牟故國。

〔一〕前書曰在縣西南四里。左傳昭八年「大蒐于紅，至于商、衞」。紅亭在縣西北，杜預曰接宋、衞也。

〔二〕左傳定十年齊歸龜陰之田，杜預曰田在山北。琴操孔子作龜山之操。

〔三〕左傳成二年齊圍龍，杜預曰在縣西南。史記作「隆」。又楚有蜀之役，杜預曰縣西北有蜀亭。

〔四〕左傳隱公「使營菟裘，吾將老焉」，杜預曰縣南有菟裘城。

〔五〕即古所禪亭亭者也。

〔六〕左傳襄十七年「師自陽關」。桓六年會于成，杜預曰縣東南。成城即孟孫之邑。

〔七〕杜預曰汶水出。

〔八〕左傳會于防，杜預曰在縣東南，有防城。

〔九〕呂氏春秋夏孔甲遊田于東陽蕢山。左傳哀八年「克東陽」。襄十九年城武城，杜預曰南城縣。哀十四年司馬〔牛〕葬丘輿，杜預曰縣西北有輿城。

〔10〕曹騰封費是鄪縣費亭，非此國。

〔11〕左傳隱八年鄭歸祊，杜預曰在縣東南。閔二年莒人歸共仲及密，杜預曰縣有密如亭。

〔12〕左傳襄十二年莒圍台，杜預曰縣南有台亭。

濟北國和帝永元二年，分泰山置。〔一〕雒陽東千一百五十里。五城，戶四萬五千六百八十九，口二十三萬五千八百九十七。

〔一〕臣昭案：濟北，前漢之舊國，此是經幷泰山復分。

盧〔一〕有平陰城。有防門。〔二〕有光里。有景茲山。〔三〕有敖山。〔四〕有清亭。〔五〕有長城至東海。〔六〕　蛇丘有遂鄉。〔七〕有下讙亭。〔八〕有鑄鄉城。〔九〕　成本國。〔10〕　茌平本屬東郡。　剛。〔11〕

〔一〕左傳隱三年齊鄭尋盧之盟，杜預曰今縣故城。有邾山，在縣北。成二年封銳司徒女石窌，杜預曰縣東有地名石窌。

〔二〕左傳襄十八年齊禦晉平陰，塹防門，杜預曰在縣北。又齊登巫山以望晉師，杜預曰在縣東北。

〔三〕杜預曰在縣東南。

〔四〕左傳曰「先君獻、武廢二山」，即敖山、具山。

〔五〕左傳哀十〔一〕年，齊伐魯及清是也。

〔六〕史記蘇代說燕王曰「齊有長城、巨防」。巨防即防門。

〔七〕古遂國，左傳莊十三年齊人滅遂。

〔八〕左傳桓三年送姜氏于讙。

〔九〕周武王未及下車，封堯後於鑄。左傳有棘地，成公三年叔孫僑如所圍。杜預曰汶水北地有棘鄉。東觀書有芳陘山。

〔一〇〕左傳「衞師入郕」，杜預曰東平剛父縣西南有郕鄉。

〔一一〕左傳哀八年齊取闡，杜預曰在縣北，有闡鄉。

山陽郡故梁，景帝分置。雒陽東八百一十里。十城，戶十萬九千八百九十八，口六十萬六千九十一。

昌邑刺史治。有梁丘城。〔一〕有甲父亭。〔二〕**東緡**春秋時曰緡。〔三〕**鉅野**〔四〕有大野澤。〔五〕**高平**侯國。故橐，章帝更名。〔六〕有茅鄉城。〔七〕**湖陸**故湖陵，章帝更名。〔八〕**南平陽**侯國。有漆亭。〔九〕有閭丘亭。〔一〇〕**方與**有武唐亭，〔一一〕魯侯觀魚臺。〔一二〕有泥母亭，或曰古寗母。〔一三〕**瑕丘** **金鄉**〔一四〕**防東**

〔一〕左傳莊三十二年遇于梁丘，杜預曰梁丘鄉在縣西南。

〔二〕杜預曰甲父，古國名，在縣東南。左傳隱十年「取防」，杜預曰縣西有防城。

〔三〕左傳僖二十三年齊圍緡。

〔四〕左傳桓七年「焚咸丘」，杜預曰縣西有咸亭。

〔五〕春秋西狩獲麟之所。爾雅十藪，魯有大野。杜預曰縣西南有（郥）〔郎〕亭。定十三年齊伐晉之所。

〔六〕前漢志莽改曰高平，章帝復莽此號。左傳隱（九）〔元〕年費伯城郎，杜預曰縣東南有郁郎亭。

〔七〕杜預曰茅鄉在昌邑西南。

〔八〕前漢志王莽改曰湖陸，章帝復其號。博物記曰荷水出。地道記縣西有費亭城，魏武帝初所封。

〔九〕左傳城漆。

〔一〇〕左傳襄二十一年「邾庶其以漆、閭丘來奔」，杜預曰縣東北有漆鄉，西北有顯閭亭。哀七年四邾子負瑕，杜預曰縣西北有瑕丘城。

〔一一〕左傳桓二年盟于唐，杜預曰在西南。

〔一二〕春秋經隱五年矢魚于棠。

〔一三〕左傳僖七年盟甯母，杜預曰在縣東。三十一年臧文仲宿重館，杜預曰縣西北有重鄉城。

〔一四〕晉地道記曰：「縣多山，所治名金山。山北有鑿石爲冢，深十餘丈，隧長三十丈，傍却入爲堂三方，云得白兔不葬，更葬南山，鑿而得金，故曰金山。故冢今在。或云漢昌邑所作，或云秦時。」

濟陰郡故梁，景帝分置。雒陽東八百里。十一城，戶十三萬三千七百一十五，口六十五萬七千五百五十四。

定陶本曹國，〔一〕古陶，堯所居。〔二〕有三鬷亭。〔三〕冤句有煮棗城。〔四〕成陽有堯冢、靈臺，有雷澤。〔五〕乘氏侯國。〔六〕有泗水。有鹿城鄉。句陽有垂亭。〔七〕　鄄城　離狐故屬東郡。　廩丘故屬東郡。有高魚城。有運城。〔八〕　單父侯國，故屬山陽。　成武故屬山陽。〔九〕有郜城。〔一〇〕　己氏故屬梁。〔一一〕

〔一〕郭璞曰：「城中有陶丘。」皇覽曰：「伯樂冢縣東南一里所，高四五丈。」

〔二〕帝王世記曰：「舜陶河濱，縣西南陶丘亭是。」

〔三〕湯伐三朡，孔安國曰今定陶。

〔四〕史記蘇秦說魏襄王曰：「大王之地，東有淮、潁、煮棗。」

〔五〕禹貢曰：「雷夏既澤。」帝王世記曰：「舜耕歷山，漁雷澤，濟陰有歷山。」

〔六〕博物記曰古乘丘。

〔七〕左傳隱八年遇于垂。史記无忌說魏安僖王曰：「文臺墮，垂都焚。」徐廣曰：「縣有垂亭。」

〔八〕左傳襄二十六年「齊烏餘以廩丘奔晉」，杜預曰今縣故城是。又「襲衞羊角取之」，杜預曰今縣所治城。又襲我高魚，杜預曰在縣東北。

〔九〕左傳隱七年「戎執凡伯於楚丘」，杜預曰在縣西南。

〔一〇〕左傳隱十年「取郜」，杜預曰縣東南有郜城。地道記有秺城。

〔一一〕皇覽曰有平和鄉，鄉有伊尹冢。

右兗州刺史部，郡、國八，縣、邑、公、侯國八十。

東海郡高帝置。雒陽東千五百里。十三城，戶十四萬八千七百八十四，口七十萬六千四百一十六。

郯本國，刺史治。〔一〕　蘭陵有次室亭。〔二〕　戚　朐〔三〕有鐵。有伊盧鄉。〔四〕　襄賁　昌慮有藍鄉。〔五〕　承　陰平　利城　合（城）〔鄉〕〔六〕　祝其有羽山。〔七〕　春秋時曰祝其，夾谷地。〔八〕　厚丘〔九〕　贛榆本屬琅邪，建初五年復。〔一〇〕

〔一〕博物記曰：「有勇（王）〔士〕亭，卽勇士（萬）〔菑〕丘欣。」

〔二〕地道記曰：「故魯次室邑。」列女傳有漆室之女，或作「次室」。

〔三〕山海經曰：「都州在海中，一曰郁州。」郭璞曰：「在縣界。世俗傳此山在蒼梧徙來，上皆有南方樹木。」博物記：「縣東北海邊植石，秦所立之東門。」

〔四〕史記曰，鍾離眛（冢）〔家〕在伊盧。

〔五〕左傳昭三十一年邾黑肱以濫來奔，杜預曰縣所治，城東北有郳城。郳，小邾國也。

〔六〕瀞水自此南至湖陸。

〔七〕殛鮌之山。杜預曰在縣西南。博物記曰：「東北獨居山，西南有淵水，卽羽泉也，俗謂此山爲懲父山。」

〔八〕左傳定十年會齊侯夾谷，孔子相。

〔九〕左傳成九年「城中城」，杜預曰在縣西南，有中鄉城。

〔10〕左傳「齊伐莒，莒子奔紀鄣」，杜預曰縣東北有紀城。地道記曰：「海中去岸百五十步，有秦始皇碑，長一丈八尺，廣五尺，厚八尺三寸；一行十二字。潮水至加其上三丈，去則三尺見也。」

琅邪國秦置。建武中省城陽國，以其縣屬。〔一〕雒陽東一千五百里。十三城，戶二萬八百四，口五十七萬九百六十七。

〔一〕案本紀，永壽元年置，都尉治。

開陽〔一〕故屬東海，建初五年屬。　**東武**　**琅邪**〔二〕　**東莞**有鄆亭。〔三〕有邳鄉。有公來山，或曰古浮來。〔四〕　**西海**〔五〕　**諸**〔六〕　**莒**本國，故屬城陽。〔七〕有鐵。有崢嶸谷。　**東安**故屬城陽。　**陽都**故屬城陽。有牟臺。〔八〕　**臨沂**故屬東海。有叢亭。〔九〕　**卽丘**侯國，故屬東海，春秋曰祝丘。　**繒**侯國，故屬東海。有概亭。〔10〕　**姑幕**〔11〕

〔一〕杜預曰古鄅。左傳哀三年城啓陽，杜預曰開陽。

〔二〕山海經云有琅邪臺，在勃海閒，琅邪之東。郭璞曰：「琅邪臨海邊，有山嶕嶢特起，狀如高臺。此卽琅邪臺。」齊景公曰：「吾循海而南，放乎琅邪。」越絕曰：「句踐徙琅邪，起觀臺，臺周七里，以望東海。」史記曰秦始皇徙黔首三萬戶琅邪臺下。傳有勞山。

〔三〕左傳曰「公處鄆」。

〔四〕左傳隱八年盟浮來，杜預曰邳來山之閒，號曰邳來。莊九年鮑叔受管仲，及堂阜而脫之。杜預曰：「東莞蒙陰縣西北有夷吾亭，或曰鮑叔解夷吾縛於此，因以爲名。」即古堂阜也，東莞後爲(名)〔郡〕。

〔五〕東觀書曰有勝山。博物記：「太公呂望所出，今有東呂鄉。又釣於棘津，其浦今存。」

〔六〕左傳莊二十九年「城諸」，杜預曰諸縣在城陽郡。又隱四年「莒人伐杞，取牟婁」，杜預曰縣東北有婁鄉。

〔七〕左傳成八年申公巫臣會渠丘公，杜預曰縣有蘧丘里。

〔八〕左傳宣元年會于平州，杜預曰在縣西。

〔九〕左傳隱六年盟于艾，杜預曰縣東南有艾山。七年「城中丘」，杜預曰縣東北有中丘亭。博物記曰：「縣東界次睢有大叢社，民謂之食人社，即次睢之社。」

〔一〇〕左傳莊九年盟于蔇，杜預曰在縣北。

〔一一〕左傳昭五年「莒牟夷以牟婁及防茲來奔」，杜預曰縣東北有茲亭。博物記曰淮水入。城東南五里有公冶長墓。

彭城國高祖置爲楚，章帝改。雒陽東千二百二十里。八城，戶八萬六千一百七十，口四十九萬三千二十七。

彭城〔一〕有鐵。　**武原**　**傅陽**有柤水。〔二〕　**呂**　**留**〔三〕　**梧**　**菑丘**

廣戚故屬沛(國)。

〔一〕古大彭邑。北征記城西二十里有山，山有楚元王墓。伏滔北征記曰：「城北六里有山，臨泗，有宋桓魋石槨，皆青石，隱起龜龍鱗鳳之象。」

〔二〕左傳襄十年滅偪陽，杜預曰即此縣也。

〔三〕西征記曰城中有張良廟。

廣陵郡景帝置爲江都，武帝更名。建武中省泗水國，以其縣屬。雒陽東一千六百四十里。十一城，戶八萬三千九百七，口四十一萬百九十。

廣陵〔一〕有東陵亭。〔二〕江都有江水祠。高郵　平安　淩故屬泗水。東陽故屬臨淮。有長洲澤，吳王濞太倉在此。〔三〕射陽故屬臨淮。〔四〕鹽瀆故屬臨淮。輿侯國，故屬臨淮。堂邑故屬臨淮。有鐵。春秋時曰堂。海西故屬東海。

〔一〕吳王濞所都，城周十四里半。

〔二〕博物記曰：「女子杜姜，左道通神，縣以爲妖，閉獄桎梏，卒變形莫知所極。以狀上，因以其處爲廟祠，號曰東陵聖母。」

〔三〕縣多麋。博物記曰：「千千爲羣，掘食草根，其處成泥，名曰麋畯。民人隨此畯種稻，不耕而穫，其收百倍。」又扶海洲上有草名䕸，其實食之如大麥，從七月稔熟，民斂穫至冬乃訖，名曰自然穀，或曰禹餘糧。

〔四〕有梁湖。地道記曰有博支湖。

下邳國武帝置爲臨淮郡，永平十五年更爲下邳國。雒陽東千四百里。十七城，戶十三萬六千三百八十九，口六十一萬一千八十三。

下邳本屬東海。〔一〕葛嶧山，本嶧陽山。〔二〕有鐵。　**徐**本國。有樓亭，或曰古蔞林。〔三〕　**僮**侯國。　**睢陵**　**下相**　**淮陰**〔四〕　**淮浦**　**盱台**　**高山**　**潘旌**　**淮陵**　**取慮**有蒲姑陂。〔五〕　**東成**　**曲陽**侯國，故屬東海。　**司吾**侯國，故屬東海。　**良成**故屬東海。春秋時曰良。〔六〕　**夏丘**故屬沛。

〔一〕戴延之西征記曰：「有沂水，自城西西南注泗，別下迴城南，亦注泗。舊有橋處，張良與黃石公會此橋。」

〔二〕山出名桐，伏滔北征記曰今槃根往往而存。

〔三〕杜預曰在僮縣東南。伏滔北征記曰：「縣北有大冢，徐君墓，延陵解劍之處。」

〔四〕下鄉有南昌亭，韓信寄食處。

〔五〕左傳昭十六年齊師至蒲隧，杜預曰縣東有蒲姑陂。

〔六〕左傳昭十三年晉會吳於良。

右徐州刺史部，郡、國五，縣、邑、侯國六十二。〔一〕

〔一〕魏氏春秋曰：「初平三年，分琅邪、東海爲城陽、(新)〔利〕城、昌慮郡。建安十一年，省昌慮并東海。」

校勘記

三四六八頁二行　有大棘鄉有首鄉　按：殿本考證齊召南謂大注此二鄉皆應在上文襄邑「有承匡城」之

下。大棘、首鄉皆襄邑地，非己吾地也，不知何以脫入於此。

三四四八頁五行 杜預曰在〔雍丘〕縣西北　左傳杜注作「在陳留雍丘縣西北」。按：晉泰始元年封魏廢帝爲陳留王，治小黃，省陳留入之，晉無陳留縣，此「雍丘」二字不可省，今據補。

三四四八頁二六行 縣東南有戎城　按：此亦杜注，見隱二年。

三四四九頁二行 在〔封邱〕縣南　集解引惠棟說，謂案杜注在封邱縣南，注脫「封邱」二字。今據補。

三四四九頁八行 孔子（四）〔圍〕此　按：校補謂「四」當是「圍」之譌。今據改。

三四四九頁一四行 （桓八）〔僖五〕年齊侯（師）〔會〕于首止　據殿本考證齊召南說改。

三四四九頁一四行 有首（止城）〔鄉〕　據殿本考證齊召南說改。

三四五〇頁四行 濕水出　按：集解引惠棟說，謂前志及水經皆作「漯」。說文作「濕」，從水㬎聲。

三四五〇頁五行 有（沛）〔泲〕廟　按：前志作「泲」。集解引惠棟說，謂案風俗通云「濟出常山房子贊皇山，東入泹，廟在東郡臨邑縣」，則是濟瀆之廟也。尙書古文「濟」作「泲」，當從「泲」。今據改。

三四五〇頁五行 有聶（戚）〔城〕　集解引惠棟說，謂京相璠云「聊城縣東北三十里有故攝城」，當作「聶城」。今據改。

三四五〇頁七行 有岡成城　按：集解引惠棟說，謂水經注引作「岡成亭」。

三四五一頁二行　（白虎通）〔皇覽〕曰帝嚳冢在城〔南〕臺陰野〔中〕是也　按：集解引惠棟說，謂「在城」下諸本脫「南」字，「野」下脫「中」字。語見皇覽，云「白虎通」者誤也。今據改。

三四五一頁九行　杜預注傳曰衞作新臺在縣北　按：「新臺」疑「莘亭」之譌。左桓十六年「公使諸齊使盜待諸莘，將殺之」，杜注「莘，衞地，陽平縣西北有莘亭」。

三四五一頁一一行　晉敗鄭鐵　按：晉敗鄭鐵乃哀二年事，注繫文元年下，疑有脫誤。

三四五一頁一二行　前書故發干（縣）〔城〕　據汲本改。按：校補謂不曰「前志」而曰「前書」，則固非指前志之發干，蓋前志之發干所治已非故地，而竿城即前漢故發干城，其地至後漢已併入於衞也。如即前志之發干城，則既言「前」，不必改言「故」矣。前書衞青傳封青子登爲發干侯，或即在此。是則故發干乃侯國城，一作「縣」，非也。

三四五一頁一六行　雒陽東九百七十五里　按：汲本作「六百七十二里」。

三四五二頁一行　有闞亭　按：校補謂前志東平陸，應劭云「古厥國，今有厥亭是」，與此言有闞亭，即春秋「會于闞」之闞不符，未詳孰是。

三四五二頁二行　富成　按：前志作「富城」。

三四五二頁五行　杜預曰縣東南有郈鄉亭　按：今杜注云「郈在東平無鹽縣東南」，不言「郈鄉亭」。

三四五二頁八行　故縣後省　按：集解引洪頤煊說，謂前志堂陽屬鉅鹿郡，東漢省，與此絕遠，注誤證。

三四五三頁九行　狗城　按：前志東郡壽良縣有朐城。此作「狗城」，「狗」與「朐」疑形近而誤，當從前志。

三四五三頁九行　蚩尤冢在縣闞〔鄉〕城中　集解引惠棟說，謂注「闞鄉城中」，諸本脫「鄉」字。今據補。

三四五三頁一六行　杜預曰縣北有邾瑕城　按：今杜注作「邾婁城」。

三四五三頁一行　十二城戶八千九百二十九口四十三萬七千三百一十七　按：張森楷校勘記謂十二城而祇八千餘戶，城不及八百戶，太少。八千餘戶而有四十三萬餘口，太多。以李心傳東漢戶口率十戶爲五十二口準之，「八千」之「千」當作「萬」，各本並誤。又按：「口四十三萬七千三百一十七」末「七」字，汲本作「一」。

三四五三頁四行　梁甫　按：前志作「梁父」。

三四五三頁四行　有亭禪山　按：前志「禪」作「亭」，當從前志。

三四五三頁四行　山茌　按：各本「山」字皆連上爲句。錢大昕謂「山」字當連下句，山茌，縣名也。又王先謙謂前志作「茬」，通鑑胡注後漢改曰山茌。又按：集解引惠棟說，謂此與濟北之茌平，皆當作「茬」。

三四五三頁四行　潘水出　按：集解引惠棟說，謂潘水無攷，或淄水之誤，前志作「甾」。

三四五三頁五行　南城　按：前志作「南成」。

三四五三頁一四行　杜預曰在縣東南有防城　按：隱九年經「公會齊侯于防」，杜注「防，魯地，在琅邪華縣東南」。

三四五三頁一五行　杜預曰南城縣　今杜注「南城」作「南武城」。按：南城晉志作「南武城」。

三四五三頁一六行　司馬〔牛〕葬丘輿　集解引惠棟說，謂諸本脫「牛」字。今據補。

三四五四頁七行　有景茲山　按：左傳「景」作「京」。

三四五四頁八行　成　集解引錢大昕說，謂前志泰山郡有式縣，無成縣。按：前志補注引李賡芸說，謂前志泰山郡有式無成，後漢分置濟北，有成而皆無式，蓋東都省式置成也。

三四五四頁一二行　杜預曰在縣北　按：今杜注作「平陰城在濟北盧縣東北，其城南有防，防有門」。

三四五四頁一三行　杜預曰在縣東南　按：今杜注作「在平陰城東南」，此「縣」字疑當作「城」。

三四五五頁五行　東平剛父縣西南有郕鄉　按：集解引羅革說，謂郡有剛縣，晉爲東平國之剛平，無剛父。

三四五五頁一〇行　故槖　汲本、殿本「槖」作「櫜」。按：集解引惠棟說，謂前志作「槖」，州郡志作「櫜」，案東平王傳亦作「槖」。

三四五六頁二行　縣西南有（郥）〔郥〕亭　據汲本、殿本改。按：集解引惠棟說，謂郥古閒字。

三四五六頁三行　左傳隱（九）〔元〕年費伯城郎　據左傳改。按：九年亦書「城郎」，但無杜注。

三四五六頁五行　苟水出　按：張森楷校勘記謂諸書無苟水，前志引禹貢「通于河」，「河」當作「菏」。菏苟形近，此蓋亦「菏水出」之誤。

三四五六頁七行　哀七年四邾子負瑕　按：集解引惠棟說，謂當注「瑕丘」下。

三四五六頁九行　左傳桓二年盟于唐杜預曰在西南　按：隱二年經「公及戎盟于唐」，杜注「高平方與縣北有武唐亭」。劉昭注引經傳及杜注多删節，若此注則有脫誤矣。

三四五七頁一四行　戎執凡伯於楚丘　按：春秋經「執」作「伐」，傳亦云「戎伐之於楚丘」。

三四五七頁一六行　有平和鄉　按：集解引惠棟說，謂皇覽作「平利」。

三四五八頁四行　伊盧鄉　按：集解引惠棟說，謂史記作「盧」，韋昭曰今盧中縣。

三四五八頁五行　利城　按：前志作「利成」。

三四五八頁五行　合（城）〔鄉〕　集解引錢大昕說，謂前志有合鄉，無合城，晉書地理志東海亦祇有合鄉縣，此「城」字必「鄉」之訛。又引惠棟說，謂案前志及水經泗水注皆作「合鄉」。又引馬與龍說，謂泗水注潮水出東海合鄉縣，漢安帝永初七年封馬光子朗爲侯國，亦見馬防傳。今據改。

三四五八頁八行　有勇（王）〔士〕亭即勇士（萬）〔菑〕丘欣　殿本「萬」作「菑」，王先謙謂作「菑」是，「王」乃

「士」之譌。今據改。

三四五八頁一〇行　都州在海中　按：「州」原作「洲」，逕據汲本、殿本改，與今山海經合。

三四五八頁一三行　鍾離昧(冢)〔家〕在伊盧　據殿本改，與史記淮陰侯列傳合。

三四五八頁一三行　左傳昭三十一年至郳小邾國也　按：昭三十一年經「黑肱以濫來奔」，杜預注「黑肱，邾大夫；濫，東海昌慮縣」。又莊五年經「郳犂來來朝」，杜注「東海昌慮縣東北有郳城；黎來，名」。釋文「郳，五兮反，國名，後爲小邾」。此注節引杜注錯亂，驟睹之幾不可解。

三四五八頁一五行　即羽泉也　按：校補謂「羽泉」當作「羽淵」，見左傳，此回改未盡者。

三四五九頁二行　在縣西南有中鄉城　按：今杜注云「在東海廩丘縣西南」，不言有中鄉城。

三四五九頁三行　海中去岸百五十步　按：汲本、殿本「五」作「九」。

三四五九頁四行　一行十二字　按：汲本、殿本「二」作「三」。

三四五九頁四行　潮水至加其上三丈　按：何焯校本「丈」改「尺」。

三四五九頁五行　琅邪國秦置　按：殿本考證齊召南謂此注不明，郡與國亦略有別，秦置琅邪郡，前漢因之，光武改爲國，省城陽國來屬，此其始末也。「秦置」之下當有「郡」字。

三四五九頁五行　十三城戶二萬八百四口五十七萬九百六十七　按：張森楷校勘記謂若如此文，則一城祇千餘戶，太少，一戶凡三十口，太多，殊不近情，疑「戶」下脫去一「十」字。

三四五九頁九行 西海　按：集解引錢大昕說，謂前志無西海，蓋「海曲」之譌。劉盆子傳「琅邪海曲有呂母」，注「海曲，縣名，故城在密州莒縣東」。又引惠棟說，謂何焯云疑「海曲」之譌。

三四五九頁一〇行 有崢嶸谷　按：集解引惠棟說，謂說文作「崝嶸」，徐鍇云俗作「崢」，非。

三四五九頁一一行 繒　按：集解引惠棟說，謂春秋傳僖十四年，鄫子來朝，杜預云「今鄫縣」，陸氏云本或作「繒」。又按：校補謂穀梁「鄫」皆作「繒」。

三四六〇頁二行 邳來山之閒號曰邳來　殿本考證謂案杜注原文云「邳鄉西有公來山，號曰邳來閒」。今案：杜注「邳鄉」上有「縣北有」三字，劉注錯謬，攷證引亦不全。

三四六〇頁三行 東莞後爲（名）〔郡〕　據集解引惠棟說改。

三四六〇頁六行 縣有蘧丘里　按：今杜注云「莒縣有蘧里」，無「丘」字。

三四六〇頁七行 杜預曰在縣西　按：今杜注云「在泰山牟縣西」，不云在陽都西。

三四六〇頁八行 縣東南有艾山　按：集解引惠棟說，謂案杜氏注云「泰山牟縣東南有艾山」，不云在臨沂，未詳。

三四六〇頁八行 縣東北有中丘亭　按：今杜注云「中丘在琅邪臨沂縣東北」，不言亭。

三四六〇頁一四行 有相水　按：集解引惠棟說，謂「相」一作「祖」。京相璠云縣西北有祖水溝，去偪陽八十里。

三四六〇頁一五行　故屬沛(國)　集解引惠棟說，謂「國」字衍，前志爲沛郡也。今據刪。

三四六一頁四行　建武中省泗水國　按：「省」原譌「有」，逕據汲本、殿本改正。

三四六一頁八行　堂邑　按：集解引惠棟說，謂玉篇「堂」作「鄣」。

三四六二頁三行　盱台　按：前志「台」作「眙」。

三四六二頁四行　潘旌　按：前志「潘」作「播」。

三四六二頁一〇行　縣東有蒲姑陂　按：今杜注「姑」作「如」。

三四六三頁一三行　初平三年分琅邪東海爲城陽(新)〔利〕城昌慮郡　集解引馬與龍說，謂徐州無新城郡，「新」當作「利」，形近而訛。今據改。按：錢大昕謂魏志太祖紀，建安三年分琅邪、東海、北海爲城陽、利城、昌慮郡，以臧霸傳考之，蓋禽呂布後所置，魏氏春秋以爲初平三年分者，誤。

後漢書志第二十二

郡國四

濟南　平原　樂安　北海　東萊　齊國

右青州

南陽　南郡　江夏　零陵　桂陽　武陵　長沙

右荆州

九江　丹陽　廬江　會稽　吳郡　豫章

右揚州

濟南國故齊，文帝分。雒陽東千八百里。十城，戶七萬八千五百四十四，口四十五萬三千三百八。

東平陵有鐵。有譚城。〔一〕有天山。　著　於陵〔二〕　臺　菅有賴亭。〔三〕

土鼓　梁鄒　鄒平　東朝陽〔四〕　歷城有鐵。有巨里聚。〔五〕

〔一〕故譚國。

〔二〕杜預曰縣西北有于亭。陳桓子以封齊公子周。

〔三〕左傳哀六年公如賴。

〔四〕杜預曰縣西有崔城。

〔五〕耿弇破費敢處。皇覽曰：「太甲有冢，在歷山上。」

平原郡高帝置。雒陽北一千三百里。九城，戶十五萬五千五百八十八，口百萬二千六百五十八。

平原〔一〕　高唐漯水出。　般　鬲侯國。夏時有鬲君，滅浞立少康。〔二〕　祝阿春秋時曰祝柯。〔三〕有野井亭。〔四〕　樂陵　濕陰　安德侯國。　厭次本富平，明帝更名。

〔一〕地道記曰有篤馬河。

〔二〕魏都賦注曰縣有蓋節淵。三齊記曰：「城南有蒲臺，高八十尺，秦始皇所頓處。在臺下縈蒲繫馬，今蒲猶縈者。」

〔三〕左傳哀十年「取犂及轅」，杜預曰縣西有轅城。故縣，省。

〔四〕左傳昭二十五年「齊侯唁公于野井」，杜預曰在縣東。

樂安國高帝西平昌置，爲千乘，永元七年更名。雒陽東千五百二十里。九城，戶七萬四千四百，口四十二萬四千七十五。

臨濟本狄，安帝更名。〔一〕 千乘 高菀 樂安 博昌有薄姑城。〔二〕有貝中聚。〔三〕有時水。〔四〕 蓼城侯國。〔五〕 利故屬齊。 益侯國，故屬北海。

壽光故屬北海。有灌亭。〔六〕

〔一〕地道記曰：「狄伐衞懿公。」
〔二〕古薄姑氏，杜預曰薄姑地。
〔三〕左傳齊侯田于貝丘，杜預曰縣南有地名貝（中）〔丘〕。
〔四〕左傳莊九年「戰于乾時」，杜預曰時水在縣界，岐流，旱則竭涸，故曰乾時。
〔五〕杜預曰縣東北有攝城。
〔六〕古灌國。

北海國景帝置。建武十三年（有）〔省〕菑川、高密、膠東三國，以其縣屬。十八城，戶十五萬八千六百四十一，口八十五萬三千六百四。

劇有紀亭，古紀國。 營陵 平壽有斟城。〔一〕有寒亭，古寒國，浞封此。 都昌〔二〕 安丘有渠丘亭。〔三〕 淳于永元九年復。有密鄉。〔四〕 平昌侯國，故屬琅邪。有蒦鄉。〔五〕 朱虛侯國，故屬琅邪，永初元年屬。〔六〕 東安平故屬菑川。六國時曰安平。有酅亭。〔七〕高密侯國。昌安侯國，安帝復。夷安侯國，安帝復。膠東侯國。即墨侯國。有棠鄉。〔八〕壯武安帝復。〔九〕下密安帝復。（拒）〔挺〕〔一〇〕觀陽

〔一〕杜預曰有斟亭。古斟國，故縣，後省。

〔二〕左傳莊元年齊遷紀之郚城。地道記曰郚城在縣西。

〔三〕地道記曰有渠丘城。

〔四〕左傳隱二年紀莒盟密。故密鄉，在縣東北，後省。

〔五〕左傳昭五年「莒牟夷以牟婁及防、茲來奔」，杜預曰縣西南有防亭。

〔六〕左傳莊元年齊遷紀郱，杜預曰朱虛縣東南有郱城。鄭志曰：「有小泰山，公玉帶曰岐伯令黃帝封東泰山，即此山也。」

〔七〕故兆。左傳莊三年「紀季以酅入於齊」。地道紀有羌頭山。

〔八〕左傳襄六年圍棠，杜預曰棠國也。

〔九〕故夷國。左傳隱元年紀伐夷。

〔一〇〕地道記曰：「〔奚〕養澤在西，幽州藪。有萊山，萊王祠。」

東萊郡高帝置。雒陽東三千一百二十八里。十三城，戶十萬四千二百九十七，口四十八萬四千三百九十三。

黃〔一〕　牟平　惤侯國。〔二〕　曲成侯國。〔三〕　掖侯國。有過鄉。〔四〕　當利侯國。　東牟侯國。　昌陽　盧鄉　長廣故屬琅邪。　黔陬侯國，故屬琅邪。有介亭。〔五〕　葛盧有尤涉亭。　不（期）〔其〕侯國，故屬琅邪。〔六〕

〔一〕地道記曰：「縣東二百三十里至海中，連岑有土道，秦始皇登此山，列二碑，東二百三十里有始皇、漢武帝二碑。」

〔二〕地道記曰有百枝萊君祠。三齊記曰：「南有蹲犬山，山似犬蹲，有神，劉寵出西都，經此山，山犬吠之，寵曰『山神謂我人也』。」

〔三〕前書禱萬里沙，在縣。

〔四〕故過國。

〔五〕左傳襄二十四年「伐莒，侵介根」，杜預曰縣東北計基城。號介國。

〔六〕三齊記曰：「鄭玄教授不（期）〔其〕山，山下生草大如䪥，葉長一尺餘，堅刃異常，土人名曰康成書帶。」

齊國秦置。雒陽東千八百里。六城，戶六萬四千四百一十五，口四十九萬一千七百六十五。

臨菑本齊，刺史治。〔一〕　西安有棘里亭。〔二〕有蘧丘里，古渠丘。　昌國　臨朐有三亭，古郱邑。〔三〕　廣　般陽故屬濟南。

〔一〕爾雅十藪，齊有海隅，郭璞曰海濱廣斥。左傳齊成葵丘，杜預曰在縣西。皇覽曰：「呂尙冢在縣城南，去縣十餘里，在齊桓公冢南。菑水南桓公冢西北有晏嬰冢。」孟子注曰：「南小山，曰牛山。」博物記曰縣西有袁婁。

〔二〕杜預曰在縣東。陳桓子封于山。

〔三〕左傳莊元年齊所徙，杜預曰在縣東南。應劭曰伯氏邑也。地道記曰有石高山。

右青州刺史部，郡、國六，縣六十五。

南陽郡秦置。雒陽南七百里。三十七城，戶五十二萬八千五百五十一，口二百四十三萬九千六百一十八。

宛本申伯國。〔一〕有南就聚。有瓜里津。〔二〕有夕陽聚。〔三〕有東武亭。冠軍邑。葉有長山，曰方城。〔四〕有卷城。〔五〕新野有東鄉，故新都。〔六〕有黃郵聚。〔七〕章陵故舂陵，世祖更名。〔八〕有上唐鄉。〔九〕西鄂〔一〇〕雉〔一一〕魯陽有魯山。〔一二〕有牛蘭累亭。〔一三〕犨　堵陽　博望　舞陰邑。比陽　復陽侯國。有杏聚。平氏桐柏大復山，淮水出。〔一四〕有宜秋聚。〔一五〕棘陽〔一六〕有藍鄉。〔一七〕有黃淳聚。〔一八〕湖陽邑。〔一九〕隨〔二〇〕西有斷蛇丘。〔二一〕育陽邑。有小長安。〔二二〕有東陽聚。〔二三〕涅陽　陰　酇　鄧有鄾聚。〔二四〕山都侯國。酈侯國。〔二五〕穰　朝陽〔二六〕蔡陽侯國。〔二七〕安衆侯國。〔二八〕筑陽侯國。有涉都鄉。〔二九〕武當有和成聚。〔三〇〕順陽侯國，故博山。有須聚。　成都　襄鄉　南鄉　丹水故屬弘農。〔三一〕有章密鄉。有三戶亭。〔三二〕　析故屬弘農，故楚白羽邑。〔三三〕有武關，在縣西。〔三四〕有豐鄉城。〔三五〕

〔一〕荊州記曰：「郡城周三十六里。」博物記有申亭。南都賦注曰有玉池、澤陂。

〔二〕東觀書鄧奉拒光武瓜里。

〔三〕袁山松書曰：「賈復從擊鄧奉，追至夕陽聚。」

〔四〕杜預曰方城山在縣南。屈完曰「楚國方城以爲城」。皇覽曰：「縣西北去城三里葉公諸梁冢，近縣祠之，曰葉君丘。」

〔五〕左傳昭二十五年楚子使季然郭卷。

〔六〕王莽封也。

〔七〕吳漢破秦豐地。

〔八〕古今注曰：「建武十八年，使中郎將耿遵築城。」

〔九〕前志曰故唐國。下江兵，荊州軍。

〔一〇〕有精山，朱儁破孫夏。山海經曰：「有豐山，神耕父處之，常遊清泠之淵，出入有光，見即其國爲敗。有九鍾焉，是知霜鳴。」郭璞曰：「清泠水在西鄂縣山上，神來時水赤光耀，今有屋祠也。霜降則鍾鳴，故言知也。物有自然感應，而不可爲也。」南都賦注：「耕父，旱鬼也。」皇覽曰王子朝冢在縣西。

〔一〕博物記曰滍水出。

〔二〕前志曰古魯縣。南都賦注：「有堯山，封劉累，立堯祠。」

〔三〕謝沈書云牛蘭山也。

〔四〕前書曰在縣南。荆州記曰：「桐柏淮源涌發，其中潛流三十里，東出大復山南，山南有淮源廟。」博物記曰：「有陽山，出紫草。」

〔五〕伯升見下江兵。

〔六〕荆州記曰東北百里有謝城。

〔七〕伯升襲甄阜（也）〔處〕。

〔八〕又伯升攻梁丘賜。杜預曰蓼國在東南。前志蓼國湖陽是。

〔九〕荆州記曰：「樊重母畏雷，爲石室避之，悉以文石爲階，今存。」

〔一〇〕古隨國。

〔一一〕即銜珠之蛇也。杜預曰有賴亭。左傳僖十五年齊伐厲，在縣北。帝王世記曰：「神農氏起列山，謂列山氏，今隨厲鄉是也。」荆州記曰：「縣北界有重山，山有一穴，云是神農所生。又有周迴一頃二十畝地，外有兩重塹，中有九井。相傳神農既育，九井自穿，汲一井則衆井動，即此地爲神農社，年常祠之。」

〔一二〕漢軍爲甄阜所破處。

〔一三〕朱祐破張成處。

〔一四〕左傳桓九年楚師圍鄾。

〔一五〕荊州記曰：「縣北八里有菊水，其源旁悉芳菊，水極甘馨。又中有三十家，不復穿井，仰飲此水，上壽百二十三十，中壽百餘，七十者猶以爲夭。漢司空王暢、太傅袁隗爲南陽令，縣月送三十餘石，飲食澡浴悉用之。太尉胡廣父患風羸，南陽恆汲飲此水，疾遂瘳。此菊莖短花大，食之甘美，異於餘菊。廣又收其實，種之京師，遂處處傳植之。」

〔一六〕南都賦陂澤有鉗盧，注曰在縣。

〔一七〕襄陽耆舊傳曰：「有松子亭，下有神陂，中多魚，人捕不可得。」南都賦所稱。

〔一八〕博物記曰：「有土魯山，出紫石英。」

〔一九〕杜預曰穀國在縣北。博物記曰今穀亭。荊州記曰：「縣北四里有開林山，西北有蠶山。」

〔二〇〕荊州記曰：「縣有女思山，南二百里。有武當。」

〔二一〕南鄉、丹水二縣有商城，張儀與楚商於之地。

〔二二〕左傳哀四年晉執蠻子界楚師。

〔二三〕左傳昭十八年「許遷于白羽。」

〔二四〕南都賦曰武關在其西，文潁曰去縣百七十里。

〔二五〕左傳哀四年「司馬起豐、析」。荊州記曰：「縣有龍淵，深不測。縣北有馬頭山。」

南郡秦置。雒陽南一千五百里。十七城，戶十六萬二千五百七十，口七十四萬七千六百四。

江陵〔一〕有津鄉。〔二〕**巫**西有白帝城。〔三〕**秭歸**本（歸）國。〔四〕**中盧侯**

國。〔五〕編有藍口聚。〔六〕當陽〔七〕華容侯國。雲夢澤在南。〔八〕襄陽有阿頭山。〔九〕邔侯國。有犁丘城。〔一〇〕宜城侯國。〔一一〕鄀侯國，永平元年復。〔一二〕臨沮侯國。有荊山。〔一三〕枝江侯國。本羅國。有丹陽聚。〔一四〕夷道〔一五〕夷陵有荊門，〔一六〕虎牙山。〔一七〕州陵〔一八〕佷山故屬武陵。

〔一〕史記曰楚熊渠立長子康爲句亶王，張瑩曰今江陵也。皇覽曰：「孫叔敖冢在城中白土里。」

〔二〕左傳莊十九年楚子大敗於津。荊州記曰：「縣東三里餘有三湖，湖東有水，名萇谷，又西北有小城名曰冶父，左傳曰：『莫敖縊于荒谷，羣帥囚于冶父。』縣北十餘里有紀南城，楚王所都。東南有郢城，子囊所城。」史記蘇秦說楚威王：「楚東有夏州。」左傳楚莊伐陳，鄉取一人以歸，謂之夏州。今夏口城有洲，名夏口。

〔三〕郭璞曰有巫山。

〔四〕杜預曰夔國。荊州記曰：「縣北一百里有屈平故宅，方七頃，累石爲屋基，今其地名樂平。宅東北六十里有女須廟。」

〔五〕襄陽耆舊傳曰：「古盧戎也。縣西山中有一道，漢時常有數百匹馬出其中，馬形皆小，似巴、滇馬。三國時陸遜攻襄陽，又值(比)〔此〕穴中有數十匹馬出，遜載還建業。蜀使來，有五部兵家滇池者，識其馬色，云亡父所乘，對之流涕。」荊州記云：「是析縣馬頭山。又縣南十五里有疎水，東流注沔。水中有物如馬，甲如鮮鯉，〔射〕不可入。七八月中好在磧上自曝，膝頭似虎掌爪。小兒不知，欲取弄戲，便殺人。或曰，生得者，摘其鼻，厭可小，小便名爲木盧。」

〔六〕下江兵所據。左傳鬬緡以權叛，楚遷於那處，杜預曰：縣東南有那口城。

〔七〕杜預曰縣東〔南〕有權城。楚武王所剋。荆州記曰：「縣東南有麥城，城東有廬城，沮水西有磨城，伍子胥造此二城以攻麥城。」

〔八〕杜預曰州國在縣東〔南〕。枝江縣有雲夢城，江夏安陸縣東南有雲夢城，或曰華容縣東南亦有雲夢。巴丘湖，江南之雲夢也。爾雅十藪，楚有雲夢，郭璞曰巴丘湖是也。

〔九〕岑彭破張楊。襄陽耆舊傳曰：「縣西九里有〔萬〕〔方〕山，父老傳云交甫所見游女處，此山之下曲隈是也。」荆州記曰：「襄陽舊楚之北津，從襄陽渡江，經南陽，出方關，是周、鄭、晉、衞之道，其東津經江夏，出平睪關，是通陳、蔡、齊、宋之道。」

〔一〇〕朱祐禽秦豐蘇嶺山。

〔一一〕杜預曰縣西舊羅國，後徙枝江。

〔一二〕左傳楚文王伐黃，還及湫，杜預曰縣東南有湫城。

〔一三〕山海經曰：「其陽多鐵，其陰多赤金，其〔東〕〔中〕多牛。」荆州記曰：「西北三十里有清谿，谿北卽荆山，首曰景山，卽卞和抱璞之處。」南都賦注曰：「漢水至荆山，東別流，爲滄浪之水。」

〔一四〕史記曰秦、齊破楚屈匄，遂取丹陽。

〔一五〕荆州記曰縣西北有宜陽山，東南有羊腸山。

〔一六〕岑彭破田戎處。

〔七〕荊州記曰：「荊門，江南；虎牙，江北。虎牙有文如齒牙，荊門上合下開。」

〔八〕史記楚考烈王納州于秦。

江夏郡高帝置。雒陽南千五百里。十四城，戶五萬八千四百三十四，口二十六萬五千四百六十四。

西陵　西陽　軑侯國。〔一〕　鄳〔二〕　竟陵侯國。有鄖鄉。〔三〕（立）〔有〕章山，本內方。〔四〕　雲杜〔五〕　沙羡　邾〔六〕　下雉　蘄春侯國。　鄂　平春侯國。　南新市侯國。〔七〕　安陸

〔一〕杜預曰：「古邔國，在東南，有邔城。」

〔二〕史記曰无忌說魏安釐王曰「秦不敢攻冥阸之塞」，徐廣云即此縣也。

〔三〕左傳桓十一年「鄖人軍蒲騷」。

〔四〕荊州記曰：「山高三十丈，周迴百餘里。」縣東有（申）〔臼〕水。左傳楚公子比爲王次魚陂，杜預曰在縣西北。

〔五〕杜預曰縣東南有鄖城，故國。

〔六〕地道記曰：「楚滅邾，徙其君此城。」

〔七〕案本傳有離鄉聚、綠林。

零陵郡武帝置。雒陽南三千三百里。十三城，戶二十一萬二千二百八十四，口百萬一千五百七十八。

泉陵　零陵陽朔山，湘水出。〔一〕　營道南有九疑山。〔二〕　營浦〔三〕　泠道〔四〕　洮陽　都梁有路山。　夫夷侯國（故屬長沙）。　始安侯國。〔五〕　重安侯國，故鍾武，永建三年更名。　湘鄉　昭陽侯國。〔六〕　烝陽侯國，故屬長沙。

〔一〕羅含湘中記曰：「有營水，有洮水，有灌水，有祁水，有宜水，有（春）〔舂〕水，有烝水，有耒水，有米水，有淥水，有連水，有（倒）〔劉〕水，有（僞）〔溈〕水，有（伯）〔汨〕水，有資水，皆注湘。」

〔二〕舜之所葬。郭璞山海經注曰：「其山九谿皆相似，故曰九疑。」湘州營陽郡記曰：「山下有舜祠，故老相傳，舜登九疑。」

〔三〕營陽郡記曰：「縣南三里餘有舜南巡止宿處，今立廟。」

〔四〕有（春）〔舂〕陵鄉。

〔五〕始安郡記曰縣東有駁樂山，東有遼山。

〔六〕荆州記，縣東有余水，傍有漁父廟。

桂陽郡高帝置。上領山。在雒陽南三千九百里。十一城，戶十三萬五千二十九，口五十萬一千四百三。

郴有客嶺山。〔一〕　便　耒陽有鐵。　陰山　南平　臨武　桂陽　含洭　湞陽有茬領山。〔二〕　曲江〔三〕　漢寧永和元年置。

〔一〕湘中記曰：「項籍徙義帝於郴而害之，今有義陵祠。　又縣南十數里有馬嶺山，山有仙人蘇耽壇。」　荆州記曰：「城南六里縣西北有溫泉，其下流有數十畝田，常十二月下種，明年三月新穀便登，一年三熟。」

〔二〕始興郡記有吳山。

〔三〕始興郡記縣北有臨沅山。

武陵郡秦昭王置，名黔中郡，高帝五年更名。　雒陽南二千一百里。〔一〕十二城，戶四萬六千六百七十二，口二十五萬九百一十三。

〔一〕先賢傳曰：「晉代太守趙厥問主簿潘京曰：『貴郡何以名武陵？』京曰：『鄙郡本名義陵，在辰陽縣界，與夷相接，爲所攻破，光武時移東出，遂得見全，先識易號。傳曰「止戈爲武，高平曰陵」，於是改名焉。』」臣昭案：前書本名武陵，不知此對何據而出。　荆州記曰：「郡社中木麃樹，是光武種至今也。」

臨沅〔一〕　漢壽故索，陽嘉三年更名，刺史治。〔二〕　孱陵〔三〕　零陽　充　沅陵先有壺頭山。〔四〕　辰陽　酉陽　遷陵　鐔成　沅南建武二十六年置。　作唐

〔一〕荆州記曰：「縣南臨沅水，水源出牂牁且蘭縣，至郡界分爲五谿，故云五谿蠻。」

〔二〕漢官儀曰去雒陽三千里。

〔三〕魏氏春秋曰：「劉備在荆州所都，改曰公安。」

〔四〕馬援軍度處。有松梁山，山有石，開處數十丈，其上名曰天門。

長沙郡秦置。雒陽南二千八百里。十三城，戶二十五萬五千八百五十四，口百五萬九千三百七十二。

臨湘　攸　茶陵　安城　酃〔一〕　湘南侯國。衡山在東南。〔二〕　連道

昭陵　益陽〔三〕　下雋　羅〔四〕　醴陵〔五〕　容陵

〔一〕荆州記曰：「有酃湖，周迴三里。取湖水爲酒，酒極甘美。」湘東記曰：「縣西南母山，周迴四百里。」

〔二〕郭璞曰：「山別名岣嶁。」湘中記曰：「衡山有玉牒，禹案其文以治水。遙望衡山如陣雲，沿湘千里，九向九背，迺不復見。」

〔三〕荆州記曰：「縣南十里有平岡，岡有金井數百，淺者四五尺，深者不測。俗傳云有金人以杖撞地，輒便成井。」

〔四〕帝王世記曰：「有黄陵亭。」（洞）〔湘〕中記亦云二妃之神。劉表爲之立碑。

〔五〕荆州記曰：「縣東四十里有大山，山有三石室，室中有石牀石臼。父老相傳，昔有道士學仙此室，即合金沙之臼。」

右荆州刺史部，郡七，縣、邑、侯國百一十七。〔一〕

〔一〕魏氏春秋：「建安二十四年，吳分巫、秭歸爲固陵郡。二十五年，分南郡之巫、秭歸、夷陵、臨沮並房陵、上庸、西城七縣爲新城郡。」

九江郡秦置。雒陽東一千五百里。十四城，戶八萬九千四百三十六，口四十三萬二千四百二十六。

陰陵　壽春〔一〕　浚遒〔二〕　成德　西曲陽　合肥侯國。　歷陽侯國，刺史治。　當塗有馬丘聚，徐鳳反於此。〔三〕　全椒　鍾離侯國。　阜陵　下蔡故屬沛。〔四〕　平阿故屬沛。　有塗山。〔五〕　義成故屬沛。

〔一〕漢官云刺史治，去雒陽千三百里，與志不同。

〔二〕左傳哀十二年會吳于橐皐，杜預曰在縣東南。案宋均傳，縣有唐后二山。

〔三〕帝王世記曰：「禹會諸侯塗山。」皇覽曰：「楚大夫子思冢在縣東山鄉西，去縣四十里。子思造芍陂。」

〔四〕左傳成七年吳入州來，杜預曰下蔡縣。

〔五〕應劭云山在當塗。左傳「穆有塗山之會」。

丹陽郡秦鄣郡，武帝更名。雒陽東二千一百六十里。建安十三年，孫權分新都郡。十六城，戶十三萬六千五百一十八，口六十三萬五百四十五。

宛陵　溧陽　丹陽　故鄣〔一〕　於潛　涇　歙〔二〕　黝〔三〕　陵陽〔四〕　蕪湖中江在西。〔五〕　秣陵〔六〕南有牛渚。　湖熟侯國。　句容　江乘　春穀　石城

〔一〕秦鄣郡所治。吳興記曰：「中平〔二〕年，分縣南置安吉縣。光和末，張角亂，此鄉守險助國，漢嘉之，故立縣。中平二年，又分立原鄉縣。」

〔二〕山海經曰三天子鄣山在閩西海北，郭璞曰在縣東，今謂之玉山。魏氏春秋有安勒烏邪山。

〔三〕魏氏春秋有林歷山。

〔四〕陵陽子明得仙於此縣山，故以爲名。

〔五〕左傳襄三年楚子伐吳，剋鳩茲，杜預曰在縣之東。

〔六〕其地本名金陵，秦始皇改。建安十六年，孫權改曰建業。十七年，城石頭。

廬江郡文帝分淮南置。建武十〔三〕年省六安國，以其縣屬。雒陽東一千七百里。十四城，戶十萬一千三百九十二，口四十二萬四千六百八十三。

舒有桐鄉。〔一〕　雩婁侯國。　尋陽〔二〕南有九江，東合爲大江。〔三〕　潛〔四〕　臨湖侯國。　龍舒侯國。　襄安　晥有鐵。　居巢侯國。〔五〕　六安國。〔六〕　蓼侯國。　安豐有大別山。〔七〕　陽泉侯國。〔八〕　安風侯國。

〔一〕古桐國。左傳昭五年吳敗楚鵲岸，杜預曰縣有鵲尾渚。

〔二〕有置馬亭，劉勳士衆散處。

〔三〕釋慧遠廬山記略曰：「山在尋陽南，南濱宮亭湖，北對小江，山去小江三十餘里。有匡俗先生者，出殷周之際，隱遯潛居其下，受道於仙人而共嶺，時謂所止爲仙人之廬而命焉。其山大嶺凡七重，圓基，周迴垂五百里。其南嶺臨宮亭湖，下有神廟。七嶺會同，莫升之者。東南有香爐山，其上氛氳若香煙。西南中石門前有雙闕，壁立千餘仞，而瀑布流焉。其中鳥獸草木之美，靈藥芳林之奇，所稱名代。」豫章舊志：「匡俗字君平，夏禹之苗裔也。」

〔四〕左傳曰昭三十一年「吳人侵楚伐夷，侵潛、六，楚沈尹戌帥師救潛」是也。潛有天柱山。

〔五〕皇覽曰：「范增冢在郭東。又庭中亞父井，吏民皆祭亞父於居巢庭上，長吏初(親)〔視〕事，皆祭而後從政，後更造祠於東。」廣志曰有二大湖。

〔六〕皇覽曰皐陶冢在縣。

〔七〕左傳昭二十三年吳敗諸侯之師于雞父，杜預曰縣南有雞備亭。

〔八〕廣志曰有陽泉湖。

會稽郡秦置。本治吳，立郡吳，乃移山陰。雒陽東三千八百里。十四城，戶十二萬三千九十，口四十八萬一千一百九十六。

山陰〔一〕會稽山在南，上有禹冢。〔二〕有浙江。〔三〕　鄮　烏傷〔四〕　諸暨〔五〕　餘暨〔六〕　太末〔七〕　上虞〔八〕　剡　餘姚　句章〔九〕　鄞　章安故(治)〔治〕，閩越地，光武更名。〔一〇〕　永寧永和三年以章安縣東甌鄉爲縣。　東部侯國。

〔一〕越絕曰：「句踐小城山陰是也。稷山者，句踐(濟戒)〔齋戒〕臺。」吳越春秋曰：「句踐築城已成，怪山自至。怪山者，琅耶海中山也。一夕自來，故名怪山。」

〔二〕山海經曰：「會稽之山四方，上多金玉，下多(玦)〔玞〕石。」郭璞曰有禹井。越絕曰有重山，句踐葬大夫種。

〔三〕郭璞注山海經曰江出歙縣玉山。

〔四〕越絕曰：「有常山，古聖所采藥，高且神。」英雄交爭記曰：「初平三年，分縣南鄉爲長山縣。」

〔五〕越絕曰，興平二年分立吳寧縣。

〔六〕越絕曰西施之所出。謝承書有涉屋山。魏都賦注有蕭山，潘水出焉。

〔七〕左傳謂姑蔑。初平三年，分立新安縣。建安四年，孫氏分立豐安縣。二十三年，立遂昌縣。東陽記：「縣龍丘山有九石，特秀林表，色丹白，遠望盡如蓮花。龍丘（長）〔萇〕隱居於此，因以爲名。其峯際復有巖穴，外如窗牖，中有石林。巖前有一桃樹，其實甚甘，非山中自有，莫知誰植。」

〔八〕漢末分南鄉立始寧縣。

〔九〕山海經曰：「餘句之山，無草木，多金玉。」郭璞曰：「山在餘姚南，句章北，故二縣因以爲名。」句踐欲遷吳王於甬東，韋昭曰縣東洲。

〔一〇〕晉（元）〔太〕康記曰本鄮縣南之迴浦鄉，章帝章和元年立。未詳。

吳郡順帝分會稽置。雒陽東三千二百里。十三城，戶十六萬四千一百六十四，口七十萬七百八十二。

吳本國。〔一〕震澤在西，後名具區澤。〔二〕 **海鹽**〔三〕 **烏程**〔四〕 **餘杭**〔五〕

毗陵季札所居。北江在北。〔六〕 **丹徒**〔七〕 **曲阿** **由拳**〔八〕 **安**〔九〕

富春 **陽羨**邑。〔一〇〕 **無錫**侯國。〔一一〕 **婁**

〔一〕越絕曰：「吳大城，闔閭所造，周四十七里二百一十步二尺。又有伍子胥城，居巢城。昌門外闔閭冢虎丘。穹隆，赤松子所取赤石脂也，去縣二十里。有(鹿)〔麋〕湖，欐谿城。又石城，闔閭置美〔人〕山。虞山，巫咸山。」皇覽曰：「縣東門外孫武冢。又要離冢，縣西南。」

〔二〕爾雅十藪，吳越之閒有具區，郭璞曰縣南太湖也。中有包山，山下有洞庭，穴道潛行水底，去無所不通，號爲地脈。越絕書曰「湖周三萬六千頃」。又有大雷山，小雷山，周處風土記曰舜漁澤之所。臣昭案：此僻在成陽是也。又吳伐越，敗之夫椒，杜預曰太湖中椒山是也。

〔三〕案今計偕簿，縣之故治，順帝時陷而爲湖，今謂爲當湖。大旱湖竭，城郭之處可識。

〔四〕左傳襄三年楚伐吳至於衡山，杜預曰在縣南。或云丹陽縣之横山，去鳩茲不遠，子重所至也。吳興記曰：「縣西北(其)〔下〕山有項籍祠。興平二年，太守許貢奏分縣爲永縣。」

〔五〕顧夷曰：「秦始皇至會稽經此，立爲縣。」史記曰，始皇臨浙江，水波惡，乃西百二十里，從狹中渡。徐廣曰餘杭也。臣昭案：始皇所過乃在錢塘、富春，豈近餘杭之界乎？

〔六〕越絕曰：「縣南城，(在荒)〔古淹〕地。上湖中冢者，季子冢也。名延陵墟。」皇覽曰曁陽鄉。

〔七〕春秋曰朱方。

〔八〕左傳曰越敗吳於檇李，杜預曰縣南醉李城也。干寶搜神記曰：「秦始皇東巡，望氣者云『五百年後，江東有天子氣』。始皇至，令囚徒十萬人掘汙其地，表以惡名，故改之曰由拳縣。」

〔九〕越絕曰：「有西岑冢，越王孫開所立，以備春申君，使其子守之，子死遂葬城中。」

〔一〇〕郭璞曰：「縣有張公山，洞密有二堂。」

〔一一〕史記曰：「春申君城故吳墟，以自爲都邑。」城在無錫。皇覽曰：「吳王太伯冢在吳縣北梅里聚，去城十里。太伯始所居地名句吳。」臣昭案：無錫縣東皇山有太伯冢，民世修敬焉。去墓十里有舊宅，井猶存。臣昭以爲即宅爲置廟，不如皇覽所說也。越絕曰：「縣西龍尾陵道，春申君初封吳所造。」臣昭案：今見在，自是山名，非築陵道。

豫章郡高帝置。雒陽南二千七百里。二十一城，戶四十萬六千四百九十六，口百六十六萬八千九百六。〔一〕

〔一〕豫章記曰：「新吳、上蔡、永脩縣，並中平〔中〕立。豫章縣，建安立。上蔡民分徙此地，立名上蔡。」

南昌〔一〕 **建城**〔二〕 **新淦** **宜春** **廬陵**〔三〕 **贛**有豫章水。 **雩都** **南野**有臺領山。 **南城** **鄱陽**有鄱水。黃金采。〔四〕 **歷陵**有傅易山。 **餘汗** **鄡陽** **彭澤**彭蠡澤在西。 **柴桑** **艾**〔五〕 **海昏**侯國。〔六〕 **平都**侯國，故安平。 **石陽** **臨汝**永元八年置。 **建昌**永元十六年分海昏置。

〔一〕豫章記曰：「江、淮唯此縣及吳、臨湘三縣是令。」

〔二〕此地立名上蔡者。豫章記曰：「縣有葛鄉，有石炭二頃，可燃以爨。」

〔三〕興平元年，孫策分立廬陵郡。

〔四〕建安十五年，孫權分立鄱陽郡，治縣。

〔五〕左傳哀二十年吳公子慶忌所居。

〔六〕在昌邑城。豫章記曰：「城東十三里，縣列江邊，名慨口，出豫章大江之口也。昌邑王每乘流東望，輒憤慨而還，故謂之慨口。」

右揚州刺史部，郡六，縣、邑、侯國九十二。

校勘記

三四七三頁四行　左傳哀六年公如賴　按：集解引錢大昕說，謂案左傳云「使胡姬以安孺子如賴」，此云「公」，誤也。

三四七三頁五行　縣西有崔城　按：襄二十七年杜注云「朝陽縣西北有崔氏城」。

三四七三頁七行　平原郡九城　按：錢大昕謂「九」當作「十」。說見下。

三四七三頁九行　濕水出　按：集解引惠棟說，謂前志及水經注「濕」作「漯」，說文從水㬎聲。

三四七三頁一〇行　濕陰　按：集解引惠棟說，謂前志亦作「漯陰」，說見上。杜預注左傳，又作「隰」也。

三四七三頁一四行　杜預曰縣西有轅城　按：集解引惠棟說，謂案地理志轅縣屬平原，水經作「援」，酈元引杜預釋地，云轅即援也，濟南祝阿縣有援城。

三四七三頁一六行　高帝西平昌置　按：集解引錢大昕說，謂案文當云「高帝置」，不應有「西平昌」三字，其為衍字無疑。後讀宦者傳，彭愷為西平昌侯，注云西平昌縣屬平原郡，乃悟此三字當屬上文平原郡，而平原郡九城當為十城，因此三字錯入樂安注中，校書者遂改「十」為

「九」，以合見成之數耳。又按：張森楷謂錢說致確，但前志平原有平昌縣，當即此西平昌，漏未引及。

三四七三頁二行　高菀　殿本「菀」作「苑」。按：前志作「宛」，菀、苑、宛三字古通作。

三四七三頁二行　有薄姑城　按：集解引惠棟說，謂尚書大傳作「蒲姑」。

三四七三頁六行　古薄姑氏　按：汲本作「左傳姑氏」。惠棟謂當作「古薄姑氏」，「蒲姑」諸本皆訛作「薄姑」，或脫「蒲」字。

三四七三頁七行　縣南有地名貝(中)〔丘〕　據殿本改，與杜注合。

三四七三頁九行　杜預曰縣東北有攝城　按：集解引洪頤煊說，謂左昭二十年傳「聊、攝以東」，杜注「聊、攝，齊西界也，平原聊城縣東北有攝城」。蓼城非聊城，注誤證。

三四七三頁一一行　景帝置　按：張森楷校勘記謂案前志爲北海郡，故注云「景帝置」，此國爲世祖所立，不得依用其文，當云「景帝置郡」，下接「建武」云云，乃爲可通。

三四七三頁一二行　(有)〔省〕菑川高密膠東三國　按：校補謂「有」乃「省」之譌，各本皆未正。今據改。

三四七四頁三行　(拒)〔挻〕　集解引錢大昕說，謂「拒」當作「挻」。宋書州郡志注挻令，前漢屬膠東，後漢屬北海。或以琅邪之柜當之，琅邪之柜從木不從手，志不言故屬琅邪，字形偏旁亦異，故知非也。王先謙謂錢說是，今據改。

三四七四頁二行　故兆　按：集解引陳景雲說，謂注「故兆」未詳，疑「故紀邑」之訛。

三四七四頁三行　杜預曰棠國也　按：殿本考證齊召南謂案左傳注原文「棠，萊邑也。北海即墨縣有棠鄉」。此作「棠國也」，非是。

三四七四頁一四行　地道記曰〔奚〕養澤在西　據集解引錢大昕說補。按：錢氏謂注所引地道記，即前志琅邪長廣注文，「養澤」上當有「奚」字。後漢長廣改屬東萊，劉氏不注於東萊之長廣，而注於北海之拒，未詳其故。

三四七四頁一五行　雒陽東三千一百二十八里　按：汲本、殿本「一」作「二」。

三四七五頁一行　㥉侯國　張森楷校勘記謂案說文，從心之「㥉」是河南密縣亭，從巾之「㡇」是東萊縣，則此當從巾而從心，誤也。今按：張說是。前志作「㡇」，王先謙謂說文「㡇布出東萊，從巾弦聲」，是作「㡇」爲正，縣蓋以布得名也。

三四七五頁一行　掖　按：集解引惠棟說，謂前志作「夜」，夜音亦，又音掖。

三四七五頁三行　不(期)〔其〕　按：前志作「不其」，惠棟、齊召南皆謂作「不期」誤，今據改。注同。

三四七五頁五行　列二碑　按：汲本、殿本「列」作「刻」。

三四七五頁一三行　秦置　按：張森楷校勘記謂齊古建國，非秦置，秦置齊郡耳。前志亦是齊郡。此當詳其沿革之由，第云「秦置」，殊疏。或「置」下有「郡」字，誤奪去。

三四七五頁一三行　臨菑　按：前志作「臨淄」。

三四七五頁一四行　有三亭古邪邑　按：校補引錢大昭說，謂「三」字誤，或是「邪」字。

三四七六頁七行　有長山曰方城　按：前志作「有長城號曰方城」。惠棟補注引水經注、晉志及盛宏之荆州記，證「長山」當作「長城」。

三四七六頁一三行　涅陽　按：集解引錢大昕說，謂安帝妹涅陽公主食邑，當有「邑」字。

三四七六頁一四行　有和成聚　按：汲本、殿本「成」作「城」。

三四七七頁一行　有章密鄉　按：集解引惠棟說，謂前志及水經丹水注皆作「密陽鄉」。

三四七七頁七行　杜預曰方城山在縣南屈完曰楚國方城以爲城　按：殿本考證謂推尋文義，當云「左傳屈完曰『楚國方城以爲城』，杜預曰方城山在縣南」。今此文誤倒。

三四七七頁一一行　吳漢破秦豐地　按：「地」原譌「也」。逕據汲本、殿本改正。

三四七八頁一行　博物記曰滍水出　按：校補引柳從辰說，謂此引博物記疑當在「魯陽」下。說文滍水出南陽魯陽堯山，東北入汝。澧水出南陽雉衡山，東入汝。前志亦云魯陽有魯山，滍水所出，東北至定陵入汝。雉衡山澧水所出，東至郾入汝。水經說同。明此注誤。

三四七八頁八行　伯升襲甄阜(也)〔處〕　據汲本、殿本改。按：「也」疑爲「地」字之譌。

三四七九頁一行　上壽百二十三十　按：汲本無「三十」二字。

三四七九頁三行　此菊莖短花大　按：汲本、殿本「花」作「葩」。

三四七九頁一六行　秭歸本（歸）國　據汲本刪。按：殿本考證謂推尋文義，「國」上衍一「歸」字，注杜預曰夔國，非歸國明矣。

三四八〇頁一六行　中盧　按：殿本「盧」作「廬」。

三四八〇頁二行　鄀　按：前志作「若」。

三四八〇頁四行　很山　汲本、殿本「很」作「佷」。按：前志作「佷」，惠棟謂宋書州郡志作「很」。

三四八〇頁七行　湖東有水名萇谷　按：汲本、殿本「萇」作「長」。

三四八〇頁一四行　又值（比）〔此〕穴中有數十匹馬出　據汲本、殿本改。

三四八〇頁一五行　甲如鮮鯉　按：汲本「鮮」作「鮫」。王先謙謂水經沔水注作「鯪」。

三四八〇頁一五行　〔射〕不可入　何焯據宋殘本校，補一「射」字。今據補。

三四八〇頁一六行　摘其鼻厭可小小便名爲木盧　按：水經沔水注作「摘其皐厭可小小使名爲水虎者也」。王先謙謂「厭字屬下，卽厭勝之厭」。又按：何焯據殘宋本校，改「木」爲「水」。

三四八一頁三行　縣東（南）有權城　惠棟補注依杜注增「南」字，今據補。

三四八一頁三行　城東有廬城　按：汲本「廬」作「盧」。王先謙謂水經沮水注作「驢」，諺云「東驢西磨，麥城自破」。

三四八一頁五行　州國在縣東〔南〕　惠棟補注依杜注增「南」字，今據補。

三四八一頁七行　縣西九里有〔萬〕〔方〕山　據汲本、殿本改。按：疑「方」原譌「万」，傳寫譌爲「萬」也。

三四八一頁八行　出平臯關　按：汲本、殿本「臯」作「澤」。

三四八一頁一三行　其〔東〕〔中〕多牛　據殿本、集解本改。按：今山海經作「其中多犛牛」。

三四八二頁五行　軑　原譌「軚」，逕據集解本改。按：前志作「軑」，孟康曰音沃。補注引周壽昌曰：「說文軑，車輨也，從車大聲。今從犬者，誤。」

三四八二頁五行　〔立〕〔有〕章山　集解引惠棟說，謂案前志及晉志，「立」字衍。校補謂「立」當作「有」，涉下「章」字而譌。今據改。

三四八二頁一一行　縣東有〔申〕〔臼〕水　集解引錢大昭說，謂「申」當作「臼」，左傳定五年，「涉于成臼」，杜注「竟陵縣有臼水，出聊屈山，西南入漢」。今據改。

三四八二頁一二行　杜預曰在縣西北　按：今杜注作「竟陵縣西北有甘魚陂」。

三四八三頁一行　陽朔山　按：校補謂案前志作「陽海山」，說文同。水經注謂陽海山卽陽朔山。

三四八三頁二行　夫夷侯國（故屬長沙）　集解引惠棟說，謂案前志，夫夷本屬零陵，長沙無是縣，此四字衍文。今據删。

三四八三頁三行　烝陽　按：集解引惠棟說，謂前志作「承陽」，承音烝。

三四八三頁五行　有（春）〔舂〕水　據校補引柳從辰說改。

三四八三頁六行　有（劉）〔瀏〕水有（僞）〔潙〕水　據校補引柳從辰說改。

三四八三頁六行　有（伯）〔汨〕水　據集解本改。按：汲本、殿本譌「泊」。

三四八三頁一〇行　有（春）〔舂〕陵鄉　據汲本、殿本改。

三四八三頁一三行　高帝置上領山在雒陽南三千九百里　按：張森楷校勘記謂「上領山」三字于上下文皆不屬，不知何縣下山脫擷于此，俟詳攷之。

三四八四頁七行　晉代太守趙厥　按：集解引錢大昕說，謂晉書「厥」作「廞」。又引周壽昌說，謂延江水注引先賢傳同，惟「趙厥」作「趙偉」。

三四八四頁一四行　去雒陽三千里　按：汲本、殿本「三」作「二」。

三四八五頁一行　雒陽南二千八百里　按：汲本「二」作「三」。

三四八五頁三行　攸　前志作「收」。按：攸，孟康音收，前志因譌「收」，詳漢書補注。

三四八五頁三行　茶陵　汲本、殿本「茶」作「荼」。今按前志，殿本作「荼陵」，補注本據汲本作「茶陵」。王先謙據說文，謂荼與茶通。

三四八五頁三行　安城　按：集解引惠棟說，謂前志及州郡志皆作「安成」。王先謙謂城成通作。

三四八五頁九行　（洞）〔湘〕中記　據汲本、殿本改。

二四八六頁一行　浚遒　按：集解引惠棟說，謂「浚」一作「逡」。

二四八六頁一行　西曲陽　按：前志作「曲陽」，惠棟謂下邳有曲陽，故加「西」。

二四八六頁四行　去雒陽千三百里　按：汲本「三」作「二」。

二四八六頁五行　有唐后二山　按：集解引惠棟說，謂風俗通作「唐居山」。

二四八六頁九行　丹陽郡　殿本考證謂「陽」當作「楊」。今按：前志作「揚」。補注引宋祁說，謂當作「陽」。又引王鳴盛說，謂「揚」字从手，其屬縣丹陽則从自，而南監本俱作「陽」，晉志或作「揚」，或作「陽」，而屬縣則作「楊」，且注云「丹楊山，多赤柳，在西」，然則縣名从木甚明，而郡亦當以此得名，凡从手从自，皆傳寫誤也。

二四八六頁一一行　丹陽　集解引惠棟說，謂案晉志「陽」當作「楊」。今按：前志作「陽」。

二四八六頁一二行　於潛　按：前志「潛」作「朁」，音潛。

二四八六頁一二行　黝　按：集解引惠棟說，謂一作「黟」，見說文。

二四八六頁一三行　湖熟　按：前志作「湖孰」。

二四八六頁一四行　秦鄣郡所治　按：集解引惠棟說，謂「秦」當作「故」。

二四八六頁一四行　中平〔二〕年　集解引惠棟說，謂沈約、歐陽忞皆云中平二年，諸本脫「二」字。今據補。

二四八六頁一六行　今謂之玉山　殿本作「今謂之三王山」。按：今山海經郭注亦作「三王山」，然歙縣玉山並見會稽郡注，則作「玉山」爲是，何焯校本亦作「玉山」，殿本殆據今山海經改也。

三四八七頁五行　建武十〔三〕年省六安國　殿本考證齊召南謂應作「十三年」。後章帝元和二年，復改廬江爲六安國，至章和二年，和帝即位，復省六安入廬江，此注未明。今據齊說，補一「三」字。

三四八七頁八行　晥　前志作「晥」，殿本作「皖」。按：晥晥皖並通。

三四八七頁九行　六安　按：前志六，屬六安國，無「安」字。

三四八八頁二行　長吏㓜〈親〉〔視〕事　據汲本、殿本改。

三四八八頁五行　縣南有雞備亭　殿本考證謂何焯校本「備」改「人」。今按：今杜注亦作「備」，何氏殆據殘宋本改也。

三四八八頁七行　立郡吳　殿本考證謂當改「吳立郡」。今按：校補謂立郡吳，謂縣升爲郡也，改之於說反窒。

三四八八頁一〇行　太末　按：前志「太」作「大」，孟康曰「大音如闥」。

三四八八頁一〇行　章安故〈治〉〔冶〕閩越地光武更名　殿本「治」作「冶」，王先謙謂作「冶」是，今據改。今按：通鑑胡注引洪氏隸釋，謂中有脫文，當作「章安故回浦，章帝更名，東侯官故冶，閩越地，光武更名」，於文乃足。此郡之末有「東部侯國」四字，却是衍文。說詳通鑑漢獻帝建安元年注。又按：集解引惠棟說，謂「閩越地」宋書州郡志作「閩中地」。又按：集解引錢大昕說，謂案鄭宏傳，舊交阯七郡，貢獻轉運皆從東冶汎海而至。所云東冶，即會稽之冶縣。宏以章帝建初八年爲大司農，其時尙稱東冶，則非光武更名明矣。

三四八八頁一二行　東部侯國　集解引錢大昕說，謂案宋書州郡志侯官，前漢無，後漢曰東侯官，屬會稽。此「東部侯國」當卽「東侯官」之譌，漢時未見有封東部侯者也。今按：錢說是，然此四字却是衍文，說見上。

三四八八頁一三行　稷山者句踐（濟戎）〔齋戒〕臺　殿本「者」作「有」。汲本、殿本「濟戎臺」皆作「齋戒臺」。按：越絕書作「齋戒臺」，寶慶會稽縣志云「稷山在縣東五十三里，亦名齋臺山」，則以作「齋戒」爲是，今據汲本、殿本改。

三四八八頁一五行　下多（瑛）〔玦〕石　據殿本改。按：今山海經作「玦」，注云「砆武，大石似玉」。

三四八八頁一五行　有重山　按：今本越絕書「重」作「種」。

三四八八頁一六行　江出歙縣玉山　按：今山海經郭注云「按地理志，浙江出新安黟縣南蠻中，東入海，今錢唐浙江是也。黟卽歙也」。

三四八九頁　三行　有涉屋山　按：汲本、殿本「屋」作「皇」。

三四八九頁　三行　潘水出焉　汲本、殿本「潘」作「瀋」。按：前書補注王先謙謂瀋水卽潘水也。

三四八九頁四行　建安四年孫氏分立豐安縣二十三年立遂昌縣　按：集解引錢大昕說，謂宋書州郡志與此異，未知孰是。

三四八九頁五行　龍丘（長）〔萇〕隱居於此　殿本考證謂「長」當作「萇」。按：集解引馬與龍云，龍丘萇見任延傳。今據改。

三四八九頁五行　中有石林　按：汲本「林」作「牀」。

三四八九頁八行　餘句之山　按：集解引惠棟說，謂依山海經當作「句餘」。

三四八九頁一〇行　晉（元）〔太〕康記曰本鄞縣南之迴浦鄉　錢大昕謂「元康」當作「太康」，今據改。集解引錢大昕說，謂攷班志冶與回浦本是二縣，意者東漢初嘗省迴浦入鄞縣，故有「回浦鄉」之稱。今按：洪氏隸釋謂鄞及回浦皆西漢縣名，謂西漢割郡而置縣，或未可知。至章帝時，回浦已非鄉矣。太康所紀，亦誤也。說詳通鑑漢獻帝建安元年胡注引。

三四八九頁一一行　十三城　按：據錢大昕考證，當作「十二城」，詳下安縣條校勘記。

三四八九頁一四行　安　按：集解引錢大昕說，謂前漢、晉、宋志皆無此縣，本志又不言何年所置，前無所承，後無所併，疑卽「婁」之訛，因「婁」脫其半而爲「安」，校者不能是正，疑有脫漏，又增「婁」於「無錫」後，並改「十二」城爲「十三」。

三四八九頁一五行　婁　殿本考證謂監本脫此一縣，依宋本添。按：前安縣卽婁縣之誤，後人不曉，增此一縣，說見上。

三四八九頁一六行　昌門外闔閭冢　按：殿本「昌」作「閶」，與今本越絕書合。

三四九〇頁一行　有(鹿)〔麋〕湖　據殿本改，與今本越絕書合。

三四九〇頁一行　又石城闔閭置美〔人〕山　集解引惠棟說，謂「美山」無攷，案越紐錄曰「石城，闔閭置美人山」，脫「人」字也。今據補。

三四九〇頁一行　虞山巫咸山　按：「巫咸山」之「山」，疑當作「出」。今本越絕書作「虞山者，巫咸所出也」。寰宇記九十一作「巫咸所居」。

三四九〇頁六行　順帝時陷而爲湖　按：集解引洪亮吉說，謂水經注「順帝」作「安帝」。

三四九〇頁八行　(其)〔下〕山有項籍祠　據何焯校本改。

三四九〇頁一一行　縣南城(在荒)〔古淹〕地上湖中冢者季子冢也　汲本「在荒地」作「在荒連」，此據殿本改。按：今越絕書云「毗陵縣南城，故古淹君地也」。又云「毗陵上湖中冢者，延陵季子冢也，去縣七十里，上湖通上洲」。殿本殆據越絕書改也。

三四九〇頁一七行　吳王太伯冢　按：張森楷校勘記謂太伯非吳王，疑此文有衍誤。

三四九一頁五行　永脩縣　按：汲本「脩」作「修」。

三四九一頁五行　並中平〔中〕立　集解引惠棟說，謂諸本脫「中」字。今據補。

三四九一頁六行　建城　按：前志作「建成」。

三四九一頁七行　南野　按：前志作「南壄」。

三四九一頁一三行　此地立名上蔡者　按：殿本考證齊召南謂案上文豫章郡戶口下分注「豫章記曰」一條三十二字，應在此文之下。徧檢本志，引書必有所指。上文豫章記言「上蔡民分徙此地」，即「此地立名上蔡者」之注解也。不知何以將「豫章記」一條移置於前，後人遂無糾正者。

後漢書志第二十三

郡國五

漢中　巴郡　廣漢　蜀郡　犍爲　牂牁　越巂　益州　永昌

廣漢屬國　蜀郡屬國　犍爲屬國

右益州

隴西　漢陽　武都　金城　安定　北地　武威　張掖　酒泉　敦煌

張掖屬國　張掖居延屬國

右涼州

上黨　太原　上郡　西河　五原　雲中　定襄　鴈門　朔方

右幷州

涿郡　廣陽　代郡　上谷　漁陽　右北平　遼西　遼東　玄菟

樂浪　遼東屬國

右幽州

南海　蒼梧　鬱林　合浦　交阯　九眞　日南

右交州

漢中郡秦置。雒陽西千九百九十里。九城，戶五萬七千三百四十四，口二十六萬七千四百二。

南鄭〔一〕　成固媯墟在西北。〔二〕　西城〔三〕　褒中〔四〕　沔陽有鐵。〔五〕

安陽　錫有錫，春秋時曰錫穴。〔六〕　上庸本庸國。　房陵〔七〕

〔一〕華陽國志曰：「有池水，從旱山來。」

〔二〕前書云在西城。帝王世記亦云姚墟在西北，有舜祠。

〔三〕巴漢志云漢末以爲西城郡。

〔四〕華陽國志曰有唐公(防)〔房〕祠。

〔五〕華陽國志曰有定軍山。博物記曰縣北有丙穴。巴漢志曰：「縣有度水，水有二原，一曰淸檢，二曰濁檢。」

〔六〕左傳文十一年，楚伐麇，至于錫穴。

〔七〕巴漢志曰：「建安十三年別屬新城郡。有維山，維水所出，東入漚。」

巴郡秦置。雒陽西三千七百里。〔一〕十四城，戶三十一萬六百九十一，口百八萬六千四十九。

〔一〕譙周巴記曰：「初平（大）〔元〕年，趙穎分巴爲二郡，欲得巴舊名，故郡以墊江爲治，安漢以下爲永寧郡。建安六年，劉（綽）〔璋〕分巴，以永寧爲巴東郡，以墊江爲巴西郡。」蜀都賦注云：「銅梁山在巴東。」干寶搜神記曰：「有澤水，民謂神龍，不可鳴鼓其傍，卽使大雨。」蜀都賦曰：「潛龍蟠於沮澤，應鳴鼓而興雨。」

江州〔一〕　宕渠有鐵。　朐忍〔二〕　閬中〔三〕　魚復〔四〕扞水有扞關。〔五〕

臨江　枳〔六〕　涪陵出丹。〔七〕　墊江　安漢　平都〔八〕　充國永元二年分閬中置。〔九〕　宣漢〔一〇〕　漢昌永元中置。〔一一〕

〔一〕杜預曰巴國也。有塗山，禹娶塗山。華陽國志曰：「帝禹之廟銘存焉。有清水穴，巴人以此爲粉，則膏（暉）〔澤〕鮮芳，貢粉京師，因名粉水。」

〔二〕巴漢志曰：「山有大小石城（勢者）。」

〔三〕案本傳有俞水。巴漢志曰：「有彭池、大澤、名山、靈臺，見孔子內讖。」

〔四〕古庸國，左傳文十〔六〕年魚人逐楚師是也。

〔五〕史記曰，楚肅王爲扞關以拒蜀。

〔六〕史記蘇代曰：「楚得枳而國亡。」華陽國志有明月峽、廣德嶼者是也。

〔七〕巴記曰：「靈帝分涪陵置永寧縣。」巴漢志曰：「涪陵，巴郡之南鄙，從枳南入折丹涪水，本與楚商於之地接。漢時赤（田）〔甲〕軍常取其民。」

〔八〕巴記曰：「和帝分枳置。」

〔九〕巴記曰：「初平四年，復分爲南充國縣。」

〔10〕巴漢記曰：「和帝分宕渠之東置。」

〔11〕巴記曰：「分宕渠之北而置之。」

廣漢郡高帝置。雒陽西三千里。十一城，戶十三萬九千八百六十五，口五十萬九千四百三十八。

雒（州）刺史治。　新都〔一〕　緜竹〔二〕　什邡　涪〔三〕　梓潼〔四〕　白水〔五〕　葭萌〔六〕　郪　廣漢有沈水。　德陽〔七〕

〔一〕華陽國志曰：「有金堂山，水通巴（漢）。」

〔二〕地道記曰：「有紫巖山，緜水之所出焉。」

〔三〕巴漢志曰：「孱水出孱山。」

〔四〕地道記「五婦山，馳水出」。建安二十二年，劉備以爲郡。

〔五〕山海經曰白水出蜀而東南入江，郭璞曰今在縣。

〔六〕華陽國志：「有水通于漢川，有金銀鑛，民洗取之。」

〔七〕華陽國志曰：「有劍閣道，三十里，至險。」

蜀郡秦置。雒陽西三千一百里。十一城，戶三十萬四百五十二，口百三十五萬四百七十六。

成都〔一〕 郫 江原 繁 廣都〔二〕 臨邛〔三〕有鐵。 湔氐道〔四〕 岷山在西徼外。〔五〕 汶江道〔六〕 八陵 廣柔〔七〕 緜虒道〔八〕

〔一〕蜀都賦注曰：「武帝元鼎二年，立成都郭十八門。」

〔二〕任豫益州記曰：「縣有望川源，鑿石二十里，引取郫江水灌廣都田，云後漢所穿鑿者。」

〔三〕博物記曰：「有火井，深二三丈，在縣南百里。以竹木投取火，後人以火燭投井中，火即滅絕，不復然。」蜀都賦注曰：「火井欲出其火，先以家火投之，須臾許隆隆如雷聲，爛然通天，光耀十里，以竹筒盛之，接其光而無炭也。取井火還，煮井水，一斛水得四五斗鹽，家火煮之，不過二三斗鹽耳。」

〔四〕蜀王本紀曰：「縣前有兩石對如闕，號曰彭門。」

〔五〕山海經曰：「岷山，江水出焉，東北注于海。中多良龜，其上多金玉，其下多白珉，其獸多犀、象、夔。」郭璞曰：「今蜀山中有大牛，重數千斤，曰夔。」蜀都賦注曰：「岷山特多藥，其椒特多好者，絕異於天下之好者。」

〔六〕華陽國志曰：「濊水、駹水出焉，多冰寒，盛夏凝凍不釋。孝安延光三年復立之以爲郡。」

〔七〕帝王世記曰禹生石紐。縣有石紐邑。華陽國志曰：「夷人營其地，方百里，不敢居牧。有過，逃其野中不敢追，云畏禹神；能藏三年，爲人所得，則共原之，云禹神靈祐之。」

〔八〕華陽國志曰：「有玉壘山，出璧玉，湔水所出。」

犍爲郡武帝置。雒陽西三千二百七十里。劉璋分立江陽郡。九城，戶十三萬七千七百一十三，口四十一萬一千三百七十八。

武陽有彭亡聚。〔一〕 資中 牛鞞 南安〔二〕有魚(泣)〔涪〕津。〔三〕 僰道〔四〕

江陽〔五〕 (苻)〔符〕節 南廣 漢安

〔一〕岑彭死處。南中志曰：「縣南二十里彭望山。」益州記曰：「縣有王喬仙處。王喬祠今在縣，下有彭祖冢，上有彭祖祠。」

〔二〕蜀都賦注曰：「縣之南有五屼山，一山而五里，在越巂界。」

〔三〕蜀都賦注曰：「魚符津數百步，在縣北三十里。縣臨大江，岸便山嶺相連，經益州郡，有道廣四五尺，深或百丈，斬鑿之跡今存，昔唐蒙所造。」博物記：「縣西百里有牙門山。」華陽國志曰：「縣西有熊耳峽，南有峨眉山，去縣八十餘里。」

〔四〕華陽國志曰：「治馬湖江會，水通越巂。舊本有僰人。有荔枝、薑蒟。有(蜀)王(岳)〔兵〕蘭。李冰燒之崖有五色，赤白映水玄黃。魚從楚來，至此而止，畏崖映其水故也。」

〔五〕華陽國志曰：「江、雒會，有方(山)蘭祀，江中有大闕小闕。」蜀都賦注云：「沱、潛既道，從縣南流至漢嘉縣入大穴，中通剛山下，因南潛出，今名復出水是也。」

牂牁郡武帝置。雒陽西五千七百里。十六城，戶三萬一千五百二十三，口二十六萬七千二百五十三。

故且蘭〔一〕 平夷 鷩〔二〕 毋斂 談指出丹。〔三〕 夜郎出雄黃、雌黃。〔四〕 同並 談稾 漏江 毋單 宛溫〔五〕 鐔封〔六〕 漏臥

句町〔七〕　進乘　西隨〔八〕

〔一〕地道記曰：「有（沈）〔沉〕水。」

〔二〕地道記曰：「不狼山，鷩水所出。」

〔三〕南中志曰：「有不津江，江有瘴氣。」

〔四〕案本傳有竹王三郎祠。

〔五〕南中志曰：「縣北三百里有盤江，廣數百步，深十餘丈。此江有毒氣。」

〔六〕華陽國志曰：「有溫水。」

〔七〕案本傳有桄榔木。地道記有文象水。

〔八〕地道記曰：「麋水，西受徼外，東至麋泠，入尚龍谿。」

越巂郡武帝置。雒陽西四千八百里。十四城，戶十三萬一百二十，口六十二萬三千四百一十八。

邛都南山出銅。〔一〕　遂久〔二〕　靈關道〔三〕　臺登出鐵。〔四〕　青蛉有禺同山，俗謂有金馬碧雞。〔五〕　卑水〔六〕　三縫〔七〕　會無出鐵。〔八〕　定莋〔九〕　闡〔一〇〕　蘇示　大莋　莋秦　姑復〔一一〕

〔一〕南中志曰：「縣東南數里有水名邛廣都河，從廣二十里，深百餘丈，有魚長一二丈，頭特大，遙視如戴鐵釜狀。」華陽國志曰：「河有嗪嶲山，又有溫水穴，冬夏常熱。」

〔二〕華陽國志曰：「有繩水。」廣志曰：「有縹碧石，有綠碧。」

〔三〕華陽國志曰：「有銅山，又有利慈。」

〔四〕華陽國志曰：「有孫水，一曰白沙江。山有砮，火燒成鐵。」

〔五〕華陽國志曰：「有鹽官。濮水出。」

〔六〕華陽國志曰：「水通馬湖。」

〔七〕華陽國志曰：「通道寧州，度瀘得〔蜻〕蛉縣。有長谷石時坪，中有石豬，子母數千頭，長老傳言夷昔牧豬於此，一朝豬化爲石，迄今夷不敢往牧。」

〔八〕郭璞曰，山海經稱縣東山出碧，亦玉類。華陽國志曰：「故濮人邑也。今有濮人冢，冢不閉戶，其中多珠，人不可取，取之不祥。有〔元〕〔天〕馬河。〔元〕〔天〕馬日行千里。縣有〔元〕〔天〕馬祠。民居家馬牧山下，或產駿駒，云〔元〕〔天〕馬子也。今〔其〕有〔元〕〔天〕馬逕，厥迹存焉。河中有銅船，今在，祠以羊可取也。河中見〔子〕〔存〕。土地特產好〔犛〕〔犀〕牛。東山出青碧。」

〔九〕華陽國志：「縣在郡西。度瀘水，賓岡徼白摩沙夷有鹽坑，積薪，以齊水灌而後焚之，成白鹽，漢末夷等皆錮之。」

〔一〇〕華陽國志曰：「故邛人邑，治邛都城。」

〔一一〕地道記：鹽池澤在南。

益州郡武帝置。故滇王國。雒陽西五千六百里。諸葛亮表有耽文山、澤山、司彌瘞山、婁山、辟龍山，此等並皆未詳所在縣。十七城，戶二萬九千三十六，口十一萬八百二。

滇池出鐵。有池澤。〔一〕北有黑水祠。〔二〕　勝休〔三〕　俞元裝山出銅。〔四〕　律高石室山出錫。盤町山出銀、鉛。　賁古采山出銅、錫。〔五〕羊山出銀、鉛。〔六〕

（毋掇）〔毋棳〕〔七〕　建伶　穀昌　牧靡〔八〕　味　昆澤　同瀨〔九〕　同勞　雙柏出銀。　連然　梇棟〔一〇〕　秦臧

〔一〕澤在縣西，見前書。南中志曰：「池周二百五十里。」

〔二〕華陽國志曰水是溫泉。又有白蛸山，（淮）〔惟〕有蛸。

〔三〕南中志曰：「有大河，從廣百四十里，深數十丈。」地道記曰：「水東至（毋掇）〔毋棳〕，入橋水。」

〔四〕華陽國志在河中洲上。

〔五〕前書曰在縣北。

〔六〕在縣西。地道記曰：「南烏山，出錫。」

〔七〕地道記曰：「有橋水，出橋山。」

〔八〕李奇曰：「靡音麻。」出升麻。

〔九〕地道記曰：「銅虜山，米水所出。」

〔一〇〕地道記：「連山，無血水所出。」

永昌郡明帝永平〔十〕二年分益州置。雒陽西七千二百六十里。〔一〕八城，戶二十三萬一千八百九十七，口百八十九萬七千三百四十四。

〔一〕廣志曰：「永昌一郡，見龍之燿，日月相屬。」

不韋出鐵。〔一〕　嶲唐〔二〕　比蘇　楪榆〔三〕　邪龍　雲南〔四〕　哀牢永平中置，故牢王國。　博南永平中置。南界出金。〔五〕

〔一〕華陽國志曰：「孝武置不韋縣，徙南越相呂嘉子孫宗族居之，因名不韋，以章其先人之惡。」

〔二〕本西南夷，史記曰古爲嶲、昆明。古今注曰：「永平十年置益州西部都尉，治嶲唐，鎮尉哀牢人楪榆蠻夷。」華陽國志曰：「有(同)〔周〕水從徼外來。」

〔三〕有河。廣志曰：「有弔鳥山，縣西北八十里，在阜山，衆鳥千百羣共會，鳴呼啁哳，每歲七月、八月晦望至，集六日則止，歲凡六至。雉雀來弔，特悲。其方人夜然火伺取，無嗉不食者以爲義鳥，則不取也。俗言鳳皇死於此山，故衆鳥來弔。」地道記有澤，在縣東。

〔四〕南中志曰：「縣西高山相連，有大泉水，周旋萬步，名馮河。縣西北百數十里有山，衆山之中特高大，狀如扶風太一，鬱然高峻，與雲氣相連結，因視之不見。其山固陰沍寒，雖五月盛暑不熱。」廣志曰：「五月霜雪皓然。」

〔五〕華陽國志曰：「西山高三十里，越(山)得蘭滄水，有金沙，洗取融爲金。有光珠穴。」廣志曰：「有虎魄生地中，其上及旁不生草，深者四五八九尺，大者如斛，削去外皮，中成虎魄如升，初如桃膠凝堅成也。」

廣漢屬國（都尉）故北部都尉，屬(蜀)〔廣漢〕郡，安帝時以爲屬國都尉，別領三城。戶三萬七千一百一十，口二十萬五千六百五十二。

陰平道　甸氐道〔一〕　剛氐道〔二〕

〔一〕華陽國志曰：「有白水，出徼外，入漢。」

〔二〕華陽國志曰：「涪水所出，有金銀鑛。」

蜀郡屬國故屬西部都尉，延光元年以爲屬國都尉，別領四城。戶十一萬一千五百六十八，口四十七萬五千六百二十九。

漢嘉故青衣，陽嘉二年改。有蒙山。〔一〕　**嚴道**有邛僰九折坂者，邛(刻)〔郵〕置。〔二〕

徙〔三〕　**旄牛**〔四〕

〔一〕華陽國志曰：「有沬水，從邛來出岷江，又從岷山西來入江，合郡下青衣江入大江，土地多山。」蜀都賦曰「廓靈關而爲門」，注曰山名也。地在縣南。

〔二〕山海經曰「崍山，江水出焉」，郭璞曰「中江所出也」。華陽國志曰：「道至險，有長嶺若棟，八渡之難，楊母閣之峻，昔楊氏倡造作閣，故名焉。邛崍山本名邛莋，故邛人、莋人界也。巖阻峻，迴曲九折，乃至山上，凝冰夏結，冬則劇寒，王陽行部至此退。」

〔三〕華陽國志曰：「出丹砂、雄雌黃、空青、青碧。」

〔四〕華陽國志曰：「旄，地也，在邛崍山表。邛人自蜀入，度此山甚險難，南人毒之，故名邛崍。有鮮水、若水，一名洲江。」

犍爲屬國故郡南部都尉，永初元年以爲屬國都尉，別領二城。戶七千九百三十八，口三萬七千一百八十七。

朱提〔一〕山出銀、銅。〔二〕 **漢陽**

〔一〕南中志曰：「縣有大淵池水，名千頃池。西南二里有堂狼山，多毒草，盛夏之月，飛鳥過之，不能得去。」蜀都賦注曰：「有靈池在縣南數十里，周四十七里。」

〔二〕案前書，朱提銀重以八兩爲一流，直一千五百八十，他銀一流直一千。南中志曰：「舊有銀窟數處。」諸葛亮書云：「漢嘉金，朱提銀，採之不足以自食。」

右益州刺史部，郡、國十二，縣、道〔一〕百一十八。〔一〕

〔一〕本梁州。袁山松書曰：「建安二十年復置漢寧郡，漢中之安陽、西城郡，分錫、上庸爲上庸郡，置都尉。」

隴西郡秦置。 雒陽西二千二百二十里。十一城，戶五千六百二十八，口二萬九千六百三十七。

狄道 **安故** **氐道**養水出此。〔一〕 **首陽**有鳥鼠同穴山，〔二〕渭水出。〔三〕 **大夏** **襄武**有五雞聚。 **臨洮**有西頃山。〔四〕 **枹罕**故屬金城。 **白石**故屬金城。 **鄣** **河關**故屬金城。積石山在西南，河水出。

〔一〕巴漢志曰：「漢水二源，東源出縣之養山，名養。」南都賦注曰：「漢水源出隴西，經武都至武關山，歷南陽界，出沔口入江。」巴漢志曰：「西漢，隴西嶓冢山，會白水經葭萌入漢。始源曰沔，故曰漢沔。」

〔二〕爾雅曰：「其鳥爲鵌，其鼠爲鼵，如人家鼠而短尾。鵌似鵽而小，黃黑色。穴地入三四尺，鼠在內，鳥在外。」孔安國尙書傳曰：「共爲雌雄。」張氏地理記云不爲牝牡。山海經曰：「山多白虎、白玉。」

〔三〕地道記曰：「有三危，三苗所處。」

〔四〕前志曰在縣西。本傳(縣)馬防築索西城。

漢陽郡武帝置，爲天水，永平十七年更名。在雒陽西二千里。〔一〕十三城，戶二萬七千四百二十三，口十三萬一百三十八。

〔一〕秦州記曰：「中平五年，分置南安郡。」獻帝起居注曰：「初平四年十二月，已分漢陽、上郡爲永陽，以鄉亭爲屬縣。」

冀〔一〕有朱圄山。〔二〕有緹羣山。有雒門聚。〔三〕 **望恒** **阿陽** **略陽**有街泉亭。〔四〕 **勇士** **成紀**〔五〕 **隴**(州)刺史治。〔六〕有大坂名隴坻。〔七〕豲坻聚有秦亭。〔八〕 **豲道**〔九〕 **蘭干** **平襄** **顯親** **上邽**故屬隴西。〔一〇〕 **西**故屬隴西。有嶓冢山，西漢水〔一一〕。

〔一〕史記曰：「秦武公伐冀戎，縣。」

〔二〕前志曰在縣南。

〔三〕來歙破隗囂處。

〔四〕街(水)〔泉〕故縣，省。

〔五〕帝王世記曰：「庖犧氏生於成紀。」

〔六〕漢官云：「去雒陽二千一百里。」

〔七〕三秦記：「其坂九迴，不知高幾許，欲上者七日乃越。高處可容百餘家，清水四注下。」郭仲產秦州記曰：「隴山東西百八十里。登山嶺，東望秦川四五百里，極目泯然。山東人行役升此而顧瞻者，莫不悲思。故歌曰：『隴頭流水，分離四下。念我行役，飄然曠野。登高遠望，涕零雙墮。』度汧、隴，無蠶桑，八月乃麥，五月乃凍解。」

〔八〕秦之先封起於此。

〔九〕史記秦孝公西斬戎王。

〔一〇〕秦州記曰：「縣北有利山，川中平地有土堆，高五丈，生細竹，翠茂殊常。二楊樹大數十圍，百姓祀之。」

〔一一〕史記曰：「申命和仲居西土。」徐廣曰：「今之西縣。」鄭玄曰：「西在隴西（之）西，今謂之（入）〔八〕充山。」

武都郡武帝置。雒陽西一千九百六十里。七城，戶二萬一百二，口八萬一千七百二十八。

下辨〔一〕　**武都道**〔二〕　**上祿**　**故道**〔三〕　**河池**〔四〕　**沮**沔水出東狼谷。

羌道

〔一〕有赤亭。

〔二〕華陽國志曰：「有天池澤。」

〔三〕干寶搜神記曰：「有（奴）〔怒〕特祠，秦置旄頭騎起此。」

〔四〕地道記曰：「有泉街水。」

金城郡昭帝置。雒陽西二千八百里。十城，戶三千八百五十八，口萬八千九百四十七。

允吾〔一〕　浩亹〔二〕　令居　枝陽　金城　榆中　臨羌有昆崙山。

破羌　安夷　允街

〔一〕西羌傳有唐谷。秦州有牢北山，傍有三窟。

〔二〕有雒都谷，馬武破羌處。

安定郡武帝置。雒陽西千七百里。八城，戶六千九十四，口二萬九千六十。

臨涇〔一〕　高平有第一城。〔二〕　朝那〔三〕　烏枝有瓦亭，〔四〕出薄落谷。〔五〕

三水〔六〕　陰盤〔七〕　彭陽　鶉觚故屬北地。

〔一〕謝承書曰「宣仲爲長史，民扳留，改曰宣民」，見李固傳，而志無此改，豈承之妄乎？

〔二〕高峻所據。

〔三〕有湫淵，方四十里，停不流，冬夏不增減，不生草木。郭璞注山海經曰：「涇水出縣西（丹）〔幵〕頭山，入渭。」

〔四〕牛邯軍處。

〔五〕本傳有龍池山，地道記曰烏水出。

〔六〕有左谷，盧芳所居。

〔七〕舊有陰密縣，未詳所幷。杜預曰：「定安陰密縣，古密須國。」史記曰，秦遷白起于陰密。山海經曰：「溫水出崆峒山，在臨汾南入河，華陽北。」郭璞曰：「水常煖。」

北地郡秦置。雒陽西千一百里。六城，戶三千一百二十二，口萬八千六百三十七。

富平　泥陽有五柞亭。〔一〕　弋居有鐵。　廉〔二〕　參䜌故屬安定。〔三〕

靈州

〔一〕地道記曰：「泥水出郁郅北蠻中。」

〔二〕前志卑移山在西北。

〔三〕有靑山。謝沈書：「屬國降羌胡數千人，居山田畜。」

武威郡故匈奴休屠王地，武帝置。雒陽西三千五百里。十四城，戶萬四十二，口三萬四千二百二十六。

姑臧〔一〕　張掖　武威　休屠　揟次　鸞鳥　樸劚　媼圍　宣威　倉松〔二〕　鸇陰故屬安定。　租厲故屬安定。　顯美故屬張掖。　左騎千人官。

〔一〕地道記：「南山，谷水所出。」

〔二〕地道記曰：「南山，松陜水所出。」

張掖郡故匈奴昆邪王地，武帝置。雒陽西四千二百里。獻帝分置西郡。八城，戶六千五百五十二，口二萬六千四十。

觻得　昭武　删丹弱水出。　氐池　屋蘭　日勒　驪靬　番和酒泉郡武帝置。雒陽西四千七百里。九城，戶萬二千七百六。

福祿　表氏　樂涫　玉門　會水　沙頭　安彌故曰(緩)〔綏〕彌。

乾齊　延壽〔一〕

〔一〕博物記曰：「縣南有山，石出泉水，大如筥籧，注地爲溝。其水有肥，如煮肉洎，羕羕永永，如不凝膏，然之極明，不可食，縣人謂之石漆。」

敦煌郡武帝置。雒陽西五千里。〔一〕六城，戶七百四十八，口二萬九千一百七十。

〔一〕耆舊記曰：「國當乾位，地列艮墟，水有懸泉之神，山有鳴沙之異，川無蛇虺，澤無兕虎，華戎所交，一都會也。」

敦煌古瓜州，出美瓜。　冥安　效穀　拼泉　廣至　龍勒有玉門關。

張掖屬國武帝置屬國都尉，以主蠻夷降者。安帝時，別領五城。戶四千六百五十六，口萬六千九百五十二。

候官　左騎　千人　司馬官　千人官。

張掖居延屬國故郡都尉，安帝別領一(郡)〔城〕。戶一千五百六十，口四千七百三十三。

居延有居延澤，古流沙。〔一〕

〔一〕獻帝建安末，立爲西海郡。

右涼州刺史部，郡(國)十二，縣、道、候官九十八。〔一〕

〔一〕袁山松書曰：「興平元年，分安定鶉觚、右扶風之漆置新平郡。」

上黨郡秦置。雒陽北千五百里。十三城，戶二萬六千二百二十二，口十二萬七千四百三。

長子〔一〕　**屯留**絳水出。〔二〕　**銅鞮**〔三〕　**沾**〔四〕　**涅**有閼與聚。〔五〕　**襄垣**〔六〕　**壺關**有黎亭，故黎國。〔七〕　**泫氏**有長平亭。〔八〕　**高都**〔九〕　**潞**本國。〔一〇〕　**猗氏**〔一一〕　**陽阿**侯國。　**穀遠**〔一二〕

〔一〕山海經曰：「有發鳩之山，（章）〔漳〕水出焉。」上黨記曰：「闕城，都尉所治。令狐徵君隱城東山中，去郡六十里，卽壺關三老令狐茂上書訟戾太子者也，茂卽葬其山。」

〔二〕上黨記曰：「有鹿谷山，濁漳所出。有余吾城，在縣西北三十里。」

〔三〕上黨記曰：「晉別宮墟關猶存，有北城，去晉宮二十里，羊舌所邑。」左傳成九年晉執鄭伯於此。

〔四〕山海經曰：「有少山，其上有金玉，其下有銅。」郭璞云在沾。

〔五〕史記曰，趙奢破秦兵閼與。山海經云：「謁戾之山有金玉，沁水出焉，南流注于河。」郭璞曰在涅。

〔六〕上黨記曰：「邑帶山林，茂松生焉。」

〔七〕文王戡黎卽此也。上黨記曰：「東山在城東南，晉申生所伐，今名平臯。」

〔八〕史記曰，白起破趙長平。上黨記曰：「城在郡南山中百二十里。」

〔九〕前志曰有天井關。戰國策曰桀居天井，卽天門也。博物記曰：「縣南地名卽垂。」

〔一〇〕左傳哀四年齊伐晉壺口，杜預曰：「(路)〔潞〕縣東有壺口關。」上黨記曰：「潞，濁漳也。縣城臨潞。晉荀林父伐曲梁，在城西十里，今名石梁。又東北八十里有黎城，臨壺口關，至建安十一年，從洶河口鑿入潞河，名泉州梁，以通于海。」

〔一一〕漢書音義縣出鶡。

〔一二〕上黨記曰：「有羊頭山，沁水所出。」

太原郡秦置。十六城，戶三萬九百二，口二十萬一百二十四。

晉陽本唐國。〔一〕有龍山，晉水所出。〔二〕刺史治。〔三〕 **界休**有界山，有緜上聚。〔四〕有千畝聚。〔五〕 **榆次**〔六〕有鑿壺。〔七〕 **中都**〔八〕 **于離** **茲氏** **狼孟** **鄔**〔九〕 **盂**〔一〇〕 **平陶** **京陵**春秋時九京。〔一一〕 **陽曲** **大陵**有鐵。〔一二〕 **祁** **慮虒** **陽邑**有箕城。〔一三〕

〔一〕毛詩譜曰堯始都於此，後遷河東平陽。

〔二〕山海經曰：「有縣甕之山，其上多玉，其下多銅，其獸多閭麋，晉水出焉，東南注汾。」郭璞曰在縣。左傳曰：「遷實沈于大夏。」賈逵曰：「陶唐之胤劉累也。」杜元凱曰：「今晉陽縣。」

〔三〕漢官曰：「南有梗陽城，中行獻子見巫臯。」

〔四〕左傳曰晉文公以緜上爲介之推田。界山，推焚死之山，故太原俗有寒食。

〔五〕左傳曰「晉爲千畝之戰」，在縣南。

〔六〕左傳謂塗水。
〔七〕史記曰，韓魏殺智伯，埋於鑿壺之下。
〔八〕左傳昭二年執陳無宇於中都，杜預曰界休縣南中都城是也。
〔九〕史記韓信破夏說於鄔〔東〕，徐廣曰音於庶反。
〔一〇〕晉大夫（孟）〔盂〕丙邑。
〔一一〕禮記曰趙武從先大夫於九京，鄭玄曰「晉卿大夫之墓地。『京』，字之誤，當爲『九原』」。
〔一二〕史記曰趙肅侯游大陸，出於鹿門。卽大陵。
〔一三〕左傳僖三十三年晉敗狄于箕。

上郡秦置。十城，戶五千一百六十九，口二萬八千五百九十九。

膚施　白土　漆垣　奢延　雕陰　楨林　定陽　高奴　龜茲屬國　候官

西河郡武帝置。雒陽北千二百里也。十三城，戶五千六百九十八，口二萬八百三十八。

離石　平定　美稷　樂街　中陽　皋狼　平周　平陸　益蘭　圜陰　藺　圜陽　廣衍

五原郡秦置爲九原，武帝更名。十城，戶四千六百六十七，口二萬二千九百五十七。

九原　五原　臨沃　（父）〔文〕國　河（除）〔陰〕　武都　宜梁　曼柏

成宜　西安陽北有陰山。〔一〕

〔一〕徐廣曰：「陰山在河南，陽山在河北。」史記曰，蒙恬築長城臨洮，延袤萬里餘，度河據陽山。

雲中郡秦置。十一城，戶五千三百五十一，口二萬六千四百三十。

雲中　咸陽　箕陵　沙陵　沙南〔一〕　北輿　武泉　原陽　定襄故屬定襄。　成樂故屬定襄。　武進故屬定襄。

〔一〕案：烏桓有蘭池城，烏桓之圍耿曄處。

定襄郡高帝置。五城，戶三千一百五十三，口萬三千五百七十一。

善無故屬鴈門。　桐過　武成　駱　中陵故屬鴈門。

鴈門郡秦置。雒陽北千五百里。十四城，戶三萬一千八百六十二，口二十四萬九千。

陰館〔一〕　繁時　樓煩　武州〔二〕　汪陶　劇陽　崞　平城〔三〕　埒　馬邑〔四〕　鹵城故屬代郡。〔五〕　廣武故屬太原。有夏屋山。〔六〕　原平故屬太原。〔七〕　彊陰

〔一〕史記曰漢蘇意軍句注，應劭曰山險名也，在縣。爾雅八陵西隃鴈門是也。郭璞曰卽鴈門山。山海經曰，鴈門山者，鴈飛出於其間。

〔二〕前書武帝誘匈奴入武州塞。

〔三〕前書高帝被圍白登，服虔曰去縣七里。

〔四〕干寶搜神記曰：「昔秦人築城於武州塞內以備胡，城成而崩者數矣。有馬馳走一地，周旋反覆，父老異之，因依以築城，城乃不崩，遂名之爲馬邑。」

〔五〕山海經曰：「(秦)〔泰〕戲之山，無草木，多金玉，呼沱之水出焉。」郭璞曰，今呼沱河〔出〕縣武夫山。周禮：「并州，其川呼沱。」魏志曰：「建安十年鑿渠自呼沱入汾，名平虜渠。」

〔六〕史記曰，趙襄子北登夏屋山，以銅斗殺代王。郭璞曰，爾雅山中有獸，形如菟，相負共行，土俗名之蟨。

〔七〕古史考曰：「趙襄居原，今原平縣。」

朔方郡武帝置。六城，戶千九百八十七，口七千八百四十三。

臨戎　**三封**　**朔方**　**沃野**　**廣牧**　**大城**故屬西河。

右并州刺史部，郡九，縣、邑、侯國九十八。〔一〕

〔一〕古今注曰：「建武十一年十月，西河上郡屬(魏)。」魏志曰：「建安二十年省雲中、定襄、五原、朔方，置一縣領其民，合以爲新興郡。」

涿郡高帝置。雒陽東北千八百里。七城，戶十萬二千二百一十八，口六十三萬三千七百五十四。

涿　**迺**侯國。〔一〕　**故安**易水出，雹水出。〔二〕　**范陽**侯國。　**良鄉**　**北**

新城有汾水門。〔三〕　方城故屬廣陽。有臨鄉。〔四〕　有督亢亭。〔五〕

〔一〕史記漢武帝至鳴澤，服虔曰在縣北界。

〔二〕案本紀，永元十五年復置縣鐵官。

〔三〕史記曰，趙與燕汾門。

〔四〕故縣，後省。惠文王與燕臨樂。

〔五〕劉向別錄曰：「督亢，膏腴之地。」史記荆軻奉督亢圖入秦。

廣陽郡高帝置，爲燕國，昭帝更名爲郡。世祖省并上谷，永（平）〔元〕八年復。五城，戶四萬四千五百五十，口二十八萬六百。

薊本燕國。刺史治。〔一〕　廣陽　昌平故屬上谷。　軍都故屬上谷。　安次故屬勃海。

〔一〕漢官曰：「雒陽東北二千里。」

代郡秦置。雒陽東北二千五百里。〔一〕十一城，戶二萬一百二十三，口十二萬六千一百八十八。

〔一〕古今注曰：「建武二十七年七月屬幽州。」

高柳　桑乾　道人　當城　馬城　班氏　狋氏　北平邑永元八年

復。　東安陽　平舒　代〔一〕

〔一〕干寶搜神記曰：「代城始築，立板幹，一旦亡西南板，四五十里於澤中自立，結葦爲外門，因就營築焉，故其城周圓三十五丈，爲九門，故城處呼之以爲東城。」

上谷郡秦置。雒陽東北三千二百里。八城，戶萬三百五十二，口五萬一千二百四。

沮陽　潘永元十一年復。　甯　廣甯　居庸　雊瞀　涿鹿〔一〕

下落

〔一〕帝王世記曰：「黃帝所都，有蚩尤城、阪泉地、黃帝祠。」世本云在（鼓）〔彭〕城南，張晏曰在上谷。于瓚案禮五帝位云黃帝與赤帝戰于阪泉之野，不在涿鹿，是伐蚩尤之地。

漁陽郡秦置。雒陽東北二千里。九城，戶六萬八千四百五十六，口四十三萬五千七百四十。

漁陽有鐵。　狐奴　潞　雍奴　泉州有鐵。　平谷　安樂　傂奚

獷平

右北平郡秦置。雒陽東北二千三百里。四城，戶九千一百七十，口五萬三千四百七十五。

土垠　徐無　俊靡　無終

遼西郡秦置。雒陽東北三千三百里。五城，戶萬四千一百五十，口八萬一千七百一十四。

陽樂　海陽　令支有孤竹城。〔一〕　肥如　臨渝〔二〕

〔一〕伯夷、叔齊本國。

〔二〕山海經曰：「碣石之山，(綱)〔繩〕水出焉，其上有玉，其下多青碧。」水經曰在縣南。郭璞曰：「或曰在右北平驪(城)〔成〕縣海邊山也。」

遼東郡秦置。雒陽東北三千六百里。〔一〕十一城，戶六萬四千一百五十八，口八萬一千七百一十四。

〔一〕案本紀，和帝永元十六年郡復置西部都尉官。

襄平　**新昌**　**無慮**　**望平**　**候城**　**安市**　**平郭**有鐵。　**西安平**〔一〕

汶　**番汗**　**沓氏**

〔一〕魏氏春秋曰：「縣北有小水，南流入海，句驪別種，因名之小水貊。」

玄菟郡武帝置。雒陽東北四千里。六城，戶一千五百九十四，口四萬三千一百六十三。

高句驪遼山，遼水出。〔一〕　**西蓋(鳥)〔馬〕**　**上殷台**　**高顯**故屬遼東。

候城故屬遼東。　**遼陽**故屬遼東。〔二〕

〔一〕山海經曰：「遼水出白平東。」郭璞曰：「出塞外(衘)〔衞〕白平山。遼山，小遼水所出。」

〔二〕東觀書安帝即位之年，分三縣來屬。

樂浪郡武帝置。雒陽東北五千里。十八城，戶六萬一千四百九十二，口二十五萬七千五十。

朝鮮　諦邯　浿水　含資　占蟬　遂城　增地　帶方　駟望　海冥　列口〔一〕　長岑　屯有　昭明　鏤方　提奚　渾彌　樂都

〔一〕郭璞注山海經曰：「列，水名。列水在遼東。」

遼東屬國故邯鄉，西部都尉，安帝時以爲屬國都尉，別領六城。雒陽東北三千二百六十里。

昌遼故天遼，屬遼西。〔一〕　賓徒故屬遼西。　徒河故屬遼西。　無慮有醫無慮山。　險瀆〔二〕　房

〔一〕何法盛晉書有青城山。

〔二〕史記曰，王險，衞滿所都。

右幽州刺史部，郡、國十一，縣、邑、侯國九十。

南海郡武帝置。雒陽南七千一百里。七城，戶七萬一千四百七十七，口二十五萬二百八十二。

番禺〔一〕　博羅〔二〕　中宿　龍川　四會　揭陽　增城有勞領山。

〔一〕山海經（注）「桂林八樹，在賁禺東」，郭璞云今番禺。

〔二〕有羅浮山，自會稽浮往博（羅）山，故置博羅縣。

蒼梧郡武帝置。雒陽南六千四百一十里。十一城，戶十一萬一千三百九十五，口四十六萬六

千九百七十五。

廣信〔一〕　謝沐　高要　封陽　臨賀　端谿　馮乘　富川　荔浦　猛陵〔二〕　鄣平〔三〕

〔一〕漢官曰：「刺史治，去雒陽九千里。」

〔二〕地道記曰：「龍山，合水所出。」

〔三〕永平十四年置。

鬱林郡秦桂林郡，武帝更名。雒陽南六千五百里。十一城。

布山　安廣　阿林　廣鬱　中溜　桂林　潭中　臨塵　定周　增食　領方

合浦郡武帝置。雒陽南九千一百九十一里。五城，戶二萬三千一百二十一，口八萬六千六百一十七。

合浦　徐聞〔一〕　高涼〔二〕　臨元　朱崖

〔一〕交州記曰：「出大吳公，皮以冠鼓。」

〔二〕建安二十五年，孫權立高梁郡。

交趾郡武帝置，即安陽王國。雒陽南萬一千里。十二城。

龍編〔一〕　嬴𨻻〔二〕　（定）安〔定〕〔三〕　苟漏〔四〕　麊泠　曲陽　北帶　稽徐　西于　朱鳶　封谿建武十九年置。〔五〕　望海建武十九年置。

〔一〕交州記曰：「縣西帶江，有仙山數百里，有三湖，有注、沅二水。」
〔二〕地道記曰：「南越侯織在此。」
〔三〕交州記曰：「越人鑄銅爲船，在江潮退時見。」
〔四〕交州記曰：「有潛水牛上岸共鬭，角軟，還復出。」
〔五〕交州記曰：「有隄防龍門，水深百尋，大魚登此門化成龍，不得過，曝鰓點額，血流此水，恆如丹池。有秦潛江，出嘔山，分爲九十九，流三百餘里，共會於一口。」

九眞郡武帝置。雒陽南萬一千五百八十里。五城，戶四萬六千五百一十三，口二十萬九千八百九十四。

胥浦　居風〔一〕　咸驩　無功　無編

〔一〕交州記曰：「有山出金牛，往往夜見，光曜十里。山有風門，常有風。」

日南郡秦象郡，武帝更名。雒陽南萬三千四百里。五城，戶萬八千二百六十三，口十萬六百七十六。

西卷　朱吾〔一〕　盧容〔二〕　象林〔三〕　比景〔四〕

〔一〕交州記曰：「其民依海際居，不食米，止資魚。」

〔二〕交州記曰：「有採金浦。」

〔三〕今之林邑國。

〔四〕博物記曰：「日南出野女，羣行不見夫，其狀皛且白，裸袒無衣襦。」

右交州刺史部，郡七，縣五十六。〔一〕

〔一〕王範交廣春秋曰：「交州治嬴陵縣，元封五年移治蒼梧廣信縣，建安十五年治番禺縣。詔書以州邊遠，使持節，并七郡皆授鼓吹，以重威鎮。」

漢書地理志承秦三十六郡，縣邑數百，後稍分析，至于孝平，凡郡、國百三，縣、邑、道、侯國千五百八十七。世祖中興，惟官多役煩，乃命并合，省郡、國十，縣、邑、道、侯國四百餘所。〔一〕至明帝置郡一，章帝置郡、國二，和帝置三，安帝又命屬國別領比郡者六，又所省縣漸復分置，至于孝順，凡郡、國百五，縣、邑、道、侯國千一百八十，〔二〕民戶九百六十九萬八千六百三十，口四千九百一十五萬二百二十。〔三〕

〔一〕應劭漢官曰：「世祖中興，海內人民可得而數，裁十二三。邊陲蕭條，靡有孑遺，鄣塞破壞，亭隊絕滅。建武二十一年，始遣中郎將馬援、謁者，分築烽候，堡壁稍興，立郡縣十餘萬戶，或空置太守、令、長，招還人民。上笑曰：『今邊無人而設長吏治之，難如春秋素王矣。』乃建立三營，屯田殖穀，弛刑謫徒以充實之。」

〔三〕東觀書曰：「永興元年，鄉三千六百八十二，亭萬二千四百四十二。」

〔三〕應劭漢官儀曰：「永和中，戶至千七十八萬，口五千三百八十六萬九千五百八十八。」又帝王世記，永嘉（二）〔元〕年戶則多九十七萬八千七百七十一，口七百二十一萬六千六百三十六。應載極盛之時，而所殊甚衆，舍永嘉多，取永和少，良不可解。皇甫謐校覈精審，復非謬記，未詳孰是。豈此是順朝時書，後史即爲本乎？伏无忌所記，每帝崩，輒最戶口及墾田大數，今列于後，以見滋減之差焉。光武中元二年，戶四百二十七萬九千六百三十四，口二千一百萬七千八百二十。明帝永平十八年，戶五百八十六萬五百七十三，口三千四百一十二萬五千二十一。章帝章和二年，戶七百四十五萬六千七百八十四，口四千三百三十五萬六千三百六十七。和帝元興元年，戶九百二十三萬七千一百一十二，口五千三百二十五萬六千二百二十九，墾田七百三十二萬一百七十頃八十畝百四十步。安帝延光四年，戶九百六十四萬七千八百三十八，口四千八百六十九萬七百八十九，墾田六百九十四萬二千八百九十二頃一十三畝八十五步。順帝建康元年，戶九百九十四萬六千九百一十九，口四千九百七十三萬五百五十，墾田六百八十九萬六千二百七十一頃五十六畝一百九十四步。沖帝永嘉元年，戶九百九十三萬七千六百八十，口四千九百五十二萬四千一百八十三，墾田六百九十五萬七千六百七十六頃二十畝百八步。質帝本初元年，戶九百三十四萬八千二百二十七，口四千七百五十六萬六千七百七十二，墾田六百九十三萬一百二十三頃三十八畝。

贊曰：衆安后載，政洽區分；侯罷守列，民無常君。稱號遷隔，封割糾紛；略存減益，多證前聞。

校勘記

三五〇六頁八行　錫　按：前志作「鍚」，應劭曰音陽。王先謙補注謂應劭後漢人，時尚有此縣，應音必不誤，當以作「鍚」爲正。三五一六頁七行同。

三五〇六頁一三行　有唐公(防)〔房〕祠　集解引錢大昕說，謂「防」當作「房」，漢人隸書「房」或作「𠩵」，因譌爲自旁。今據改。

三五〇六頁一四行　至于錫穴　按：左傳「錫」作「鍚」。

三五〇七頁二行　初平(六)〔元〕年　惠棟補注謂初平無六年，當依華陽國志作「初平元年」。今據改。

三五〇七頁二行　趙穎分巴爲二郡　三國志劉焉傳「趙穎」作「趙韙」。張森楷校勘記謂案沈約所引譙周巴記元文及通鑑並作「韙」，疑「穎」字誤。

三五〇七頁二行　故郡以墊江爲治安漢以下爲永寧郡　按：錢大昕考異謂案華陽國志，趙穎建議以墊江以上爲巴郡，治安漢，江州至臨江爲永寧郡，是安漢、墊江同在巴郡之內，而安漢且爲郡治，穎爲安漢人，故欲移巴郡之名於安漢也。此文似有誤。

三五〇七頁三行　劉(綽)〔璋〕分巴　據殿本改。按：殿本亦有作「綽」者，故考證齊召南謂「劉綽」當作「劉璋」，璋分巴東、巴西二郡，蜀志可考。

三五〇七頁八行　則膏(暉)〔澤〕鮮芳　據汲本、殿本改。

三五〇七頁一〇行　山有大小石城(勢者)　據集解引惠棟說刪。

三五〇七頁一三行　左傳文十〔六〕年　據殿本考證補。

三五〇七頁一五行　從枳南入折丹涪水本與楚商於之地接　殿本「水」上有「陵」字，「與」上無「本」字。考證齊召南謂按析、丹水皆縣名，與涪陵相接，注當云「從枳南入析、丹水、涪陵，與商於之地接」。「析」譌作「折」，「丹涪陵水」又倒其字，遂不可解。今按：集解引馬與龍說，謂析、丹水二縣屬南陽郡，與商於地接，然與涪陵南北懸隔，又非可從枳南入也。商於未嘗屬楚。今考華陽國志，涪陵，巴之南郡，從枳縣南入，泝舟涪水，秦司馬錯由之以取黔中。據此，疑注「折」當作「泝」，「丹」當作「舟」，「商於」當改「黔中」，於地望方合。

三五〇七頁一五行　漢時赤(田)〔甲〕軍　集解引惠棟說，謂「赤田」當依華陽國志作「赤甲」。今據改。

三五〇八頁七行　(州)刺史治　殿本考證齊召南謂各州刺史治例無「州」字，此「州」字衍。今據刪。

三五〇八頁七行　什邡　按：前志作「汁方」，功臣表作「汁防」，晉志又作「什方」，諸本不一。

三五〇八頁九行　水通巴(漢)　集解引惠棟說，謂案華陽國志云水通于巴，注衍「漢」字。今據刪。

三五〇九頁二行　汶江道　按：前志無「道」字。

三五〇九頁二行　八陵　按：集解引錢大昕說，謂前志有鼈陵，無八陵，晉志亦作「鼈陵」。又引惠棟說，謂靈帝以汶江、蠶陵、廣柔三縣置汶山郡，「八陵」當作「蠶陵」。

三五〇九頁二行 緜虒道 按：前志無「道」字。

三五一〇頁一行 有魚(泣)〔涪〕津 集解引錢大昭說，謂「泣」當作「涪」。吳漢傳漢與公孫述將魏黨、公孫永戰於魚涪津，注云在南安縣，北臨大江。蜀都賦注作「魚符津」，符涪聲相近也。今據改。

三五一〇頁二行 (荷)〔符〕節 集解引錢大昕說，謂前志有符，無荷節，疑「荷」乃「符」之譌，而衍一「節」字也。今按：符節長王士，見蜀志楊戲傳，是東漢改名符節，三國蜀因之，「節」字當非衍文，荷與符則形近而譌也。今改「荷」字，不刪「節」字。

三五一〇頁五行 縣之南有五屼山一山而五里在越巂界 按：集解引惠棟說，謂今蜀都賦注曰「一山有五重，在縣南」也。

三五一〇頁九行 有〔蜀〕王(岳)〔兵〕蘭 集解引惠棟說，謂江水注云「縣有蜀王兵蘭」，蘭與闌古字通。今據惠說補改。 按：華陽國志亦云「棘道有故蜀王兵蘭」。

三五一〇頁九行 李冰燒之崖有五色赤白映水玄黃 按：「燒」上疑脫「所」字。今華陽國志作「其崖嶄峻不可鑿，乃積薪燒之，故其處懸崖有赤白五色」。又云「李冰所燒之崖有五色，赤白映水玄黃」。

三五一〇頁一二行　有方〔山〕蘭祀　集解引惠棟說，謂各本脫「山」字。今據補。

三五一一頁一行　進乘　按：前志作「進桑」，水經葉楡水注亦作「進桑」。

三五一一頁二行　有（沈）〔沅〕水　據王先謙說改。按：水經注「沅水出牂牁且蘭縣」。

三五一一頁八行　有文衆水　按：王先謙謂班志、酈注並作「文象水」。

三五一一頁九行　東至麋冷　按：殿本、集解本「麋」作「麊」。

三五一一頁一三行　臺登　按：補注引何焯說，謂前志臺登，應劭云今曰臺高，則「登」當作「高」也。

三五一一頁一三行　三縫　前志作「三絳」。按：華陽國志作「三縫」。

三五一一頁一四行　闌　按：前志作「闌」。補注王先謙謂「闌」續志及華陽國志作「闌」，案宋志沈黎郡領闌縣，漢舊縣作「闌」，然則作「闌」是也。

三五一二頁一六行　又有溫水穴　按：集解引惠棟說，謂「溫水」一作「溫泉」。

三五一二頁六行　度濾得〔蜻〕蛉縣　集解引惠棟說，謂今華陽國志云蜻蛉縣。今據補。

三五一二頁九行　有（元）〔天〕馬河　集解引惠棟說，謂「元馬河」華陽國志及水經注皆作「天馬河」。隸書天字有似元者，見無極山碑。今據改，下同。

三五一二頁一〇行　今（其）有（元）〔天〕馬逕　集解引惠棟說，謂「其」字衍。今據刪。按：華陽國志無「其」字。

三五二頁一〇行 河中有銅船 校補引柳從辰說，謂華陽國志廖寅本「船」作「胎」，蓋據水經注作「胎銅」校改。惟交州記「越人鑄銅爲船，在江潮退時見」，此「銅船」似不誤，故惠氏正誤亦不及「船」字也。黃山謂就下文「可取」言，似又不當作「船」。

三五二頁一〇行 今在祠以羊 按：惠棟補注謂一作「今以羊祠之」，案下文又云「河中見存」，文不應重出，當有舛誤。

三五二頁一〇行 河中見(子)〔存〕 惠棟補注謂「子」字誤，今華陽國志作「存」。今據改。

三五二頁一〇行 土地特產好(羣)〔犀〕牛 惠棟補注謂今華陽國志云「土地特產犀牛」也。按：犀與羣形近而譌，今據改。

三五三頁一行 勝休 按：惠棟補注謂沈約作「騰休」，晉志作「滕休」。

三五三頁一行 裴山 按：集解引惠棟說，謂前志作「懷山」。

三五三頁三行 (毋掇)〔毋棳〕 據前志改。按：殿本作「毋」，不誤。又按：集解引錢大昕說，謂說文棳從木，此從手，誤，前志亦作「棳」。

三五三頁三行 牧靡 按：集解引惠棟說，謂前志作「收靡」，華陽國志作「升麻」，云出好升麻，晉書作「收麻」，按靡與麻古字通，山海經有「壽麻之國」，呂覽作「壽靡」是也。又按：漢書補注引段玉裁說，云收升牧三字同紐。

三五三三頁三行　同瀨　按：前志作「銅瀨」。

三五三三頁四行　梇棟　按：前志作「弄棟」。

三五三三頁六行　(淮)〔惟〕有蛸　集解引惠棟說，謂華國陽志曰「山無石，惟有蛸」，「淮」當作「惟」。今據改。按：御覽九百十二引「惟有」作「而多」。

三五三三頁七行　水東至(毋掇)〔毋棳〕　據前志改，詳前「毋棳」條校記。

三五三三頁一三行　銅虜山米水所出　按：集解引錢大昕說，謂前志云「談虜山，迷水所出」。銅談聲相近，米即迷也，縣蓋以山得名。瀨虜聲亦相近。

三五三三頁一五行　明帝永平〔十〕二年　殿本考證齊召南謂按本書，永平十二年以益州徼外哀牢王內附，置永昌郡，是「二年」上脫「十」字。今據補。

三五三三頁一五行　戶二十三萬一千八百九十七口百八十九萬七千三百四十四　按：張森楷校勘記謂永昌僻郡，而戶口繁庶如此，且以除法計之，每十戶過八十餘口，逾恆率矣，疑口數有譌。

三五三四頁二行　楪楡　按：前志作「葉楡」。

三五三四頁六行　有(同)〔周〕水從徼外來　據前志及華陽國志改。按：王先謙謂同周形近而誤，錢坫以爲今怒江也。

三五三四頁一三行　越〔山〕得蘭滄水　據華陽國志補。

三五四頁一四行　廣漢屬國（都尉）　據集解引錢大昕說刪。

三五四頁一四行　屬（蜀）〔廣漢〕郡　殿本考證齊召南謂注「蜀郡」應是「廣漢郡」之訛。陰平、甸氐、剛氐三道舊屬廣漢，陰平道卽廣漢北部都尉治也，前書可證。今據改。

三五五頁五行　有邛僰九折坂者邛（刻）〔郵〕置　集解引惠棟說，謂案司馬相如傳「嚴道邛郵」，徐廣云「嚴道有邛僰九折坂，又有邛郵」。「刻」當作「郵」。又引洪頤煊說，謂前書淮南厲王傳注，張晏曰「邛郵，置名也」。「刻」是「郵」之誤。今據改。

三五五頁七行　有洙水　按：集解引惠棟說，謂「洙水」華陽國志作「沬水」，音妹，又音末。

三五五頁七行　從邛來出岷江　按：校補引柳從辰說，謂華陽國志「來」作「峽」。

三五六頁二行　有堂狼山　按：集解引惠棟說，謂華陽國志作「堂螂山」。

三五六頁六行　縣道〔一〕百一十八　據汲本、殿本補。

三五七頁三行　本傳（縣）馬防築索西城　據殿本考證刪。

三五七頁六行　秦州記曰　按：「州」原作「川」，逕據汲本、殿本改。

三五七頁六行　已分漢陽上郡爲永陽　按：集解引馬與龍說，謂上郡與漢陽地望懸隔，不得並以分郡，此注有誤。疑「上郡」爲「上邽」之譌，「已」字爲「郡」字之譌，當云「分漢陽上邽爲永陽郡」。觀注言以鄉亭爲屬縣，必以縣爲郡明矣。

三五一七頁八行　有雒門聚　按：集解引惠棟說，謂來歙傳「雒門」皆作「落門」，縣有落門山，故名。

三五一七頁八行　望恒　按：前志作「望垣」。此作「望恒」，蓋恒與垣形近而譌。

三五一七頁八行　略陽　按：前志作「略陽道」。

三五一七頁九行　隴（州）　集解引惠棟說，謂「州」字衍。今據刪。

三五一七頁一五行　街（水）〔泉〕故縣省　據殿本考證改。

三五一八頁三行　山東人行役升此而顧瞻者　按：「役」原譌「投」，逕改正。

三五一八頁八行　西在隴西〔之〕西　據集解引惠棟說補。

三五一八頁八行　今謂之（人）〔八〕充山　據汲本、殿本改。按：集解引惠棟說，謂「八充山」一作「兊山」，見裴駰史記注，北宋本作「人充山」，誤。

三五一八頁一〇行　下辨　前志「辨」下有「道」字。按：集解引惠棟說，謂洪适云李翕碑題名有下辨道長任詩，則志闕一「道」字。又按：本書光武紀作「下辯」，辨辯古字通。

三五一八頁一〇行　武都道　前志無「道」字。按：「下辨道」作「下辨」，「武都」作「武都道」，疑上下誤寫。

三五一八頁一〇行　沔水出東狼谷　集解引惠棟說，謂前志云「沮水」，華陽國志云「河池水」。今按：水經注「沔水一名沮水」，華陽國志作「河池水」，誤。

三五一八頁一一行　羌道　按：前志屬隴西。集解引錢大昕說，謂下脫「故屬隴西」四字。

三五一八頁一三行　有天池澤　汲本、殿本「天」作「大」。按：廖刻華陽國志顧校謂「天池」原譌「天地」。又按：前志云「天池大澤」，王先謙謂卽仇池。

三五一八頁一四行　有（奴）〔怒〕特祠　集解引惠棟說，謂注「奴特」史記注及魏文帝列異傳皆作「怒特」。今據改。

三五一九頁六行　烏枝　集解引錢大昕說，謂前志作「烏氏」，師古讀氏爲枝，梁統傳亦作「烏氏」。又引惠棟說，謂史記、漢書作「烏氏」，音枝，本傳亦作「氏」，作「枝」者非也。

三五一九頁六行　有瓦亭出薄落谷　殿本「出」作「山」。惠棟補注出「有瓦亭山」四字，云一作「出」，誤。今按：瓦亭非山名，注文在「瓦亭」下可證也，惠說誤。疑「出薄落谷」四字乃側注，當在注文「烏水出」下。

三五一九頁七行　陰盤　按：前志作「陰槃」。

三五一九頁七行　鶉觚　按：前志作「鶉孤」。

三五一九頁一〇行　涇水出縣西（丹）〔幵〕頭山　殿本考證齊召南謂「丹頭」當作「幵頭」，各本俱誤。集解引惠棟說，謂依前志及山海經，皆作「幵頭」，傳寫誤作「丹」也。今據改。

三五一九頁一三行　有左谷　集解引惠棟說，謂盧芳傳注引續漢志曰「三水有左右谷」。今按：此三字疑是正文，當連正文「三水」下。

三五三〇頁六行　戶萬四十二　按：汲本、殿本「四十二」作「四十三」。

三五三〇頁九行　倉松　殿本「倉」作「蒼」。按：前志亦作「蒼」。

三五三〇頁九行　鸇陰　按：前志作「鶉陰」。

三五三〇頁九行　租厲　按：集解引惠棟說，謂前書武紀及志皆作「祖厲」，案司農夫人碑，其字作「祖」，今誤「租」。

三五三〇頁九行　左騎千人官　按：集解引錢大昕說，謂此蓋別居一城，幷姑臧等十三縣數之爲十四也。至張掖屬國則領五城，以左騎、千人各一城，與此互異。又王先謙謂李兆洛云今地闕。

三五三一頁一行　戶萬二千七百六　按：張森楷校勘記謂此下當有口數，脫去。

三五三一頁二行　福祿　集解引錢大昕說，謂前志作「祿福」。魏志龐淯傳及皇甫謐列女傳載龐娥事，云「祿福趙君安之女」，又云「祿福長尹嘉」，曹全碑亦云「拜酒泉祿福長」，則知作「福祿」者誤也。又引惠棟說，謂晉志亦作「福祿」，誤。今按：漢書補注引吳卓信說，謂漢魏之閒猶稱「祿福」，其改爲「福祿」，當自晉始。又按：本書列女傳云「福祿長尹嘉」，則其誤不自續志始也。

三五三二頁二行　表氏　按：集解引錢大昕說，謂前志作「表是」，是氏古通用也。

三五二頁二行　沙頭　按：前志作「池頭」。

三五二頁二行　故曰（緩）〔綏〕彌　前志作「綏彌」，王先謙謂「緩」乃「綏」之譌。今據改。

三五二頁六行　戶七百四十八口二萬九千一百七十　按：張森楷校勘記謂此戶數有譌誤，否則戶有四十許人，太不近情矣。

三五二頁八行　拼泉　按：前志作「淵泉」。

三五二頁九行　別領五城　按：殿本考證齊召南謂按下有候官、左騎、千人、司馬官、千人官，皆官名，非城名也。前志張掖領十城，後志領八城，其居延別爲居延屬國，顯美改屬武威郡，未知張掖屬國所領之五城爲何名也。又集解引錢大昕說，謂張掖屬國別領五城，以志考之，惟有候官、左騎、千人、司馬官、千人官，而不領縣，以左騎、千人各一城，又別有千人官一城，與候官、司馬官爲五城，與武威郡之左騎千人官爲一城者互異。

三五二頁一三行　安帝別領一（郡）〔城〕　殿本考證謂「郡」字何焯校本改作「城」。今據改。

三五二頁一三行　口四千七百三十三　按：殿本「三十三」作「三十二」。

三五二頁一四行　獻帝建安末立爲西海郡　按：集解引錢大昕說，謂案獻帝起居注，建安十八年復禹貢九州，雍州部已有西海郡，是立郡不在建安末也。

三五二頁一五行　郡（國）十二　據汲本刪。

三五三頁五行　猗氏　前志作「陭氏」。按：集解引洪亮吉說，謂應如前志作「陭」，與河東所屬者有別。又按：說文「陭，上黨陭氏阪也，從邑奇聲」，則當以「陭」爲正。

三五三頁六行　（章）〔漳〕水出焉　據惠棟補注改。

三五三頁七行　壺關三老　按：「三」原譌「二」，逕改正。

三五三頁一行　（路）〔潞〕縣東有壺口關　據汲本、殿本改。按：今左傳杜注亦譌「路」。

三五三頁六行　秦置　按：下脫洛陽北里數，下上郡、五原郡、雲中郡、定襄郡、朔方郡同。

三五三頁八行　有鑿壺　集解引惠棟說，謂史記、戰國策、水經汾水注皆作「鑿臺」。今按：壺與臺疑形近而譌。

三五三頁一五行　界山推焚死之山　按：殿本「界」作「介」。

三五四頁一行　左傳謂塗水　按：注有脫誤，當云「左傳知徐吾爲塗水大夫，杜預曰榆次有塗水鄉」。

三五四頁三行　杜預曰界休縣南中都城是也　按：左傳杜注作「界休縣東南」。

三五四頁四行　韓信破夏說於鄔〔東〕　據集解引惠棟說改。

三五四頁五行　晉大夫（盂）〔孟〕丙邑　據汲本改。按：前志亦作「孟丙」，補注引段玉裁說，謂「孟」或作「盂」，廣韻「左傳晉有盂丙」，則是以邑爲氏。王先謙謂作「盂」是。並引顧炎武說，謂以其爲盂大夫而謂之盂丙，猶魏大夫之爲魏壽餘。

三五二四頁一〇行　雕陰　按：前志有「道」字。

三五二四頁一三行　益蘭　按：前志作「益闌」。

三五二四頁一六行　（父）〔文〕國　據殿本改。按：前志作「文國」，王先謙謂續志後漢因，「文」或譌「父」。

三五二四頁一六行　河（除）〔陰〕　據殿本改。按：前志作「河陰」。集解引錢大昕說，謂當作「河陰」。

三五二五頁四行　箕陵　集解引惠棟說，謂何焯云前志有楨陵，無箕陵。今按：李兆洛以箕陵卽前漢楨陵縣地。

三五二五頁八行　武成　按：前志作「武城」。

三五二五頁九行　戶三萬一千八百六十二口二十四萬九千　按：張森楷校勘記謂案大計，此十戶幾八十口矣，疑「三」當爲「五」字。

三五二五頁一〇行　汪陶　前志作「𣶒陶」。按：「𣶒」卽「汪」之本字。

三五二五頁一二行　有夏屋山　按：前志作「賈屋山」。補注引錢坫說，謂夏屋卽賈屋，如淮陽國陽夏縣，應劭、如淳音夏爲賈是矣。

三五二六頁四行　（秦）〔泰〕戲之山　據汲本、殿本改，與今山海經合。

三五二六頁四行　今呼沱河〔出〕縣武夫山　集解引惠棟說，謂諸本脫「出」字。今據補。

三五二六頁九行　大城　按：前志作「大成」。殿本考證謂何焯校本「城」字去土旁。

三五二六頁一一行 建武十一年十月西河上郡屬（魏） 集解引錢大昕說，謂「魏」字譌。按光武記，建武十一年省朔方牧，幷幷州，此西河上郡必朔方刺史所部，至此始屬幷州耳。班史馮野王爲上郡太守，朔方刺史蕭育奏封事薦之，是上郡屬朔方部之證也。注文當有脫漏，又因下引魏志而衍一「魏」字耳。今據錢說，删一「魏」字，但注文有脫漏，「西河上郡屬」亦不成句。

三五二六頁一五行 北新城 集解引錢大昕說，謂當云「故屬中山」。今按：前志中山國北新成，王先謙謂志末論十二國分域，北新成屬涿郡。

三五二七頁一行 有督〔亢〕亭 按：集解王先謙謂據水經巨馬水注引，此「督」下奪「亢」字。今據補。

三五二七頁七行 昭帝更名爲郡 按：殿本考證齊召南謂下缺「宣帝復爲國」五字，蓋本始元年更爲廣陽國，至光武始入上谷郡耳。

三五二七頁七行 永（平）〔元〕八年復 錢大昕考異謂據和帝紀，永元八年九月復，此「永平」當爲「永元」之譌。殿本考證齊召南說同。今據改。

三五二七頁一五行 北平邑 前志無「北」字。按：集解引錢大昕說，謂章帝女平邑公主，章懷注「平邑屬代郡」。

三五二八頁五行 寗 前志作「寧」，惠棟謂古書寧與寗通。又按：「寗」原作「甯」，卽寗之俗寫。下「廣寗」同。

三五二八頁六行　下落　按：惠棟補注本作「下洛」，王先謙漢書補注謂水經灅水注「落」作「洛」。

三五二八頁七行　在（鼓）〔彭〕城南　集解引惠棟說，謂前書刑法志云黃帝有涿鹿之戰，鄭德云在彭城南，小顏云彭城者上谷別有彭城，非宋之彭城也。「鼓」當作「彭」。今據改。

三五二八頁七行　于瓚　按：惠棟補注本作「干瓚」，云漢書注有「臣瓚」，莫知姓氏，酈元謂之薛瓚，或謂之傅瓚，劉孝標、姚察皆曰于瓚，未詳孰是。

三五二八頁一〇行　漁陽有鐵　按：前書作「有鐵官」。

三五二八頁一〇行　潞　按：前志作「路」。

三五二八頁一〇行　泉州有鐵　按：前志作「有鹽官」。

三五二八頁一三行　傂奚　按：前志作「厗奚」，補注引王念孫說，謂「厗」當作「虒」。

三五二八頁一三行　土垠　按：「土」原譌「上」，逕據殿本、集解本改正。

三五二八頁一三行　俊靡　按：集解引惠棟說，謂依說文「俊」當作「浚」。又校補引錢大昭說，謂耿弇傳作「浚靡」。

三五二八頁一五行　有孤竹城　按：集解引惠棟說，謂爾雅作「觚竹」，四荒之一也。

三五二九頁二行　（綱）〔繩〕水出焉　汲本、殿本作「編水」，集解引惠棟說，謂「編」一作「繩」。今據改，與山海經合。

三五二九頁二行　右北平驪(城)〔成〕縣　據集解本改。按：前志作「驪成」。

三五二九頁四行　戶六萬四千一百五十八口八萬一千七百一十四　按：張森楷校勘記謂案如此文，則戶不能二口矣，非情理也，疑「八萬」上有脫漏。

三五二九頁七行　無慮　集解引錢大昕說，謂此下當有「有醫無慮山」五字。今按：後遼東屬國「無慮」下「有醫巫慮山」五字當移此。

三五二九頁七行　候城　按：集解引錢大昕說，謂玄菟郡有候城，云故屬遼東，則此「候城」爲衍文矣。王先謙謂錢說是。

三五二九頁八行　汶　前志作「文」。按：殿本考證謂何焯校本滅去氵。

三五二九頁一〇行　戶一千五百九十四口四萬三千一百六十三　按：張森楷校勘記謂案如此文，則戶幾四十許人矣，亦非情理也，疑「一千」之「千」字當爲「萬」字。

三五二九頁一一行　西蓋(鳥)〔馬〕　據殿本考證齊召南說改。按：前志作「西蓋馬」，縣以蓋馬山得名，「馬」作「鳥」，乃形近而譌。

三五二九頁一三行　候城故屬遼東　按：殿本考證齊召南引顧炎武說，謂候城改屬玄菟，而遼東復出一候城，無慮改屬遼東屬國，而遼東復出一無慮，必有一焉宜删者，然則天下郡國少二城矣。

三五二九頁一三行　出塞外〔衘〕〔衞〕白平山　按：汲本、殿本「衞」作「御」，殿本考證謂「御」當作「衘」，此正作「衘」，與考證說合，然王先謙謂考證之「衘」字當作「衞」，山海經、水經並作「衞」，今據改。又按：集解引惠棟說，謂案今山海經云「遼水出衞皐東」，衞皐山名，轉寫既久，因析「皐」爲「白平」，復誤「衞」爲「衘」，遂令此字義無所附。桑欽水經亦作「白平」。

三五三〇頁一行　占蟬　按：前志作「黏蟬」。

三五三〇頁一行　遂城　按：前志作「遂成」。

三五三〇頁四行　遼東屬國　按：殿本考證杭世駿謂案此郡獨無戶口。

三五三〇頁五行　昌遼故天遼　集解引惠棟說，謂案闞駰十三州志云遼東屬國都尉治昌黎道，又前志遼西郡交黎縣，應劭云今昌黎，然則「昌遼」當作「昌黎」，「天遼」當作「交黎」。又通鑑注云昌黎，漢交黎縣，屬遼西，後漢屬遼東屬國都尉，則知胡氏所見本尚未舛謬也。又引錢大昕說，謂黎遼聲相近，故「昌黎」亦作「昌遼」，猶「烏氏」爲「烏枝」，「厗奚」爲「傂奚」也。

三五三〇頁五行　賓徒　按：前志「徒」作「從」，補注王先謙謂作「從」誤。

三五三〇頁五行　無慮　按：無慮已見前遼東郡，此當作「扶黎」，後人傳寫之誤。說詳惠棟補注。

三五三〇頁五行　有醫無慮山　按：此五字當移於前遼東郡「無慮」之下。說詳前。

三五三〇頁一〇行　戶七萬一千四百七十七口二十五萬二百八十二　按：張森楷校勘記謂「二十」之「二」當作「三」，乃合李心傳東漢戶約五口之率，若如此文，則戶不能四口矣，非情理也。

三五三〇頁一一行　博羅　按：集解引惠棟說，謂沈約云「博羅」，二漢皆作「傅」字，晉太康地志作「博」。案此則班、馬本書皆作「傅羅」，後人誤為「博」也。

三五三〇頁一二行　山海經(注)　按：下所引乃山海經海內南經正文，「注」字衍，今刪。

三五三〇頁一三行　自會稽浮往博(羅)山　集解引惠棟說，謂何焯云「羅」字衍。今據刪。

三五三〇頁一四行　雒陽南六千四百一十里　按：張森楷校勘記謂案蒼梧去雒陽較南海遠，上南海云七千一百里，此祇六千餘里，殊非事實，且郡首縣廣信，是廣信即郡治也，廣信下注云去雒陽九千里，則非六千餘里矣。「六」字疑誤。下鬱林同。

三五三一頁七行　鬱林郡十一城　按：集解引馬與龍說，謂此郡與交趾及幽州之遼東屬國，皆闕戶口之數。

三五三一頁八行　中溜　按：前志作「中留」。

三五三一頁三行　臨元　前志作「臨允」。按：漢書補注王先謙謂「元」乃「允」字之譌。

三五三一頁三行　朱崖　按：前志作「朱盧」。

三五三一頁一行　羸𨻻　殿本考證謂「羸」應作「蠃」，前書孟康曰蠃音連，則作「羸」字非也。今按：漢書補注王先謙謂地道記作「蠃𨻻」，蓋後人因孟音而製「蠃」字，廣韻載之，皆誤。

三五三一頁一行　〔定〕安〔定〕　據殿本改。按：前志作「安定」，王先謙補注謂續志後漢因，或誤「定安」。

三五三一頁一行　麊泠　集解引惠棟說，謂「麊」說文作「䴢」，從米尼聲。按：漢書補注引王鳴盛說，亦謂作「䴢」是。

三五三二頁一行　曲陽　前志作「曲昜」。按：昜陽古今字。

三五三二頁三行　有注沅二水　按：汲本、殿本「沅」作「沅」。

三五三二頁六行　角軟還復出　按：張森楷校勘記謂案上言上岸共鬬，已是出矣，不當云復出，疑是「入」字之誤。

三五三三頁二行　咸懽　前志作「咸驩」。按：驩懽古今字。

三五三三頁二行　無功　按：前志作「無切」。

三五三三頁一五行　西卷　按：前志作「西捲」。

三五三三頁一五行　鄉三千六百八十二　按：汲本、殿本「八十二」作「八十一」。

三五三頁一五行 亭萬二千四百四十二 汲本、殿本「四十二」作「四十三」。按：聚珍本東觀漢記亦作「三」。

三五四頁一行 永嘉(二)〔元〕年 集解引何焯說，謂永嘉無二年，「二」當作「元」。今據改。

三五四頁八行 口四千八百六十九萬七百八十九 按：張森楷校勘記謂案和帝之世，口五千三百餘萬，戶祇九百二十餘萬，此戶已九百六十餘萬，而口祇四千餘萬，反更少之，殊非情理，疑「四」是「五」之訛。下順帝口數同。

後漢書志第二十四

百官一

太傅 太尉 司徒 司空 將軍

漢之初興，承繼大亂，兵不及戢，法度草創，略依秦制，後嗣因循。至景帝，感吳楚之難，始抑損諸侯王。及至武帝，多所改作，然而奢廣，民用匱乏。世祖中興，務從節約，并官省職，費減億計，所以補復殘缺，及身未改，而四海從風，中國安樂者也。

昔周公作周官，分職著明，法度相持，王室雖微，猶能久存。今其遺書，所以觀周室牧民之德既至，又其有益來事之範，殆未有所窮也。故新汲令王隆作小學漢官篇，諸文倜說，較略不究。〔一〕唯班固著百官公卿表，記漢承秦置官本末，訖于王莽，差有條貫；然皆孝武奢廣之事，又職分未悉。世祖節約之制，宜爲常憲，故依其官簿，粗注職分，以爲百官志。〔二〕凡置官之本，及中興所省，無因復見者，既在漢書百官表，不復悉載。

〔一〕案：胡廣注隆此篇，其論之注曰：「前安帝時，越騎校尉劉千秋校書東觀，好事者樊長孫與書曰：『漢家禮儀，叔孫通等所草創，皆隨律令在理官，藏於几閣，無記錄者，久令二代之業，闇而不彰。誠宜撰次，依擬周禮，定位分職，各有條序，令人無愚智，入朝不惑。君以公族元老，正丁其任，焉可以已！」劉君甚然其言，與邑子通人郎中張平子參議未定，而劉君遷爲宗正、衞尉，平子爲尚書郎、太史令，各務其職，未暇恤也。至順帝時，平子爲侍中典校書，方作周官解說，乃欲以（漢）〔漸〕次述漢事，會復遷河閒相，遂莫能立也。述作之功，獨不易矣。既感斯言，顧見故新汲令王文山小學爲漢官篇，略道公卿外內之職，旁及四夷，博物條暢，多所發明，足以知舊制儀品。蓋法有成易，而道有因革，是以聊集所宜，爲作詁解，各隨其下，綴續後事，令世施行，庶明厥旨，廣前後憤盈之念，增助來哲多聞之覽焉。」

〔三〕臣昭曰：本志既久是注曰百官簿，今昭又採異同，俱爲細字，如或相冒，兼應注本注，尤須分顯，故凡是舊注，通爲大書，稱「本注曰」，以表其異。

太傅，上公一人。〔一〕本注曰：掌以善導，無常職。世祖以卓茂爲太傅，薨，因省。其後每帝初即位，輒置太傅錄尚書事，薨，輒省。〔二〕

〔一〕大戴記曰：「傅，傅之德義也。」應劭漢官儀曰：「傅者，覆也。」賈生曰：「天子不喻於先聖之德，不知君民之道，不見禮義之正，詩書無宗，學業不法，此太師之責也，古者齊太公職之。天子不惠於庶民，不禮於大臣，不中於折獄，無經於百官，不哀於喪，不敬於祭，不戒於齊，不信於事，此太傅之責也，古者周公職之。天子處位不端，受業不敬，言語不敍，音聲不中，進退升降不以禮，俯仰周旋無節，此太保之責也，古者燕召公職之。天子燕業反其學，左右之習詭其師，荅諸侯，遇大臣，不知文雅之辭，已語之適，簡聞小誦，不博不習，此少師之責也。天子居處出入不以禮，衣服冠帶不以制，御器列側不以度，采服從好不以章，忿悅不以義，與奪不以節，此少傅之責也。天子居處燕私，安而易，樂而耽，飲食不時，醉飽不節，寢起早晏無常，玩好器弄無制，此少保之責也。此古天子自輔弼之禮也，自爲天子而賢智維之，故能慮無失計，舉無過事，終身得中。」

〔三〕胡廣注曰：「猶古冢宰總己之義也。」案：靈帝之初，以陳蕃爲太傅，蕃誅，以胡廣代，始不止一人也。董卓在長安，又自尊爲太師，位在太傅上。應劭漢官儀曰：「太師，古官也。平帝元年，孔光以太傅見，授詔，太師無朝，十日一賜餐，賜靈壽杖，省中施坐置几。太師入省中用杖，自是而闕。」又漢官云：「太傅長史一人，秩千石，掾屬二十四人，令史、御屬二十二人。」荀綽晉百官表注曰：「漢太傅置掾屬十人，御屬一人，令史十二人，置長史，與漢異。」

太尉，公一人。〔一〕本注曰：掌四方兵事功課，歲盡卽奏其殿最而行賞罰。凡郊祀之事，掌亞獻；大喪則告謚南郊。凡國有大造大疑，則與司徒、司空通而論之。國有過事，則與二公通諫爭之。世祖卽位，爲大司馬。〔二〕建武二十七年，改爲太尉。〔三〕

〔一〕應劭曰：「自上安下曰尉，武官悉以爲稱。」前書曰「秦官」，鄭玄注月令亦曰「秦官」。尚書中候云舜爲太尉，束晳據非秦官，以此追難玄焉。臣昭曰：緯候衆書，宗貴神詭，出沒隱顯，動挾誕怪。該覈陰陽，徵迎起伏，或有先徵，時能後驗，故守寄構思，雜稱曉輔，通儒達好，時略文滯。公輸、益州，具於張衡之詰；無口漢輔，炳乎尹敏之諷。圖讖紛僞，其俗多矣。太尉官實司天，虞舜作宰，璇衡賦政，將是據後位以書前，非唐官之實號乎？太尉所職，卽舜所掌，遂以同掌追稱太尉，乃中候之妄，蓋非官之爲謬。康成淵博，自注中候，裁及注禮而忘舜位，豈其實哉！此是不發譏於中候，而正之於月令也。廣微之誚，未探碩意。說菀曰「當堯之時，舜爲司徒」。新論曰「昔堯試於大麓者，領錄天子事，如今尚書官矣」。古史考曰「舜居百揆，總領百事」。說者以百揆堯初別置，於周更名冢宰，斯其然矣。

〔二〕漢官儀曰：「元狩六年罷太尉，法周制置司馬。時議者以爲漢軍有官候、千人、司馬，故加『大』爲大司馬，所以別異大小司馬之號。」

〔三〕蔡質漢儀曰：「府開闕，王莽初起大司馬，後篡盜神器，故遂貶去其闕。」漢官儀曰：「張衡云：『明帝以〔爲〕司馬、司空府〔已榮〕，欲〔復〕更〔治〕太尉府。時公趙憙也。西曹掾安衆鄭均，素好名節，以爲朝廷新造北宮，整飭官寺，旱魃爲虐，民不堪命，曾無殷湯六事，周宣雲漢之辭。今府本館陶公主第舍，員職既少，自足相受。憙表陳之，即〔見〕聽許。其冬，〔帝〕臨辟雍，歷二府，光觀壯麗，而太尉〔府〕獨卑陋〔云〕。顯宗東顧歎息曰：「椎牛縱酒，勿令乞兒爲宰。」時憙子世爲侍中，驂乘，歸具白之，憙以爲恨，頻譴責均，均自劾去，道發病亡。』」古今注曰「永平十五年，更作太尉、司徒、司空府開陽城門內」，與此不同。臣昭案：劉虞爲大司馬，而與太尉並置焉。

長史一人，千石。〔一〕本注曰：署諸曹事。

〔一〕盧植禮注曰：「如周小宰。」

掾史屬二十四人。本注曰：漢舊注東西曹掾比四百石，餘掾比三百石，屬比二百石，故曰公府掾，比古元士三命者也。或曰，漢初掾史辟，皆上言之，故有秩比命士。其所不言，則爲百石屬。其後皆自辟除，故通爲百石云。〔一〕西曹主府史署用。東曹主二千石長吏遷除及軍吏。戶曹主民戶、祠祀、農桑。奏曹主奏議事。辭曹主辭訟事。法曹主郵驛科程事。尉曹主卒徒轉運事。賊曹主盜賊事。決曹主罪法事。兵曹主兵事。金曹主貨幣、鹽、鐵事。倉曹主倉穀事。黃閤主簿錄省衆事。〔二〕

〔一〕漢書音義曰：「正曰掾，副曰屬。」

〔二〕應劭漢官儀曰：「世祖詔：『方今選舉，賢佞朱紫錯用。丞相故事，四科取士。一曰德行高妙，志節清白；二曰學通行修，經中博士；三曰明達法令，足以決疑，能案章覆問，文中御史；四曰剛毅多略，遭事不惑，明足以決，才任三輔令：皆有孝悌廉公之行。自今以後，審四科辟召，及刺史、二千石察茂才尤異孝廉之吏，務盡實覈，選擇英俊、賢行、廉絜、平端於縣邑，務授試以職。有非其人，臨計過署，不便習官事，書疏不端正，不如詔書，有司奏罪名，并正舉者。』又舊河隄謁者，世祖改以三府掾屬爲謁者領之，遷超御史中丞、刺史，或爲小郡。監察黎陽謁者，世祖以幽、并州兵騎定天下，故於黎陽立營，以謁者監之，兵騎千人，復除甚重。謁者任輕，多放情態，順帝改用公解府掾有清名威重者，遷超牧守焉。」漢官目錄曰：「建武十二年八月乙未詔書，三公舉茂才各一人，廉吏各二人；光祿歲舉茂才四行各一人，察廉吏三人；中二千石歲察廉吏各一人，廷尉、大司農各二人；將兵將軍歲察廉吏各二人；監察御史、司隸、州牧歲舉茂才各一人。」

令史及御屬二十三人。本注曰：漢舊注公令史百石，自中興以後，注不說石數。御屬主爲公御。〔一〕閤下令史主閤下威儀事。記室令史主上章表報書記。門令史主府門。其

餘令史，各典曹文書。〔三〕

〔二〕荀綽晉百官表注曰：「御屬如錄事也。」

〔三〕應劭漢官儀有官騎三十人。

司徒，公一人。〔一〕本注曰：掌人民事。凡教民孝悌、遜順、謙儉，養生送死之事，則議其制，建其度。凡四方民事功課，歲盡則奏其殿最而行賞罰。凡郊祀之事，掌省牲視濯，大喪則掌奉安梓宮。凡國有大疑大事，與太尉同。世祖即位，爲大司徒，〔二〕建武二十七年，去「大」。〔三〕

〔一〕孔安國曰：「主徒衆，教以禮義。」

〔二〕漢官儀曰：「王莽時，議以漢無司徒官，故定三公之號曰大司馬、大司徒、大司空。世祖即位，因而不改。」蔡質漢儀曰：「司徒府與蒼龍闕對，厭於尊者，不敢號府。」應劭曰：「此不然。丞相舊位在長安時，府有四出門，隨時聽事，明帝本欲依之，迫於太尉、司空，但爲東西門耳。國每有大議，天子車駕親幸其殿。殿西王侯以下更衣併存。每歲州郡聽採長吏臧否，民所疾苦，還條奏之，是爲之舉謠言者也。頃者舉謠言者，掾屬令史都會殿上，主者大言某州郡行狀云何，善者同聲稱之，不善者各爾銜枚。大較皆取無名勢，其中或有愛憎微裁黜陟之闇昧也。若乃中山祝恬，踐周、召之列，當軸處中，忘謇諤之節，憚首尾之譏，縣囊捉撮，無能清澄，其與申屠須責鄧通，王嘉封還詔書，邈矣乎！」周禮有外朝，干寶注曰：「禮，司徒府中有百官朝會殿，天子與丞相決大事，是外朝之存者。」

〔三〕漢舊儀曰：「哀帝元壽二年，以丞相爲大司徒。郡國守長史上計事竟，遣公出庭，上親問百姓所疾苦。記室掾史一人大音讀敕畢，遣敕曰：『詔書殿下禁吏無苛暴。丞史歸告二千石，順民所疾苦。急去殘賊，審擇良吏，無任苛刻。治獄決訟，務得其中。明詔憂百姓困於衣食，二千石帥勸農桑，思稱厚恩，有以賑贍之，無煩撓奪民時。今日公卿以下，務飭儉恪，奢侈過制度以益甚，二千石身帥有以化之。民冗食者請謹以法，養視疾病，致醫藥務治之。詔書無飾廚養，至今未變，又更過度，甚不稱。歸告二千石，務省約如法。且案不改者，長吏以〔聞〕。官寺鄉亭漏敗，牆垣阤壞不治，無辦護者，不勝任，先自劾不應法。歸告二千石聽。』」十年，更名相國。」案獻帝初，董卓自太尉進爲相國，而司徒不省。及建安末，曹公爲丞相，郗慮爲御史大夫，則罷三公官。荀綽晉百官表注曰：「漢丞相府門無蘭，不設鈴，不警鼓，言其深大闊遠，無節限也。」

長史一人，千石。掾屬三十一人。〔一〕令史及御屬三十六人。本注曰：世祖即位，以武帝故事，置司直，居丞相府，助督錄諸州，建武十八年省也。〔二〕

〔一〕漢官目錄曰三十人。

〔二〕（漢）〔獻〕帝起居注曰：「建安八年十二月，復置司直，不屬司徒，掌督中都官，不領諸州。九年十一月，詔司直比司隸校尉，坐同席在上，假傳置，從事三人，書佐四人。」

司空，公一人。〔一〕本注曰：掌水土事。凡營城起邑、浚溝洫、修墳防之事，則議其利，建其功。凡四方水土功課，歲盡則奏其殿最而行賞罰。凡郊祀之事，掌掃除樂器，大喪則掌將校復土。凡國有大造大疑，諫爭，與太尉同。〔二〕世祖即位，爲大司空，〔三〕建武二十七年，去「大」。〔四〕

〔一〕馬融曰：「掌營城郭，主司空土以居民。」

〔二〕韓詩外傳曰：「三公之得者何？曰司馬、司空、司徒也。司馬主天，司空主土，司徒主人。故陰陽不和，四時不節，星辰失度，災變非常，則責之司馬。山陵崩陁，川谷不通，五穀不植，草木不茂，則責之司空。君臣不正，人道不和，國多盜賊，民怨其上，則責之司徒。故三公典其職，憂其分，舉其辨，明其得，此之謂三公之事。」

〔三〕應劭漢官儀曰：「綏和元年，罷御史大夫官，法周制，初置司空。議者又以縣道官獄司空，故覆加『大』，爲大司空，亦所以別大小之文。」

〔四〕漢舊儀曰：「御史大夫敕上計丞長史曰：『詔書殿下布告郡國：臣下承宣無狀，多不究，百姓不蒙恩被化，守長史到郡，與二千石同力爲民興利除害，務有以安之，稱詔書。郡國有茂才不顯者言〔上〕。殘民貪汚煩擾之吏，百姓所苦，務勿任用。方察不稱者，刑罰務於得中，惡惡止其身。選舉民侈過度，務有以化之。問今歲善惡孰與往年，對上。問今年盜賊孰與往年，得無有羣輩大賊，對上。』」臣昭案：獻帝建安十三年，又罷司空，置御史大夫。御史大夫郗慮，慮免，不得補。荀綽晉百官表注曰：「獻帝置御史大夫，職如司空，不領侍御史。」

屬長史一人，千石。掾屬二十九人。〔一〕令史及御屬四十二人。

〔一〕漢官目錄云二十四人。

將軍，不常置。本注曰：掌征伐背叛。比公者四：第一大將軍，次驃騎將軍，次車騎將軍，次衞將軍。又有前、後、左、右將軍。〔一〕

〔一〕蔡質漢儀曰：「漢興，置大將軍、驃騎，位次丞相，車騎、衞將軍、左、右、前、後，皆金紫，位次上卿。典京師兵衞，四夷屯警。」

初，武帝以衞青數征伐有功，以爲大將軍，欲尊寵之。以古尊官唯有三公，皆將軍始自秦、晉，以爲卿號，故置大司馬官號以冠之。其後霍光、王鳳等皆然。成帝綏和元年，賜大司馬印綬，罷將軍官。世祖中興，吳漢以大將軍爲大司馬，景丹爲驃騎大將軍，位在公下，及前、後、左、右雜號將軍衆多，皆主征伐，事訖皆罷。〔二〕明帝初即位，以弟東平王蒼有賢才，以爲驃騎將軍；以王故，位在公上，數年後罷。章帝即位，西羌反，故以舅馬防行車騎將軍征之，還後罷。和帝即位，以舅竇憲爲車騎將軍，征匈奴，位在公下；還復有功，遷大將軍，位在公上；復征西羌，還免官，罷。安帝即位，西羌寇亂，復以舅鄧騭爲車騎將軍征之，還遷大將軍，位如憲，數年復罷。自安帝政治衰缺，始以嫡舅耿寶爲大將軍，常在京都。順帝即位，又以皇后父、兄、弟相繼爲大將軍，如三公焉。〔三〕

〔二〕魏略曰：「曹公置都護軍中尉，置護軍將軍，亦皆比二千石，旋軍並止罷。」

人。」

〔二〕梁冀別傳曰：「元嘉二年，又加冀禮儀。大將軍朝，到端門若龍門，謁者將引。增掾屬、舍人、令史、官騎、鼓吹各十人。」

長史、司馬皆一人，千石。〔一〕本注曰：司馬主兵，如太尉。從事中郎二人，六百石。本注曰：職參謀議。〔二〕掾屬二十九人。〔三〕令史及御屬三十一人。本注曰：此皆府員職也。又賜官騎三十人，及鼓吹。〔四〕

〔一〕東觀書曰：「竇憲作大將軍，置長史、司馬員吏官屬，位次太傅。」

〔二〕東觀書曰：「大將軍出征，置中護軍一人。」

〔三〕案本傳，東平王作驃騎，掾史四十人。

〔四〕應劭漢官儀曰：「鼓吹二十人，非常員。舍人十人。」

其領軍皆有部曲。大將軍營五部，部校尉一人，比二千石；軍司馬一人，比千石。部下有曲，曲有軍候一人，比六百石。曲下有（純）〔屯〕，（純）〔屯〕長一人，比二百石。其不置校尉部，但軍司馬一人。又有軍假司馬、假候，皆爲副貳。其別營領屬爲別部司馬，其兵多少各隨時宜。門有門候。其餘將軍，置以征伐，無員職，亦有部曲、司馬、軍候以領兵。其職吏部集各一人，總知營事。兵曹掾史主兵事器械。稟假掾史主稟假禁司。又置外刺、刺姦，主罪法。

明帝初置度遼將軍，以衞南單于衆新降有二心者，後數有不安，遂爲常守。〔一〕

〔一〕應劭漢官儀曰：「度遼將軍，孝武皇帝初用范明友。明帝(十)〔永平〕八年，行度遼將軍事；安帝元初元年，置真。銀印青綬，秩二千石。長史、司馬六百石。」東觀書云司馬二人。

校勘記

三五五五頁一一行　劉千秋　按：集解引惠棟說，謂劉千秋卽劉珍。文苑傳云珍字秋孫，疑傳誤。

三五五六頁四行　乃欲以(漢)〔漸〕次述漢事　校補引柳從辰說，謂孫星衍輯漢官解詁，「以漢」作「以漸」，是。今據改。

三五五六頁六行　爲作詁解　按：校補引柳從辰說，謂孫輯本「詁解」作「解詁」。

三五五六頁一六行　已語之適　按：「語」當作「諾」，已諾猶言然否或許與不許也。今賈誼新書傅職篇正作「不知已諾之適」。大戴禮作「不知已諾之正」。汲本、殿本作「言語之道」，乃後人臆改。

三五五七頁六行　自是而闕　按：「自是而」下有闕文。孫星衍校輯漢官儀，此「闕」字代之以□，云今本本作「闕」，乃校者所記，而後來誤入正文也。今據孫校，「闕」字用小一號字排。

三五五八頁二行　說菀曰　汲本、殿本「菀」作「苑」。按：菀苑通。

三五五八頁五行　元狩六年罷太尉　按：校補謂案前書百官公卿表，太尉武帝建元二年省，元狩四年初置大司馬，漢官儀誤也。又按：下文「官候」應「候官」，見前三五二一頁。

三五五八頁七行　明帝以〔爲〕司馬司空府〔已榮〕欲〔復〕更〔治〕太尉府　據御覽卷二百七職官部五引補刪。

三五五八頁九行　員職既少自足相受　按：汲本、殿本「受」作「容」，孫輯本同。御覽「既」作「鮮」，「受」作「授」。

三五五八頁九行　卽〔見〕聽許　據御覽補。

三五五八頁一〇行　〔帝〕臨辟雍　據御覽補。

三五五八頁一〇行　而太尉〔府〕獨卑陋〔云〕　按：汲本、殿本「太尉」下有「府」字，「卑陋」下無「云」字，孫輯本同，御覽同。今據以補刪。

三五五九頁一一行　世祖以幽并州兵騎定天下　按：竇憲傳注引作「光武中興，以幽、冀、并州兵騎克定天下」。

三五六〇頁三行　有官騎三十人　校補引柳從辰說，謂孫輯本作「二十二人」。今按：孫云輯自續漢志補注，則所據本不同。

三五六〇頁一四行　縣囊捉撮　集解引惠棟說，謂「捉」當作「括」，淮南子「燭營指天」，高誘注「燭營讀曰括撮，傴僂之象，喻容悦之臣」。

三五六〇頁一四行　其與申屠須責鄧通　校補引陳景雲說，謂「須」當作「顯」，或作「頓」。按：黃山云當據嘉傳作「坐責」爲是，不必於字之形似求之。

三五六一頁二行　郡國守長史上計　按：孫星衍輯漢舊儀「守」下有「丞」字。

三五六一頁二行　遣公出庭　按：孫輯漢舊儀「公」作「君侯」，「出」下有「坐」字。

三五六一頁二行　記室掾史　按：孫輯漢舊儀「史」作「吏」。

三五六一頁三行　丞史歸告二千石　按：孫輯漢舊儀「史」上有「長」字。

三五六一頁四行　無煩撓奪民時　按：孫輯漢舊儀「撓」作「擾」。

三五六一頁五行　今日公卿以下　按：孫輯漢舊儀無「今日」二字。

三五六一頁五行　奢侈過制度以益甚二千石身帥　按：孫輯漢舊儀「奢」上有「今俗」二字，「以」上有「日」字，「身」上有「務以」二字。

三五六一頁五行　請謹以法　汲本、殿本「謹」作「諭」。按：孫輯漢舊儀亦作「諭」，云本作「謹」，從續漢志補注引改。

三五六一頁六行　無飾廚養　按：孫輯漢舊儀作「無飾廚傳增養食」。

三五六一頁六行　又更過度　按：孫輯漢舊儀作「或更尤過度」。

三五六一頁六行　長吏以〔聞〕　據汲本、殿本補。

三五六一頁七行　牆垣阤壞不治　孫輯漢舊儀「不」作「所」。按：如依孫輯本改「不」爲「所」，則「所治」二字應連下讀。

三五六一頁七行　無辦護者　汲本、殿本「辦」作「辨」。按：孫輯本作「辦」。

三五六一頁七行　不勝任　按：孫輯漢舊儀「勝」作「稱」。

三五六一頁七行　歸告二千石聽　按：孫輯漢舊儀「聽」上有「勿」字。

三五六一頁七行　十年更名相國　按：校補引陳景雲說，謂「十年」上有脫文。

三五六一頁九行　漢丞相府門無蘭　汲本、殿本「蘭」作「闌」。按：闌蘭通。

三五六一頁一一行　建武十八年省也　按：集解引周壽昌說，謂光武紀十一年夏四月省大司徒司直官，獻帝紀注亦作十一年，「八」字誤。

三五六一頁一三行　（漢）〔獻〕帝起居注曰　據汲本、殿本改。

三五六一頁一三行　九年十一月　按：汲本、殿本作「十二月」。

三五六二頁一〇行　守長史到郡　按：孫輯漢舊儀「守」下有「丞」字。

三五六二頁一一行　郡國有茂才不顯者言〔上〕　據孫輯漢舊儀補。

三五六三頁五行　以古尊官唯有三公皆將軍始自秦晉　按：沈家本謂「皆」字疑誤。

三五六四頁八行　案本傳東平王作驃騎掾史四十人　按：校補謂范書東平王傳文不載驃騎掾史，劉昭所引蓋是續漢書本傳文。

三五六四頁一一行　曲下有（純）〔屯〕（純）〔屯〕長一人　據汲本、殿本改。按：純屯二字古每不分，亦猶「屯留」之作「純留」矣。

三五六五頁二行　明帝（十）〔永平〕八年　校補引柳從辰說，謂據紀，事在永平八年，故志以爲明帝初，「十」字衍。黄山謂案史無紀年不著年號者，蓋注實闕「永」字，「平」字亦殘其半，遂譌爲「十」字也。今據黄說改。

後漢書志第二十五

百官二

太常　光祿勳　衞尉　太僕　廷尉　大鴻臚

太常，卿一人，中二千石。〔一〕本注曰：掌禮儀祭祀。每祭祀，先奏其禮儀；及行事，常贊天子。〔二〕每選試博士，奏其能否。大射、養老、大喪，皆奏其禮儀。每月前晦，察行陵廟。〔三〕丞一人，比千石。〔四〕本注曰：掌凡行禮及祭祀小事，總署曹事。〔五〕其署曹掾史，隨事爲員，諸卿皆然。

〔一〕盧植禮注曰：「如大樂正。」

〔二〕漢舊儀曰：「贊饗一人，秩六百石，掌贊天子。」

〔三〕漢官曰：「員吏八十五人，其十二人四科，十五人佐，五人假佐，十三人百石，十五人騎吏，九人學事，十六人守學事。」臣昭曰：凡漢官所載列職人數，今悉以注，雖頗爲繁，蓋周禮列官，陳人役（放）〔於〕前，以爲民極，寔觀國制，此則宏模不可闕者也。

〔四〕盧植禮注曰：「如小樂正。」

〔五〕漢舊儀曰：「丞舉廟中非法者。」

太史令一人，六百石。本注曰：掌天時、星曆。凡歲將終，奏新年曆。凡國祭祀、喪、娶之事，掌奏良日及時節禁忌。凡國有瑞應、災異，掌記之。〔一〕丞一人。明堂及靈臺丞一人，二百石。本注曰：二丞，掌守明堂、靈臺。靈臺掌候日月星氣，皆屬太史。〔二〕

〔一〕漢官（儀）曰：「太史待詔三十七人，其六人治曆，三人龜卜，三人廬宅，四人日時，三人易筮，二人典禳，九人籍氏、許氏、典昌氏，各三人，嘉法、請雨、解事各二人，醫一人。」

〔二〕漢官曰：「靈臺待詔四十（二）〔一〕人，其十四人候星，二人候日，三人候風，十二人候氣，三人候晷景，七人候鍾律。一人舍人。」

博士祭酒一人，六百石。本僕射，中興轉爲祭酒。〔一〕博士十四人，比六百石。本注曰：易四，施、孟、梁丘、京氏。尚書三，歐陽、大小夏侯氏。詩三，魯、齊、韓氏。禮二，大小戴氏。春秋二，公羊嚴、顏氏。掌教弟子。國有疑事，掌承問對。本四百石，宣帝增秩。〔二〕

〔一〕胡廣曰：「官名祭酒，皆一位之元長者也。古禮，賓客得主人饌，則老者一人舉酒以祭於地，舊說以爲示有先。」

〔二〕本紀桓帝延熹二年，置祕書監。

太祝令一人，六百石。本注曰：凡國祭祀，掌讀祝，及迎送神。〔一〕丞一人。本注曰：掌祝小神事。

〔一〕漢舊儀曰：「廟祭，太祝令主席酒。」漢官曰：「員吏四十一人，其二人百石，二人斗食，二十二人佐，二人學事，四人守學事，九人有秩。百五十人祝人，宰二百四十二人，屠者六十人。」

太宰令一人，六百石。本注曰：掌宰工鼎俎饌具之物。凡國祭祀，掌陳饌具。〔一〕丞一人。

〔一〕漢官曰：「明堂丞一人，二百石。員吏四十二人，其二人百石，二人斗食，二十三人佐，九人有秩，二人學事，四人守學事。宰二百四十二人，屠者七十三人，衞士一十五人。」

大(子)〔予〕樂令一人，六百石。本注曰：掌伎樂。凡國祭祀，掌請奏樂，及大饗用樂，掌其陳序。〔一〕丞一人。〔二〕

〔一〕漢官曰：「員吏二十五人，其二人百石，二人斗食，七人佐，十人學事，四人守學事。樂人八佾舞三百八十人。」盧植禮注曰：「大(子)〔予〕令如古大胥。漢大樂律，卑者之子不得舞宗廟之酎。除吏二千石到六百石，及關內侯到五大夫子，取適子高五尺已上，年十二到三十，顏色和，身體修治者，以爲舞人。」

〔二〕盧植禮注曰：「大樂丞如古小胥。」

高廟令一人，六百石。本注曰：守廟，掌案行掃除。無丞。〔一〕

〔一〕漢官曰：「員吏四人，衞士一十五人。」

世祖廟令一人，六百石。本注曰：如高廟。〔一〕

〔一〕漢官曰：「員吏六人，衞士二十人。」

先帝陵，每陵園令各一人，六百石。本注曰：掌守陵園，案行掃除。丞及校長各一人。本注曰：校長，主兵戎盜賊事。〔一〕

〔一〕應劭漢官名秩曰：「丞皆選孝廉郎年少薄伐者，遷補府長史、都官令、候、司馬。」

先帝陵，每陵食官令各一人，六百石。本注曰：掌望晦時節祭祀。〔一〕

〔一〕漢官曰：「每陵食監一人，秩六百石。監丞一人，三百石。中黃門八人，從官二人。」案：食監即是食官令號。

右屬太常。本注曰：有祠祀令一人，後轉屬少府。有太卜令，六百石，後省并太史。中興以來，省前凡十官。〔一〕

〔一〕案前書，十官者，太宰、均官、都水、雍太祝、五時各一尉也。東觀書曰：「章帝又置祀令、丞，延平元年省。」

光祿勳，卿一人，中二千石。本注曰：掌宿衞宮殿門戶，典謁署郎更直執戟，宿衞門戶，考其德行而進退之。〔一〕郊祀之事，掌三獻。〔二〕丞一人，比千石。

〔一〕胡廣曰：「勳猶閽也，易曰『爲閽寺』。(官)〔宦〕寺，主殿宮門戶之職。」

〔二〕漢官曰：「員吏四十四人，其十人四科，三人百石，一人斗食，二人佐，六人騎吏，八人學事，十三人守學事，一人官醫。衞士八十一人。」

五官中郎將一人，比二千石。本注曰：主五官郎。〔一〕五官中郎，比六百石。本注曰：無員。〔二〕五官侍郎，比四百石。本注曰：無員。五官郎中，比三百石。本注曰：無員。凡

郎官皆主更直執戟，宿衞諸殿門，出充車騎。唯議郎不在直中。〔三〕

〔一〕蔡質漢儀曰：「中郎解，其府對太學。」

〔二〕郎年五十以屬五官，故曰六百石。

〔三〕蔡質漢儀曰：「三署郎見光祿勳，執板拜；見五官左右將，執板不拜。於三公諸卿無敬。」

左中郎將，比二千石。本注曰：主左署郎。〔一〕中郎，比六百石。侍郎，比四百石。郎中，比三百石。〔二〕本注曰：皆無員。

〔一〕蔡質漢儀曰：「（郎）中〔郎〕解，其府（府）次五官〔府〕。」

〔二〕三郎。

右中郎將，比二千石。本注曰：主右署郎。中郎，比六百石。侍郎，比四百石。郎中，比三百石。本注曰：皆無員。〔一〕

〔一〕三郎，並無員。

虎賁中郎將，比二千石。本注曰：主虎賁宿衞。〔一〕左右僕射、左右陛長各一人，比六百石。本注曰：僕射，主虎賁郎習射。陛長，主直虎賁，朝會在殿中。〔二〕虎賁中郎，比六百石。虎賁侍郎，比四百石。虎賁郎中，比三百石。〔三〕節從虎賁，比二百石。〔四〕本注曰：皆無員。掌宿衞侍從。自節從虎賁久者轉遷，才能差高至中郎。

〔一〕前書武帝置期門，平帝更名虎賁。蔡質漢儀曰：「主虎賁千五百人，無常員，多至千人。戴鶡冠，次右將府。」又虎賁舊作「虎奔」，言如虎之奔也，王莽以古有勇士孟賁，故名焉。孔安國曰「若虎賁獸」，言其甚猛。

〔二〕漢官曰：「陛長，墨綬銅印。」

〔三〕荀綽晉百官表注曰：「虎賁諸郎，皆父死子代，漢制也。」

〔四〕四郎。

羽林中郎將，比二千石。本注曰：主羽林郎。〔一〕羽林郎，比三百石。本注曰：無員。掌宿衞侍從。常選漢陽、隴西、安定、北地、上郡、西河凡六郡良家補。本武帝以便馬從獵，還宿殿陛巖下室中，故號巖郎。〔二〕

〔一〕案：漢末又有四中郎將，皆帥師征伐，不知何時置。董卓爲東中郎將，盧植爲北中郎將，獻帝以曹（操）〔植〕爲南中郎將。

〔二〕前書曰初置名建章營騎，後更名。出補三百石丞、尉。荀綽晉百官表注曰：「言其嚴厲整銳也。」案此則爲巖郎，與志不同。蔡質漢儀曰：「羽林郎百（一）〔二〕十八人，無常員，府次虎賁府。」

羽林左監一人，六百石。本注曰：主羽林左騎。〔一〕丞一人。

〔一〕漢官曰：「孝廉郎作，主羽林九百人。二監官屬史吏，皆自出羽林中，有材者作。」

羽林右監一人，六百石。本注曰：主羽林右騎。丞一人。

奉車都尉，比二千石。本注曰：無員。〔一〕掌御乘輿車。

〔一〕漢官曰三人。

駙馬都尉，比二千石。本注曰：無員。〔一〕掌駙馬。

〔一〕漢官曰五人。

騎都尉，比二千石。本注曰：無員。〔一〕本監羽林騎。

〔一〕漢官曰一十人。

光祿大夫，比二千石。本注曰：無員。〔一〕凡大夫、議郎皆掌顧問應對，無常事，唯詔令所使。凡諸國嗣之喪，則光祿大夫掌弔。

〔一〕漢官曰三人。

太中大夫，千石。本注曰：無員。〔一〕

〔一〕漢官曰：「二十人，秩比二千石。」

中散大夫，六百石。本注曰：無員。〔一〕

〔一〕漢官曰：「三十人，秩比二千石。」

諫議大夫，六百石。本注曰：無員。〔一〕

〔一〕胡廣曰：「光祿大夫，本爲中大夫，武帝元狩五年置諫大夫爲光祿大夫，世祖中興，以爲諫議大夫。又有太中、中散大夫。此四等於古皆爲天子之下大夫，視列國之上卿。」漢官曰三十人。

議郎，六百石。本注曰：無員。〔一〕

〔一〕漢官曰：「五十人，無常員。」

謁者僕射一人，比千石。本注曰：爲謁者臺率，主謁者，天子出，奉引。古重習武，有主射以督錄之，故曰僕射。〔一〕常侍謁者五人，比六百石。本注曰：主殿上時節威儀。〔二〕謁者三十人。其給事謁者，四百石。其灌謁者郎中，比三百石。本注曰：掌賓贊受事，及上章報問。將、大夫以下之喪，掌使弔。本員七十人，中興但三十人。〔三〕初爲灌謁者，滿歲爲給事謁者。〔四〕

〔一〕蔡質漢儀曰：「見尚書令，對揖無敬。謁者見，執板拜之。」

〔二〕漢官曰：「謁者三十人，其二人公府掾，六百石（特）〔持〕使也。」

〔三〕荀綽晉百官表注曰：「漢皆用孝廉年五十，威容嚴恪能賓者爲之。明帝詔曰：『謁者乃堯之尊官，所以試舜賓于四門，四門穆穆者也。』昔燕太子使荊軻劫始皇，變起兩楹之閒，其後謁者持匕首刺腋，高祖偃武行文，故易之以板。」

〔四〕蔡質漢儀曰：「出府丞、長史、陵令，皆選儀容端正，任奉使者。」

右屬光祿勳。本注曰：職屬光祿者，自五官將至羽林右監，凡七署。自奉車都尉至謁者，以文屬焉。舊有左右曹，秩以二千石，上殿中，主受尚書奏事，平省之。世祖省，使小黃門郎受事，車駕出，給黃門郎兼。有請室令，車駕出，在前請所幸，徼車迎白，示重慎。中興但以郎兼，事訖罷，又省車、戶、騎凡三將，〔一〕及羽林令。

〔一〕如淳曰：「主車曰車郎，主戶衞曰戶郎。」

衞尉，卿一人，中二千石。本注曰：掌宮門衞士，宮中徼循事。〔一〕丞一人，比千石。

〔一〕漢官曰：「員吏四十一人，其九人四科，二人二百石，文學三人百石，十二人斗食，二人佐，十二人學事，一人官醫。衞士六十人。」

公車司馬令一人，六百石。本注曰：掌宮南闕門，凡吏民上章，四方貢獻，及徵詣公車者。〔一〕丞、尉各一人。本注曰：丞選曉諱，掌知非法。尉主闕門兵禁，戒非常。〔二〕

〔一〕獻帝起居注曰：「建安八年，議郎衞林爲公車司馬令，位隨將、大夫。舊公車令與都官、長史位從將、大夫，自林始。」

〔二〕胡廣曰：「諸門部各陳屯夾道，其旁當兵，以示威武，交戟，以遮妄出入者。」

南宮衞士令一人，六百石。本注曰：掌南宮衞士。〔一〕丞一人。

〔一〕漢官曰：「員吏九十五人，衞士五百三十七人。」

北宮衞士令一人，六百石。本注曰：掌北宮衞士。〔一〕丞一人。

〔一〕漢官曰：「員吏七十二人，衞士四百七十一人。」

左右都候各一人，六百石。〔一〕本注曰：主劒戟士，徼循宮，及天子有所收考。〔二〕丞各一人。

〔一〕周禮司寤氏有夜士，干寶注曰：「今都候之屬。」

〔二〕漢官曰：「右都候員吏二十二人，衛士四百一十六人。左都候員吏二十八人，衛士三百八十三人。」蔡質漢儀曰：「宮中諸有劾奏罪，左都候執戟戲車縛送付詔獄，在官大小各付所屬。以馬皮覆。見尚書令、尚書僕射、尚書皆執板拜，見丞、郎皆揖。」

宮掖門，每門司馬一人，比千石。本注曰：南宮南屯司馬，主平城門；〔一〕(北)宮門蒼龍司馬，主東門；〔二〕玄武司馬，主玄武門；〔三〕北屯司馬，主北門；〔四〕北宮朱爵司馬，主南掖門；〔五〕東明司馬，主東門；〔六〕朔平司馬，主北門：〔七〕凡七門。〔八〕凡居宮中者，皆有口籍於門之所屬。宮名兩字，爲鐵印文符，案省符乃內之。〔九〕若外人以事當入，本(宮)〔官〕長史爲封棨傳；其有官位，出入令御者言其官。

〔一〕漢官曰：「員吏九人，衛士百二人。」古今注曰建武十三年九月，初開此門。

〔二〕案雒陽宮門名爲蒼龍闕門。漢官曰：「員吏六人，衛士四十人。」

〔三〕漢官曰：「員吏二人，衛士三十八人。」

〔四〕漢官曰：「員吏二人，衛士三十八人。」

〔五〕漢官曰：「員吏四人，衛士百二十四人。」古今注曰：「永平二年十一月，初作北宮朱爵南司馬門。」

〔六〕漢官曰：「員吏十三人，衛士百八十人。」

〔七〕漢官曰：「員吏五人，衛士百一十七人。」

〔八〕漢官曰：「凡員吏皆隊長佐。」

〔九〕胡廣曰：「符用木，長（可）〔尺〕二寸，鐵印以符之。」

右屬衛尉。本注曰：中興省旅賁令，衛士一人丞。〔一〕

〔一〕漢官目錄曰：「右三卿，太尉所部。」

太僕，卿一人，中二千石。本注曰：掌車馬。天子每出，奏駕上鹵簿用；大駕則執馭。〔一〕丞一人，比千石。

〔一〕漢官曰：「員吏七十人，其七人四科，一人二百石，文學八人百石，六人斗食，七人佐，六人騎吏，三人假佐，三十一人學事，一人官醫。」

考工令一人，六百石。本注曰：主作兵器弓弩刀鎧之屬，成則傳執金吾入武庫，及主織綬諸雜工。〔一〕左右丞各一人。

〔一〕漢官曰：「員吏百九人。」

車府令一人，六百石。本注曰：主乘輿諸車。〔一〕丞一人。

〔一〕漢官曰：「員吏二十四人。」

未央廄令一人，六百石。本注曰：主乘輿及廄中諸馬。〔一〕長樂廄丞一人。〔二〕

〔一〕漢官曰：「員吏七十人，卒騶二十人。」

〔二〕漢官曰：「員吏十五人，卒騶二十人。苜蓿菀官田所一人守之。」

右屬太僕。本注曰：舊有六廄，皆六百石令，〔一〕中興省約，但置一廄。後置左駿令、廄，別主乘輿御馬，後或并省。又有牧師菀，皆令官，主養馬，分在河西六郡界中，中興皆省，唯漢陽有流馬苑，但以羽林郎監領。〔二〕

〔一〕前書曰，有大廄、未央、家馬三令，各五丞一尉。又車府、路軨、騎馬、駿馬四令丞。晉灼曰：「六廄名也，主馬萬匹。」

〔二〕古今注曰：「漢安元年七月，置承華廄令，秩六百石。」

廷尉，卿一人，中二千石。〔一〕本注曰：掌平獄，奏當所應。凡郡國讞疑罪，皆處當以報。〔二〕正、左監各一人。〔三〕左平一人，六百石。本注曰：掌平決詔獄。

〔一〕應劭曰：「兵獄同制，故稱廷尉。」

〔二〕胡廣曰：「讞，質也。」漢官曰：「員吏百四十人，其十一人四科，十六人二百石廷（史）〔吏〕，文學十六人百石，十三人獄史，二十七人佐，二十六人騎吏，三十人假佐，一人官醫。」

〔三〕前漢有左右監平，世祖省右而猶曰左。

右屬廷尉。本注曰：孝武帝以下，置中都官獄二十六所，各令長名世祖中興皆省，唯廷尉及雒陽有詔獄。〔一〕

〔一〕蔡質漢儀曰：「正月旦，百官朝賀，光祿勳劉嘉、廷尉趙世各辭不能朝，高賜舉奏：『皆以被病篤困，空文武之位，闕上卿之贊，既無忠信斷金之用，而有敗禮傷化之尤，不謹不敬！請廷尉治嘉罪，河南尹治世罪。」議以世掌廷尉，故轉屬他官。」

大鴻臚，卿一人，中二千石。〔一〕本注曰：掌諸侯及四方歸義蠻夷。其郊廟行禮，贊導，請行事，既可，以命羣司。諸王入朝，當郊迎，典其禮儀。及郡國上計，匡四方來，亦屬焉。〔二〕皇子拜王，贊授印綬。及拜諸侯、諸侯嗣子及四方夷狄封者，臺下鴻臚召拜之。王薨則使弔之，及拜王嗣。丞一人，比千石。

〔一〕周禮「象胥」，干寶注曰今鴻臚。

〔二〕漢官曰：「員吏五十五人，其六人四科，二人二百石，文學六人百石，一人斗食，十四人佐，六人騎吏，十五人學事，五人官醫。」永元十年，大匠應順上言：「百郡計吏，觀國之光，而舍逆旅，崎嶇私館，直裝衣物，敝朽暴露，朝會邈遠，事不肅給。昔〔晉〕霸國盟主耳，舍諸侯於隸人，子產以為大譏。況今四海之大，而〔百〕〔可〕無乎？」和帝嘉納其言，即創業焉。

大行令一人，六百石。本注曰：主諸郎。〔一〕丞一人。治禮郎四十七人。〔二〕

〔一〕漢官曰：「員吏四十人。」

〔二〕漢官曰：「其四人四科，五人二百石，文學五人百石，九人斗食，六人佐，六人學事，十二人守學事。」東觀書曰：「主齋祠儐贊九賓。又有公室，主調中都官斗食以下，功次相補。」案盧植禮注曰：「大行郎亦如謁者，兼舉形貌。」

右屬大鴻臚。本注曰：承秦有典屬國，別主四方夷狄朝貢侍子，成帝時省并大鴻臚。中興省驛官、別火二令、丞，〔一〕及郡邸長、丞，但令郎治郡邸。〔二〕

〔一〕如淳曰：「漢儀注：『別火，獄令官，主治改火事。』」

〔二〕漢官目錄曰：「右三官，司徒所部。」

校勘記

三五七一頁四行　常贊天子　按：集解引惠棟說，謂「常」依注及袁山松百官志當作「掌」。

三五七一頁一一行　陳人役(放)〔於〕前　據汲本、殿本改。

三五七二頁六行　漢官(儀)曰　據汲本刪。

三五七二頁七行　醫一人　汲本、殿本「一」作「二」。按：醫一人，正符三十七人之數。又按：上「三人易筮」，惠棟云北宋本「三」作「二」。若依北宋本，則「醫一人」當作「醫二人」，方符三十七人之數。

三五七二頁八行　靈臺待詔四十(二)〔一〕人　校補引柳從辰說，謂「四十二」孫輯本作「四十一」，是。今按：舍人一人不在待詔之列，是「四十二」當作「四十一」也。今據改。

三五七二頁一〇行　博士祭酒一人六百石本僕射　按：集解引錢大昕說，謂「本僕射」上當有「本注曰」三字。

三五七二頁一三行　春秋二公羊嚴顔氏　按：錢大昭續漢書辨疑謂「公羊」二字疑衍，徐防傳注引漢官儀亦無「公羊」。

三五七三頁七行　大（子）〔予〕樂令　按：汲本、殿本「大」譌「太」。集解引錢大昕說，謂「太子」當爲「大予」。明帝紀永平三年改大樂爲大予樂，注引漢官儀云大予樂令一人，秩六百石。又引惠棟說，謂「子」依北宋本當作「予」，注同。今據改。

三五七四頁一一行　（官）〔宦〕寺主殿宮門戶之職　據汲本改。按：孫輯漢官解詁無「宦寺」二字。

三五七五頁七行　（郎）中〔郎〕解其府（府）次五官〔府〕　按：「中郎」二字譌倒，據汲本、殿本乙。又孫星衍謂「府次五官」當作「次五官府」，譌倒。今據改。

三五七六頁八行　獻帝以曹（操）〔植〕爲南中郎將　校補引陳景雲說，謂「操」當作「植」，見魏志植傳。今據改。

三五七六頁一〇行　言其嚴厲整鋭也　按：「鋭」原譌「說」，逕改正。

三五七六頁一二行　羽林郎百（一）〔二〕十八人　汲本「一」作「二」，孫輯本同。今據改。

三五七七頁五行　唯詔令所使　按：汲本、殿本「令」作「命」。

三五七八頁七行　六百石（特）〔持〕使也　據汲本、殿本改。

三五七九頁五行　戒非常　按：「常」原譌「掌」，逕據汲本、殿本改。

三五七九頁一三行　衞士四百七十一人　按：汲本、殿本「七十一」作「七十二」。

三五八〇頁二行　在官大小各付所屬　按：汲本「官」作「候」，通典注引作「宮」，未詳孰是。

三五八〇頁二行　以馬皮覆　汲本、殿本「皮」作「被」。校補謂「以馬被覆」四字不知何指，通典注省。今按：蓋以宮中之人，故以馬皮覆之，不欲人見。各本「皮」譌「被」，遂令人不知何指矣。

三五八〇頁四行　（北）宮門蒼龍司馬主東門　據汲本刪。按：校補謂北宮三門，另列在後，此皆南宮門，不應有「北」字。

三五八〇頁七行　若外人以事當入本（宮）〔官〕長史爲封棨傳　據殿本改。按：校補謂外人謂無官位者，受本官所遣，當封棨傳爲信也。作「官」是。

三五八一頁一行　長（可）〔尺〕二寸　據汲本、殿本改。

三五八二頁一行　後置左駿令廄　按：校補引錢大昭說，謂「令廄」二字當乙。黃山謂今案承上「但置一廄」言，重在廄，疑令、廄本同時置，兼言之也。

三五八二頁一〇行　十六人二百石廷（史）〔吏〕　據汲本、殿本改。按：孫輯漢官作「吏」。

三五八二頁一五行　蔡質漢儀曰　按：「質」原譌「賀」，逕改正。

三五八三頁一〇行　昔〔晉〕霸國盟主耳舍諸侯於隸人　按：事見左襄三十一年，此脫「晉」字，遂不知所指矣。今依何焯校本補一「晉」字。

三五八三頁一〇行　而〔百〕〔可〕無乎　據汲本改。

三五八四頁三行　中興省驛官別火二令丞　按：沈家本謂「驛」當作「譯」。

後漢書志第二十六

百官三

宗正　大司農　少府

宗正，卿一人，中二千石。本注曰：掌序錄王國嫡庶之次，及諸宗室親屬遠近，郡國歲因計上宗室名籍。若有犯法當髡以上，先上諸宗正，宗正以聞，乃報決。〔一〕丞一人，比千石。

〔一〕胡廣曰：「又歲一治諸王世譜差序秩第。」漢官曰：「員吏四十一人，其六人四科，一人二百石，四人百石，二人佐，六人騎吏，二人法家，十八人學事，一人官醫。」

諸公主，每主家令一人，六百石。丞一人，三百石。本注曰：其餘屬吏增減無常。〔一〕

〔一〕漢官曰：「主簿一人，秩六百石。僕一人，秩六百石。私府長一人，秩六百石。家丞一人，三百石。直吏三人，從官二人。」東觀書曰：「其主薨無子，置傅一人守其家。」

右屬宗正。本注曰：中興省都司空令、丞。〔一〕

〔一〕如淳曰：「主罪人。」

大司農，卿一人，中二千石。本注曰：掌諸錢穀金帛諸貨幣。郡國四時上月旦見錢穀簿，其逋未畢，各具別之。邊郡諸官請調度者，皆爲報給，損多益寡，取相給足。〔一〕丞一人，比千石。部丞一人，六百石。本注曰：部丞主帑藏。〔二〕

〔一〕漢（書）〔官〕曰：「員吏百六十四人，其十八人四科，九人斗食，十六人二百石，文學二十人百石，二十五人佐，七十五人學事，一人官醫。」

〔二〕古今注曰「建初七年七月，爲大司農置丞一人，秩千石，別主帑藏」，則部丞應是而秩不同。應劭漢官秩亦云二千石。

太倉令一人，六百石。本注曰：主受郡國傳漕穀。〔一〕丞一人。

〔一〕漢官曰：「員吏九十九人。」

平準令一人，六百石。本注曰：掌知物賈，主練染，作采色。〔一〕丞一人。

〔一〕漢官曰：「員吏百九十人。」

導官令一人，六百石。本注曰：主舂御米，及作乾糒。導，擇也。〔一〕丞一人。

〔一〕漢官曰：「員吏百一十二人。」

右屬大司農。本注曰：郡國鹽官、鐵官本屬司農，中興皆屬郡縣。〔一〕又有廩犧令，六百石，掌祭祀犧牲鴈鶩之屬。〔二〕及雒陽市長、〔三〕滎陽敖倉官，中興皆屬河南尹。

餘均輸等皆省。〔四〕

〔一〕魏志曰：「曹公置典農中郎將，秩二千石。典農都尉，秩六百石，或四百石。典農校尉，秩比二千石。所主如中郎。部分別而少，爲校尉丞。」

〔二〕漢官曰：「丞一人，三百石。員吏四十人，其十一人斗食，十七人佐，七人學事，五人守學事，皆河南屬縣給吏者。」

〔三〕漢官曰：「市長一人，秩四百石。丞一人，二百石，明法補。員吏三十六人，十三人百石嗇夫，十一人斗食，十二人佐。又有檝櫂丞，三百石，別治中水官，主水渠，在馬市東，有員吏六人。」

〔四〕均輸者，前書孟康注曰：「謂諸當所有輸於官者，皆令輸其土地所饒，平其所在時賈，官更於他處賣之。輸者既便，而官有利。」鹽鐵論：「大夫曰：『往者郡國諸侯，各以其物貢輸，往來煩雜，物多苦惡，或不償其費，故郡置輸官以相給運，而便遠方之貢，故曰均輸。開委府于京師，以籠貨物，賤則買，貴則賣，是以縣官不失實，商賈無所利，故曰平準。準平則民不失職，均輸則民不劬勞，故平準、均輸，所以平萬物而便百姓也。』文學曰：『古之賦稅於民也，因其所工，不求所拙。農人納其穫，工女效其織。今釋其所有，責其所無，百姓賤買貨物以便上求。閒者郡國或令民作布絮，吏留難與之爲市。吏之所入非獨齊、陶之縑，蜀、漢之布也，亦民閒之所爲耳。行姦賣平，農民重苦，必苦女工藺稅，未見輸之均也。縣官猥發，闔門擅市，卽萬民並收。並收則物騰躍，騰躍則商賈利。自市則吏容姦，豪吏富商，積貨儲物，以待其急，輕賈姦吏，收以取貴，未見準之平也。蓋古之均輸，所以齊勞逸而便貢輸，非以爲利而賈萬物也。』」王隆小學漢官篇曰：「調均報度，輸漕委輸。」胡廣注曰：「邊郡諸官請調者，皆爲調均報給之也。以水通輸曰漕。委，積也。郡國所積聚金帛貨賄，隨時輸送諸司農，曰委輸，以供國用。」

前書又有都內籍田令、丞，斡官、鐵市兩長、丞，郡國諸倉農監六十五官長、丞，皆屬之。

少府，卿一人，中二千石。本注曰：掌中服御諸物，衣服寶貨珍膳之屬。〔一〕丞一人，比千石。

〔一〕漢官曰：「員吏三十四人，其一人四科，一人二百石，五人百石，四人斗(石)〔食〕，三人佐，六人騎吏，十三人學事，一人官醫。少者小也，小故稱少府。王者以租稅爲公用，山澤陂池之稅以供王之私用。古皆作小府」。漢官儀曰：「田租、芻稾以給經用，凶年，山澤魚鹽市稅少府以給私用也。」

太醫令一人，六百石。本注曰：掌諸醫。〔一〕藥丞、方丞各一人。本注曰：藥丞主藥。方丞主藥方。

〔一〕漢官曰：「員醫二百九十三人，員吏十九人。」

太官令一人，六百石。本注曰：掌御飲食。〔一〕左丞、甘丞、湯官丞、果丞各一人。本注曰：左丞主飲食。甘丞主膳具。湯官丞主酒。果丞主果。〔二〕

〔一〕漢官曰：「員吏六十九人，衞士三十八人。」荀綽晉百官表注曰「漢制，太官令秩千石。丞四人，秩四百石」，不與志同。

〔二〕荀綽云：「甘丞掌諸甘肥。果丞別在外諸果菜茹。」

守宮令一人，六百石。本注曰：主御紙筆墨，及尚書財用諸物及封泥。〔一〕丞一人。〔二〕

〔一〕漢官曰：「員吏六十九人。」

〔三〕漢官曰：「外官丞二百石，公府吏府也。」

上林苑令一人，六百石。本注曰：主苑中禽獸。頗有民居，皆主之。捕得其獸送太官。〔一〕丞、尉各一人。

〔一〕漢官曰：「員吏五十八人。」案桓帝又置鴻德苑令。

侍中，比二千石。〔一〕本注曰：無員。掌侍左右，贊導衆事，顧問應對。法駕出，則多識者一人參乘，餘皆騎在乘輿車後。本有僕射一人，中興轉爲祭酒，或置或否。〔二〕

〔一〕漢官秩云千石。周禮「太僕」，干寶注曰：「若漢侍中。」

〔二〕蔡質漢儀曰：「侍中、常伯，選舊儒高德，博學淵懿。仰占俯視，切問近對，喻旨公卿，上殿稱制，參乘佩璽秉劍。員本八人，陪見舊在尚書令、僕射下，尚書上；今官出入禁中，更在尚書下。司隸校尉見侍中，執板揖，河南尹亦如之。又侍中舊與中官俱止禁中，武帝時，侍中莽何羅挾刃謀逆，由是侍中出禁外，有事乃入，畢即出。王莽秉政，侍中復入，與中官共止。章帝元和中，侍中郭舉與後宮通，拔佩刀驚上，舉伏誅，侍中由是復出外。」

中常侍，千石。本注曰：宦者，無員。後增秩比二千石。掌侍左右，從入內宮，贊導內衆事，顧問應對給事。

黃門侍郎，六百石。本注曰：無員。掌侍從左右，給事中，關通中外。及諸王朝見於殿上，引王就坐。〔一〕

〔一〕漢舊儀曰：「黃門郎屬黃門令，日暮入對青瑣門拜，名曰夕郎。」宮閣簿青瑣門在南宮。衞（瓘）〔權〕注吳都賦曰：「青瑣，戶邊青鏤也。一曰天子門內有眉，格再重，裹青畫曰瑣。」獻帝起居注曰：「帝初即位，初置侍中、給事黃門侍郎，員各六人，出入禁中，近侍帷幄，省尚書事。改給事黃門侍郎爲侍中侍郎，去給事黃門之號，旋復復故。舊侍中、黃門侍郎以在中宮者，不與近密交政。誅黃門後，侍中、侍郎出入禁闈，機事頗露，由是王允乃奏比尚書，不得出入，不通賓客，自此始也。」又曰：「諸奄人官，悉以議郎、郎中稱，秩如故。諸署令兩梁冠，陛殿上，得召都官從事已下。」

小黃門，六百石。〔本注曰〕：宦者，無員。掌侍左右，受尚書事。上在內宮，關通中外，及中宮已下衆事。諸公主及王太妃等有疾苦，則使問之。

黃門令一人，六百石。〔一〕本注曰：宦者。主省中諸宦者。〔二〕丞、從丞各一人。本注曰：宦者。從丞主出入從。

〔一〕董巴曰：「禁門曰黃闥，以中人主之，故號曰黃門令。」

〔二〕漢官曰：「員吏十八人。」

黃門署長、畫室署長、玉堂署長各一人。丙署長七人。皆四百石，黃綬。本注曰：宦者。各主中宮別處。

中黃門冗從僕射一人，六百石。本注曰：宦者。主中黃門冗從。居則宿衞，直守門戶；出則騎從，夾乘輿車。

中黃門，比百石。本注曰：宦者，無員。後增比三百石。掌給事禁中。

掖庭令一人，六百石。本注曰：宦者。掌後宫貴人采女事。〔一〕左右丞、暴室丞各一人。本注曰：宦者。暴室丞主中婦人疾病者，就此室治；其皇后、貴人有罪，亦就此室。

〔一〕漢官曰：「吏從官百六十七人，待詔五人，員吏十人。」

永巷令一人，六百石。本注曰：宦者。典官婢侍使。〔一〕丞一人。本注曰：宦者。〔二〕

〔一〕漢官曰：「員吏六人，吏從官三十四人。」

〔二〕漢官曰：「右丞一人，暴室一人。」

御府令一人，六百石。本注曰：宦者。典官婢作中衣服及補浣之屬。〔一〕丞、織室丞各一人。本注曰：宦者〔二〕。

〔一〕漢官曰：「員吏七人，吏從官三十人。」

〔二〕漢官曰：「右丞一人。」

祠祀令一人，六百石。本注曰：典中諸小祠祀。〔一〕丞一人。本注曰：宦者。

〔一〕漢官曰：「從官吏八人，騶僕射一人，家巫八人。」

鉤盾令一人，六百石。本注曰：宦者。典諸近池苑囿遊觀之處〔一〕。丞、永安丞各一人，三百石。本注曰：宦者。永安，北宫東北別小宫名，有園觀。苑中丞、果丞、鴻池丞、南園丞各一人，二百石。本注曰：苑中丞主苑中離宫。果丞主果園。鴻池，池名，在雒陽東二十里。南園在雒水南。〔二〕濯龍監、〔三〕直里監各一人，四百石。本注曰：濯龍亦園名，近北宮。直里亦園名也，在雒陽城西南角。

〔一〕漢官曰：「吏從官四十人，員吏四十八人。」

〔二〕漢官曰：「又有署一人，胡熟監一人。」案本紀，桓帝又置顯陽苑丞。

〔三〕應劭漢官秩曰：「秩六百石。」

中藏府令一人，六百石。本注曰：掌中幣帛金銀諸貨物。〔一〕丞一人。

〔一〕漢官曰：「員吏十三人，吏從官六人。」

內者令一人，六百石。本注曰：掌〔宮〕中布張諸〔衣〕〔褻〕物。〔一〕左右丞各一人。

〔一〕漢官曰：「從官錄事一人，員吏十九人。」

尚方令一人，六百石。本注曰：掌上手工作御刀劍諸好器物。〔一〕丞一人。

〔一〕漢官曰：「員吏十三人，吏從官六人。」

尚書令一人，千石。本注曰：承秦所置，〔一〕武帝用宦者，更爲中書謁者令，成帝用士人，復故。掌凡選署及奏下尚書曹文書衆事。〔二〕

〔一〕荀綽晉百官表注曰：「唐、虞官也。詩云『仲山甫王之喉舌』，蓋謂此人。」

〔二〕蔡質漢儀曰：「故公爲之者，朝會（不）〔下〕陛奏事，增秩二千石，故自佩銅印墨綬。」

尚書僕射一人，六百石。本注曰：署尚書事，令不在則奏下衆事。〔一〕

〔一〕蔡質漢儀曰：「僕射主封門，掌授廩假錢穀。凡三公、列卿、將、大夫、五營校尉行復道中，遇尚書僕射、左右丞郎、御史中丞、侍御史，皆避車豫相迴避。衞士傳不得迕臺官，臺官過後乃得去。」臣昭案：獻帝分置左、右僕射，建安四年以榮邵爲尚書左僕射是也。獻帝起居注曰：「邵卒官，贈執金吾。」

尚書六人，六百石。本注曰：成帝初置尚書四人，〔一〕分爲四曹：〔二〕常侍曹尚書主公卿事；〔三〕二千石曹尚書主郡國二千石事；〔四〕民曹尚書主凡吏上書事；〔五〕客曹尚書主外國夷狄事。〔六〕世祖承遵，後分二千石曹，又分客曹爲南主客曹、北主客曹，〔七〕凡六曹。〔八〕左右丞各一人，四百石。本注曰：掌錄文書期會。左丞主吏民章報及騶伯史。〔九〕右丞假署印綬，及紙筆墨諸財用庫藏。〔一〇〕侍郎三十六人，四百石。本注曰：一曹有六人，主作文書起草。〔一一〕令史十八人，二百石。本注曰：曹有三，主書。後增劇曹三人，合二十一人。〔一二〕

〔一〕韋昭曰：「尚，奉也。」

〔二〕漢舊儀曰：「初置五曹，有三公曹，主斷獄。」蔡質漢儀曰：「典天下歲盡集課事。三公尚書二人，典三公文書。吏曹尚書典選舉齋祀，屬三公曹。靈帝末，梁鵠爲選部尚書。」

〔三〕蔡質漢儀曰：「主常侍黃門御史事，世祖改曰吏曹。」

〔四〕漢舊儀曰：「亦云主刺史。」蔡質漢儀曰：「掌中（郎）〔都〕官水火、盜賊、辭訟、罪眚。」

〔五〕蔡質漢舊儀曰：「典繕治功作，監池、苑、囿、盜賊事。」

〔六〕尚書：「龍作納言，出入帝命。」應劭曰：「今尚書官，王之喉舌。」

〔七〕蔡質漢儀曰：「天子出獵，駕，御府曹郎屬之。」

〔八〕周禮天官有司會，鄭玄曰「若今尚書」。

〔九〕蔡質漢儀曰：「總典臺中綱紀，無所不統。」

〔一〇〕蔡質漢儀曰：「右丞與僕射對掌授廩假錢穀，與左丞無所不統。凡中宮漏夜盡，鼓鳴則起，鐘鳴則息。衞士甲乙徼相傳，甲夜畢，傳乙夜，相傳盡五更。衞士傳言五更，未明三刻後，雞鳴，衞士踵丞郎趨嚴上臺，不畜宮中雞，汝南出雞鳴，衞士候朱爵門外，專傳雞鳴於宮中。」應劭曰：「楚歌，今雞鳴歌也。」晉太康地道記曰：「後漢固始、鮦陽、公安、細陽四縣衞士，習此曲於闕下歌之，今雞鳴是也。」

〔一一〕蔡質漢儀曰：「尚書郎初從三署詣臺試，初上臺稱守尚書郎，中歲滿稱尚書郎，三年稱侍郎。客曹郎主治羌胡事，劇遷二千石或刺史，其公遷爲縣令，秩滿自占縣去，詔書賜錢三萬與三臺祖餞，餘官則否。治嚴一月，準謁公卿陵廟乃發。御史中丞遇尚書丞、郎，避車執板住揖，丞、郎坐車舉手禮之，車過遠乃去。尚書言左右丞，敢告知如詔書律令。郎見左右丞，對揖無敬，稱曰左右君。丞、郎見尚書，執板對揖，稱曰明時。見令、僕射，執板拜，朝賀對揖。」

〔一二〕古今注曰：「永元三年七月，增尚書令史員。功滿未嘗犯禁者，以補小縣，墨綬。」蔡質曰：「皆選蘭臺、符節上稱簡精練有吏能爲之。」決錄注曰：「故事尚書郎以令史久缺補之，世祖始改用孝廉爲郎，以孝廉丁邯補焉。邯稱病不就。詔問：『實病？羞爲郎乎？』對曰：『臣實不病，恥以孝廉爲令史職耳！』世祖怒曰：『虎賁滅頭杖之數十。』詔問：『欲爲郎不？』邯曰：『能殺臣者陛下，不能爲郎者臣。』中詔遣出，竟不爲郎。邯字叔春，京兆陽陵人也。有高節，正直不撓，後拜汾陰令，治有名迹，遷漢中太守。妻弟爲公孫述將，收妻送南鄭獄，免冠徒跣自陳。詔曰：『漢中太守妻乃繫南鄭獄，誰當搔其背垢者？懸牛頭，賣馬脯，盜跖行，孔子語。以邯服罪，且邯一妻，冠履勿謝。』治有異，卒於官。」

符節令一人，六百石。本注曰：爲符節臺率，主符節事。凡遣使掌授節。尚符璽郎中四人。本注曰：舊二人在中，主璽及虎符、竹符之半者。〔一〕符節令史，二百石。本注曰：掌書。〔二〕

〔一〕漢官曰：「當得明法律郎。」周禮掌節有虎節、龍節，皆金也。干寶注曰：「漢之銅虎符，則其制也。」周禮又曰：「以英蕩輔之。」干寶曰：「英，刻書也。蕩，竹箭也。刻而書其所使之事，以助三節之信，則漢之竹使符者，亦取則於故事也。」

〔二〕魏氏春秋曰：「中平六年，始復節上赤葆。」

御史中丞一人，千石。本注曰：御史大夫之丞也。舊別監御史在殿中，密舉非法。〔一〕及御史大夫轉爲司空，因別留中，爲御史臺率，〔二〕後又屬少府。治書侍御史二人，六百石。本注曰：掌選明法律者爲之。凡天下諸讞疑事，掌以法律當其是非。〔三〕侍御史十五人，六百石。本注曰：掌察舉非法，受公卿羣吏奏事，有違失舉劾之。凡郊廟之祠及大朝會、大封拜，則(一)〔二〕人監威儀，有違失則劾奏。〔四〕

〔一〕周禮：「〔小宰〕掌建邦之宮刑，以主治王宮之政令。」干寶注曰：「若御史中丞。」

〔二〕風俗通曰：「尚書、御史臺，皆以官蒼頭爲吏，主賦舍，凡守其門戶。」蔡質漢儀曰：「丞，故二千石爲之，或選侍御史高第，執憲中司，朝會獨坐，內掌蘭臺，督諸州刺史，糾察百寮，出爲二千石。」魏志曰：「建安置御史大夫，不領中丞，置長史一人。」

〔三〕蔡質漢儀曰：「選御史高第補之。」胡廣曰：「孝宣感路溫舒言，秋季後請讞。時帝幸宣室，齋居而決事，令侍御史二人治書，御史起此。後因別置，冠法冠，秩百石，有印綬，與符節郎共平廷尉奏事，罪當輕重。」荀綽晉百官表注曰：「惠帝以後，無所平治，備位而已。」

〔四〕蔡質漢儀曰：「其二人者更直。執法省中者，皆糾察百官，督州郡。公法府掾屬高第補之。初稱守，滿歲拜眞，出治劇爲刺史、二千石，平遷補令。見中丞，執板揖。」

蘭臺令史，六百石。本注曰：掌奏及印工文書。

右屬少府。本注曰：職屬少府者，自太醫、上林凡四官。自侍中至御史，皆以文屬焉。承秦，凡山澤陂池之稅，名曰禁錢，屬少府。世祖改屬司農，考工轉屬太僕，都水屬郡國。孝武帝初置水衡都尉，秩比二千石，別主上林苑有離宮燕休之處，世祖省之，并其職於少府。每立秋貙劉之日，輒暫置水衡都尉，事訖乃罷之。少府本六丞，省五。又省湯官、織室令，置丞。又省上林十池監，胞人長丞，宦者、昆臺、〔一〕佽飛〔二〕三令，二十一丞。又省水衡屬官令、長、丞、尉二十餘人。章和以下，中官稍廣，加嘗藥、太官、御者、鉤盾、尚方、考工、別作監，皆六百石，宦者爲之，轉爲兼副，

或省，故錄本官。〔三〕

〔一〕昆臺本名甘泉居室，武帝改。

〔二〕佽飛本名左弋，武帝改。

〔三〕蔡質漢儀曰：「少府符著出見都官從事，持板。都官從事入少府見符著，持板。」漢官目錄曰：「右三卿，司空所部。」

校勘記

三五八九頁九行　從官二人　按：汲本「二」作「三」，孫輯本漢官同。

三五九〇頁四行　漢(書)〔官〕曰　校補引柳從辰說，謂「書」當作「官」，諸本皆未正。今據改。

三五九〇頁六行　亦云二千石　按：此承上文「秩千石」而言，「二」字疑衍。

三五九〇頁一三行　導官令　宋書百官志「導官令」下引司馬相如封禪書「導一莖六穗於庖」，史記司馬相如傳「導」作「䆃」。按：說文云「䆃，䆃米也，從禾道聲。司馬相如曰『䆃一莖六穗』也」。是「導官令」之「導」當從禾作「䆃」。

三五九一頁一〇行　準平則民不失職　按：校補謂「準平」殿本注作「平準」，與今本鹽鐵論合。

三五九一頁一三行　必苦女工藟稅　按：校補謂「藟稅」今本鹽鐵論作「再稅」。

三五九一頁一七行　斡官鐵市兩長丞　汲本、殿本「斡」作「幹」。按：漢書百官表作「斡」，注如淳曰：「斡音莞，或作『斡』，斡，主也。」

三五九二頁三行　四人斗(石)〔食〕　據汲本、殿本改。

三五九三頁二行　上林苑令一人　按：此與下「主苑中禽獸」兩「苑」字，原皆作「菀」，菀苑本通，然以下「苑中丞」等之「苑」，皆不作「菀」，今改歸一律。注同。

三五九三頁五行　本注曰無員　按：集解引錢大昕說，謂案朱穆傳，言漢家舊典，置侍中、中常侍各一人，黃門侍郎一人。宦者傳永平中始置員數，中常侍四人，小黃門十人，自明帝迄乎延平，其員稍增，中常侍至有十人，小黃門二十人。此志於侍中、中常侍、黃門侍郎、小黃門皆云無員，亦未深考耳。

三五九三頁一三行　顧問應對給事　按：「給事」二字應移入下行「黃門侍郎」上，說詳下。

三五九三頁一四行　黃門侍郎　按：沈家本謂應作「給事黃門侍郎」。「給事」二字誤在前一行之末。宋志云「漢東京曰給事黃門侍郎」，此其證也。隋煬帝時始去「給事」之名，見隋志。

三五九三頁一四行　朝見於殿上　按：汲本、殿本「上」作「中」。

三五九四頁六行　〔本注曰〕宦者無員　據殿本補。

三五九四頁一三行　皆四百石黃綬　按：集解引錢大昕說，謂「黃綬」二字疑衍，公卿以下綬制已見輿服志，不應單出此條。

三五九五頁四行　典官婢侍使　按：校補謂「侍使」當依周禮酒人注作「侍史」。

三五九六頁八行　掌〔宮〕中布張諸(衣)〔褻〕物　據漢書宣帝紀注引續漢書志補改。按：集解引惠棟說，謂黃圖引續漢書曰「掌宮中步帳褻物」，宣帝紀亦引作「褻物」，誤作「衣」也。校補引錢大昕說，謂宣帝紀注亦引作「掌宮中」，知志文「掌」下亦脫「宮」字。

三五九六頁九行　從官錄事一人　按：汲本、殿本「錄事」作「祿士」，孫輯漢官同。

三五九六頁一三行　奏下尚書曹文書衆事　按：汲本無「曹」字。

三五九六頁一五行　朝會(不)〔下〕陛奏事　集解引惠棟說，謂以漢官儀、漢官典職校之，乃下陛奏事，「下」訛「不」。今據改。

三五九七頁四行　成帝初置尚書四人　按：集解引惠棟說，謂「成帝」當作「武帝」。應劭漢官儀云尚書四員，武帝置，成帝加一爲五。有三公曹，主斷獄。世祖分爲六曹，幷一令一僕，謂之八座。又引李祖楙說，謂前書成帝建武四年，初置尚書五人，中以一人爲僕射。注云四人，別僕射言。

三五九七頁七行　左右丞各一人　按：左右丞與下侍郎原皆提行，校補謂左右丞、侍郎皆尚書官屬，不應提行。今從之。

三五九七頁八行　侍郎三十六人　按：集解引惠棟說，謂一作「三十五人」，一作「三十四人」。

三五九七頁一五行　掌中（郎）〔都〕官水火盜賊辭訟罪眚　按：集解本據通典改「郎」爲「都」，今從之。

三五九九頁七行　干寶注曰　按：「干」原作「于」，逕據集解本改，下同。

三五九九頁七行　以英蕩輔之　按：「蕩」周禮作「簜」。

三五九九頁一五行　則（一）〔二〕人監威儀　據汲本、殿本改。

三五九九頁一六行　周禮〔小宰〕掌建邦之宮刑　據集解引惠棟說補。

三六〇〇頁一行　主賦舍　按：汲本「賦」作「賊」。

三六〇〇頁一行　或選侍御史高第　按：汲本、殿本「選」作「遷」，疑誤，下注引漢儀「選御史高第補之」，可證。

三六〇〇頁四行　令侍御史二人治書御史起此　按：「御史起此」上疑脫「治書」二字。

後漢書志第二十七

百官四

執金吾　太子太傅　大長秋　太子少傅　將作大匠　城門校尉

北軍中候　司隸校尉

執金吾一人，中二千石。〔一〕本注曰：掌宮外戒司非常水火之事。〔二〕月三繞行宮外，及主兵器。吾猶禦也。〔三〕丞一人，比千石。〔四〕緹騎二百人。本注曰：無秩，比吏食奉。〔五〕

〔一〕漢官秩云比二千石。

〔二〕胡廣曰：「衞尉巡行宮中，則金吾徼於外，相為表裏，以擒姦討猾。」

〔三〕應劭曰：「執金革以禦非常。」漢官曰：「員吏二十九人，其十人四科，一人二百石，文學三人百石，二人斗食，十三人佐學事，主緹騎。」

〔四〕漢官秩云六百石。

〔五〕漢官曰：「執金吾緹騎二百人，〔持戟〕五百二十人，輿服導從，光滿道路，羣僚之中，斯最壯矣。世祖歎曰：『仕宦當作執金吾。』」

武庫令一人，六百石。本注曰：主兵器。丞一人。

右屬執金吾。本注曰：本有式道、左右中候三人，六百石。車駕出，掌在前清道，還持麾至宮門，宮門乃開。中興但一人，又不常置，每出，以郎兼式道候，事已罷，不復屬執金吾。又省中壘、寺互、都船令、丞、尉及左右京輔都尉。

太子太傅一人，中二千石。本注曰：職掌輔導太子。禮如師，不領官屬。〔一〕

〔一〕荀綽晉百官表注曰：「唐、虞官。」

大長秋一人，二千石。本注曰：承秦將行，宦者。景帝更爲大長秋，或用士人。中興常用宦者，職掌奉宣中宮命。凡給賜宗親，及宗親當謁見者關通之，中宮出則從。〔一〕丞一人，六百石。本注曰：宦者。

〔一〕張晏曰：「皇后卿。」

中宮僕一人，千石。本注曰：宦者。主馭。本注曰：太僕，秩二千石，中興省「太」，減秩千石，以屬長秋。

中宮謁者令一人，六百石。本注曰：宦者。中宮謁者三人，四百石。本注曰：宦者。主報中章。

中宮尙書五人，六百石。本注曰：宦者。主中文書。

中宮私府令一人，六百石。本注曰：宦者。主中藏幣帛諸物，裁衣被補浣者皆主之。〔一〕丞一人。本注曰：宦者。

〔一〕丁孚漢儀曰：「中宮藏府令，秩千石，儀比御府令。」

中宮永巷令一人，六百石。本注曰：宦者。主宮人。丞一人。本注曰：宦者。

中宮黃門冗從僕射一人，六百石。本注曰：宦者。主中黃門冗從。〔一〕

〔一〕丁孚漢儀曰：「給事中宮侍郎六人，比尙書郎，宦者爲之。給事黃門四人，比黃門侍郎。給事羽林郎一人，比羽林將虎賁官騎下。」

中宮署令一人，六百石。本注曰：宦者。主中宮請署天子數。女騎六人，丞、復道丞各一人。本注曰：宦者。復道丞主中閣道。

中宮藥長一人，四百石。本注曰：宦者。

右屬大長秋。本注曰：承秦，有詹事一人，位在長秋上，亦宦者，主中諸官。成帝省之，以其職幷長秋。是後皇后當法駕出，則中謁、中宦者職吏權兼詹事奉引，訖罷。宦者誅後，尙書選兼職吏一人奉引云。其中長信、長樂宮者，置少府一人，職如長秋，及餘吏皆以宮名爲號，員數秩次如中宮。〔一〕本注曰：帝祖母稱長信宮，故有長信少府，長樂少府，位在長秋上，及職吏皆宦者，秩次如中宮。長樂又有衞尉，僕爲太僕，皆二千石，在少府上。〔二〕其崩則省，不常置。

〔一〕長樂五官史，朱瑀之類是也。

〔二〕丁孚漢儀曰：「丞，六百石。」

太子少傅，二千石。本注曰：亦以輔導爲職，悉主太子官屬。〔一〕

〔一〕漢官曰：「員吏十二人。」

太子率更令一人，千石。本注曰：主庶子、舍人更直，職似光祿。

太子庶子，四百石。本注曰：無員，如三署中郎。

太子舍人，二百石。本注曰：無員，更直宿衞，如三署郎中。〔一〕

〔一〕漢官曰：「十三人，選良家子孫。」

太子家令一人，千石。本注曰：主倉穀飲食，職似司農、少府。

太子倉令一人，六百石。本注曰：主倉穀。

太子食官令一人，六百石。本注曰：主飲食。

太子僕一人，千石。本注曰：主車馬，職如太僕。

太子廄長一人，四百石。本注曰：主車馬。

太子門大夫，六百石。〔一〕本注曰：舊注云職比郎將。舊有左右戶將，別主左右戶直郎，建武以來省之。

〔一〕漢官曰：「門大夫二人，選四府掾屬。」

太子中庶子，六百石。本注曰：員五人，職如侍中。

太子洗馬，比六百石。本注曰：舊注云員十六人，職如謁者。太子出，則當直者在前導威儀。〔一〕

〔一〕漢官曰：「選郎中補也。」

太子中盾一人，四百石。本注曰：主周衞徼循。

太子衞率一人，四百石。本注曰：主門衞士。

右屬太子少傅。本注曰：凡初卽位，未有太子，官屬皆罷，唯舍人不省，領屬少府。

將作大匠一人，二千石。〔一〕本注曰：承秦，曰將作少府，景帝改爲將作大匠。掌修作宗廟、路寢、宮室、陵園木土之功，并樹桐梓之類列于道側。〔二〕丞一人，六百石。

〔一〕蔡質漢儀曰：「位次河南尹，光武中元二年省，謁者領之，章帝建初元年復置。」

〔二〕漢官篇曰「樹栗、漆、梓、桐」，胡廣曰：「古者列樹以表道，並以爲林囿。四者皆木名，治宮室並主之。」毛詩傳曰：「椅，梓屬也。」陸(機)〔璣〕草木疏曰：「梓實桐皮曰椅，今(民)〔人〕云梧桐是也。梓，今人所謂梓楸者是也。」

左校令一人，六百石。本注曰：掌左工徒。丞一人。〔一〕

〔一〕安帝復也。

右校令一人，六百石。本注曰：掌右工徒。丞一人。〔一〕

〔一〕安帝復也。

右屬將作大匠。〔一〕

〔一〕前書曰屬官又有左、右中候，(右)〔石〕庫、東園主章、左右前後中校七令丞，成帝省。

城門校尉一人，比二千石。本注曰：掌雒陽城門十二所。〔一〕

〔一〕周禮：「司門。」干寶注曰：「如今校尉。」

司馬一人，千石。本注曰：主兵。城門每門候一人，〔二〕六百石。〔三〕本注曰：雒陽城十二門，其正南一門曰平城門，〔三〕北宮門，屬衞尉。其餘上西門，〔四〕雍門，〔五〕廣陽門，〔六〕津門，〔七〕

小苑門，開陽門，〔八〕秏門，〔九〕中東門，〔一〇〕上東門，〔一一〕穀門，〔一二〕夏門，〔一三〕凡十二門。〔一四〕

〔一〕周禮每門下士二人。干寶曰：「如今門候。」

〔二〕蔡質漢儀曰：「門候見校尉，執板不拜。」

〔三〕漢官秩曰：「平城門爲宮門，不置候，置屯司馬，秩千石。」李尤銘曰：「平城司午，厥位處中。」古今注曰：「建武十四年九月開平城門。」

〔四〕應劭漢官曰：「上西所以不純白者，漢家初成，故丹〔漆〕鏤之。」李尤銘曰：「上西在季，位月惟戌。」

〔五〕銘曰：「雍門處中，位月在酉。」

〔六〕銘曰：「廣陽位孟，厥月在申。」

〔七〕銘曰：「津名自定，位季月未。」

〔八〕應劭漢官曰：「開陽門始成未有名，宿昔有一柱來在樓上，琅邪開陽縣上言，縣南城門一柱飛去。光武皇帝使來識視，悵然，遂堅縛之，刻記其年月，因以名焉。」銘曰：「開陽在孟，位月惟巳。」

〔九〕銘曰：「秏門值季，月位在辰。」

〔一〇〕銘曰：「中東處仲，月位當卯。」

〔一一〕銘曰：「上東少陽，厥位在寅。」

〔一二〕銘曰：「穀門北中，位當于子。」

〔一三〕銘曰：「夏門值孟，位月在亥。」

〔一四〕蔡質漢儀曰：「雒陽二十四街，街一亭；十二城門，門一亭。」

右屬城門校尉。

北軍中候一人，六百石。本注曰：掌監五營。〔一〕

〔一〕漢官曰：「員吏七人，候自得辟召，通大鴻臚一人，斗食。」

屯騎校尉一人，比二千石。本注曰：掌宿衞兵。〔一〕司馬一人，千石。〔二〕

〔一〕漢官曰：「員吏百二十八人，領士七百人。」

〔二〕蔡質漢儀曰：「五營司馬見校尉，執板不拜。」

越騎校尉一人，比二千石。〔一〕本注曰：掌宿衞兵。〔二〕司馬一人，千石。

〔一〕如淳曰：「越人內附以爲騎也。」晉灼曰：「取其才力超越也。」案紀，光武改靑巾（右）〔左〕校尉爲越騎校尉。臣昭曰：越人非善騎所出，晉灼爲允。

〔二〕蔡質漢儀亦曰掌越騎。漢官曰：「員吏百二十七人，領士七百人。」

步兵校尉一人，比二千石。〔一〕本注曰：掌宿衞兵。〔二〕司馬一人，千石。

〔一〕初置掌上林苑門屯兵，見前書。

〔二〕漢官曰：「員吏七十三人，領士七百人。」

長水校尉一人，比二千石。〔一〕本注曰：掌宿衞兵。〔二〕司馬、胡騎司馬各一人，千石。本注曰：掌宿衞，主烏桓騎。

〔一〕如淳曰：「長水，胡名也。」韋昭曰：「長水校尉典胡騎，廄近長水，(胡)〔故〕以爲名。」長水蓋〔關〕中小水名。

〔二〕蔡質漢儀曰：「主長水、宣曲胡騎。」漢官曰：「員吏百五十七人，烏桓胡騎七百三十六人。」

射聲校尉一人，比二千石。〔一〕本注曰：掌宿衞兵。〔二〕司馬一人，千石。

〔一〕服虔曰：「工射也。冥冥中聞聲則射中之，故以爲名。」

〔二〕蔡質漢儀曰：「掌待詔射聲士。」漢官曰：「員吏百二十九人，領士七百人。」

右屬北軍中候。本注曰：舊有中壘校尉，領北軍營壘之事。有胡騎、虎賁校尉，皆武帝置。中興省中壘，但置中候，以監五營。胡騎并長水。虎賁主輕車，并射聲。〔一〕

〔一〕案大駕鹵簿，五校在前，各有鼓吹一部。

凡中二千石，丞比千石。眞二千石，丞、長史六百石。比二千石，丞比六百石。令、相千石，丞、尉四百石；其六百石，丞、尉三百石。長、相四百石及三百石，丞、尉皆二百石。諸侯、公主家丞，秩皆比百石。諸邊鄣塞尉、諸陵校尉長，皆二百石。有常例者不署秩。

司隸校尉一人，比二千石。〔一〕本注曰：孝武帝初置，〔二〕持節，掌察舉百官以下，及京師近郡犯法者。〔三〕元帝去節，成帝省，建武中復置，并領一州。〔四〕從事史十二人。本注曰：都官從事，主察舉百官犯法者。〔五〕功曹從事，主州選署及衆事。別駕從事，校尉行部則奉引，錄衆事。簿曹從事，主財穀簿書。其有軍事，則置兵曹從事，主兵事。其餘部郡國從事，每郡國各一人，主督促文書，察舉非法，皆州自辟除，故通爲百石云。假佐二十五人。本注曰：主簿錄閤下事，省文書。門亭長主州正。門功曹書佐主選用。孝經師主監試經。月令師主時節祠祀。律令師主平法律。簿曹書佐主簿書。其餘都官書佐及每郡國，各有典郡書佐一人，各主一郡文書，以郡吏補，歲滿一更。司隸所部郡七。

〔一〕蔡質漢儀曰：「職在典京師，外部諸郡，無所不糾。封侯、外戚、三公以下，無尊卑。入宮，開中道稱使者。每會，後到先去。」

〔二〕荀綽晉百官表注曰：「司隸校尉，周官也。征和中，陽石公主巫蠱之獄起，乃依周置司隸。」臣昭曰：周無司隸，豈即司寇乎？

〔三〕前書曰：「置從中都官徒千二百人，捕巫蠱，督大姦猾，後罷其兵。」

〔四〕蔡質漢儀曰：「司隸詣臺廷議，處九卿上，朝賀處公卿下陪卿上。初除，謁大將軍、三公，通謁持板揖。公儀、朝賀無敬。臺召入宮對。見尚書持板，朝賀揖。」

〔五〕蔡質漢儀曰：「都官主雒陽百官朝會，與三府掾同。」博物記曰：「中興以來，都官從事多出之河內，掊擊貴戚。」

河南尹一人，主京都，特奉朝請。其京兆尹、左馮翊、右扶風三人，漢初都長安，皆秩中二千石，謂之三輔。中興都雒陽，更以河南郡爲尹，以三輔陵廟所在，不改其號，但減其秩。其餘弘農、河內、河東三郡。其置尹，馮翊、扶風及太守丞奉之本位，在地理志。

校勘記

三六〇五頁六行 無秩比吏食奉 按：「吏」原譌「史」，逕據汲本、殿本改正。

三六〇六頁一行 〔持戟〕五百二十人 據北堂書鈔設官部引應劭漢官儀補。 按：五百卽伍伯。 集解引李祖楙說，謂古今注云五百，一伍之伯也。五人曰伍，五長曰伯，一曰戶伯。 又校補謂官者傳注引韋昭辨釋名，說五百義與古今注異。

三六〇八頁九行 員吏十二人 按：汲本、殿本「十二」作「十三」，孫輯漢官同。

三六〇八頁一〇行 太子率更令至職似光祿 按：御覽二百四十七引作「率更令秩千石，與庶子舍人更直，職似光祿勳，掌宮殿門戶之禁，郎將屯衞之士」。 校補謂此御覽所據本異也。 通典亦作「似光祿勳」，多「勳」字。

三六〇九頁九行 太子洗馬 按：集解引李祖楙說，謂前書「洗」作「先」。

三六〇九頁九行 太子出則當直者在前導威儀 按：御覽二百四十六引「者」作「一人」二字。

三六一〇頁四行 樹栗漆梓桐 按：汲本、殿本作「樹栗、椅、桐、梓」。

三六一〇頁五行 陸（機）〔璣〕 據汲本、殿本改。

三六一〇頁五行　今(民)〔人〕云梧桐是也　張森楷校勘記謂「民」當作「人」，疑是後人轉改唐本而誤者，觀下文猶稱「今人」可見。按：張說是，今據改。

三六一〇頁一二行　(右)〔石〕庫　據前志改。

三六一一頁一行　秏門　按：御覽一八三引李尤旄城門銘作「旄門」。沈家本謂門不當以秏名，作「旄」是。

三六一二頁六行　故丹(漆)〔鏤〕之　據集解引惠棟說補。

三六一二頁九行　位季月未　按：「未」原譌「木」，逕改正。

三六一二頁一三行　秏門值季月位在辰　按：御覽一八三引作「旄門直季，位月在辰」。

三六一二頁一三行　中東處仲月位當卯　按：御覽引作「東處仲月，厥位當卯」。

三六一二頁八行　青巾(右)〔左〕校尉　集解引惠棟說，謂「右」當作「左」，青巾左校尉建武九年置，十五年改也。今據改。

三六一三頁一行　殿近長水(胡)〔故〕以爲名　據汲本、殿本改。

三六一三頁一行　長水蓋〔關〕中小水名　集解引惠棟說，謂沈約引辨釋名云蓋關中小水名也。王先謙謂韋注「中」上奪「關」字。今據補。

後漢書志第二十八

百官五

州郡　縣鄉　亭里　匈奴中郎將　烏桓校尉　護羌校尉　王國

宋衞國　列侯　關內侯　四夷國　百官奉

外十二州，每州刺史一人，六百石。本注曰：秦有監御史，監諸郡，漢興省之，但遣丞相史分刺諸州，無常官。孝武帝初置刺史十三人，秩六百石。〔一〕成帝更爲牧，秩二千石。建武十八年，復爲刺史，十二人各主一州，其一州屬司隸校尉。〔二〕諸州常以八月巡行所部郡國，〔三〕錄囚徒，〔四〕考殿最。〔五〕初歲盡詣京都奏事，〔六〕中興但因計吏。〔七〕

〔一〕古今注曰：「常以春分行部，郡國各遣一吏迎界上。」諸書不同也。

〔二〕蔡質漢儀曰：「詔書舊典，刺史班宣，周行郡國，省察治政，黜陟能否，斷理冤獄，以六條問事，非條所問，即不省。一條，強宗豪右，田宅踰制，以強陵弱，以衆暴寡。二條，二千石不奉詔書，遵承典制，倍公向私，旁詔守利，侵漁百姓，聚斂爲姦。三條，二千石不卹疑獄，風厲殺人，怒則任刑，喜則任賞，煩擾苛暴，剝戮黎元，爲百姓所疾，山崩石裂，妖祥訛言。四條，二千石選署不平，苟阿所愛，蔽賢寵頑。五條，二千石子弟怙恃榮勢，請託所監。六條，二千石違公下比，阿附豪強，通行貨賂，割損政令。諸州刺史初除，比諸持板拜不拜。」獻帝起居注曰：「建安十八年三月庚寅，省州并郡，復禹貢之九州。冀州得魏郡、安平、鉅鹿、河閒、清河、博陵、常山、趙國、勃海、甘陵、平原、太原、上黨、西河、定襄、鴈門、雲中、五原、朔方、河東、河內、涿郡、漁陽、廣陽、右北平、上谷、代郡、遼東、遼東屬國、遼西、玄菟、樂浪，凡三十二郡。省司隸校尉，以司隸部分屬豫州、冀州、雍州。省涼州刺史，以并雍州部，郡得弘農、京兆、左馮翊、右扶風、上郡、安定、隴西、漢陽、北地、武都、武威、金城、西平、西郡、張掖、張掖屬國、酒泉、敦煌、西海、漢興、永陽、東安南，凡二十二郡。省交州，以其郡屬荆州。荆州得交州之蒼梧、南海、九眞、交趾、日南，與其舊所部南陽、章陵、南郡、江夏、武陵、長沙、零陵、桂陽，凡十三〔郡〕。益州本部郡有廣漢、漢中、巴郡、犍爲、蜀郡、牂牁、越巂、益州、永昌、犍爲屬國、蜀郡屬國、廣漢屬國，今并得交州之鬱林、合浦，凡十四〔郡〕。豫州部郡本有潁川、陳國、汝南、沛國、梁國、魯國，今并得河南、滎陽都尉，凡八郡。徐州部郡得下邳、廣陵、彭城、東海、琅邪、利城、城陽、東莞，凡八郡。青州得齊國、北海、東萊、濟南、樂安，凡五郡。」獻帝春秋曰：「孫權以步騭行交州刺史。」東觀書曰：「交趾刺史，持節。」

〔三〕胡廣注曰：「巡謂驛馬也。縣次傳駕之，以走疾，猶古言附遂。」

〔四〕胡廣曰：「縣邑囚徒，皆閱錄視，參考辭狀，實其眞僞。有侵冤者，即時平理也。」

〔五〕胡廣曰：「課第長吏不稱職者爲殿，舉免之。其有治能者爲最。察上尤異州，又狀州中吏民茂才異等，歲舉一人。」

〔六〕胡廣曰：「所察有條應繩異者，輒覆問之，不茹柔吐剛也。歲盡，齎所狀納京師，名奏事，差其遠近，各有常會。」

〔七〕胡廣曰：「不復自詣京師，其所道皆如舊典。」東觀書曰：「和帝初，張酺上言：『臣聞王者法天，熒惑奏事太微，故州牧刺史入奏事，所以通下問知外事也。數十年以來，重其道歸煩擾，故時止勿奏事，今因以爲故事。臣愚以爲刺史視事滿歲，可令奏事如舊典，問州中風俗，恐好惡過所道，事所聞見，考課衆職，下章所告，及所自舉有意者賞異之，其尤無狀，逆詔書，行罪法，冀勑戒其餘，令各敬愼所職，於以衰滅貪邪便佞。』」韓詩外傳曰：「王者必立牧，方三人，所以使闚遠牧衆也。遠方之民，有飢寒而不得衣食，獄訟而冤失，職賢而不舉者，入告天子。天子於其君之朝也，揖而進之曰：『意朕之政敎，有不得爾者邪？如何乃有飢寒而不得衣食，獄訟而冤失，職賢而不舉？』然後其君退而與其卿大夫謀之。遠方之民聞，皆曰『誠天子也』。夫我居之辟，見我之近也；我居之幽，見我之明也。可歎乎哉！可歎乎哉！故牧者所以開四目，通四聰。」

皆有從事史、假佐。本注曰：員職略與司隸同，無都官從事，其功曹從事爲治中從事。

豫州部郡國六，冀州部九，兗州部八，徐州部五，青州部六，荆州部七，揚州部六，益州部十二，涼州部十二，并州部九，幽州部十一，交州部七，凡九十八。其二十七王國相，其七十一郡太守。其屬國都尉。屬國，分郡離遠縣置之，如郡差小，置本郡名。世祖并省郡縣四百餘所，後世稍復增之。〔一〕

〔一〕臣昭曰：昔在先代，列爵殊等，九服不同，畿荒制異。雖連帥相司，牧伯分長，而封疆置限，兼庸有數，如身之使臂，手之使指，故能高卑相固，遠近維緝，羣后克穆，共康兆庶。爰及周衰，稍競吞廣，邦國侵爭，遞懷貪略，猶歷數百年，乃能成其幷一，豈非樹之有本，使其然乎？秦兼天下，開設郡縣，孤立獨王，卽以顚亡。漢祖因循，雖不頤革，分置子弟，終龕諸呂之難，漸剖列郡，以減大都之權。後嚴安之徒，猶忼慨發憤，謂千里之威，即古之強國，慮非安本無窮之計也。孝武之末，始置刺史，監糾非法，不過六條，傳車周流，匪有定鎮，秩裁數百，威望輕寡，得有察舉之勤，未生陵犯之釁。成帝改牧，其萌始大，既非識治之主，故無取焉爾。世祖中興，監乎政本，復約其職，還遵舊制，斷親奏事，省入惜煩，漸得自重之路。因茲以降，彌於歲年，母后當朝，多以弱守，六合危動，四海潰弊，財盡力竭，綱維撓毀，而八方不能內侵，諸侯莫敢入伐，豈非幹強枝弱，控制素重之所致乎？至孝靈在位，橫流既及，劉焉徼僞，自爲身謀，非有憂國之心，專懷狼據之策，抗論昏世，薦議愚主，盛稱宜重牧伯，謂足鎮壓萬里，挾姦樹算，苟罔一時，豈可永爲國本，長期勝術哉？夫聖主御世，莫不大庇生民，承其休謀，傳其典制。猶云事久弊生，無或通貫，故變改正服，革異質文，分爵三五，參差不一。況在豎賤之君，挾姦詐之臣，共所創置，焉可仍因？大建尊州之規，竟無一日之治。故焉牧益土，造帝服於岷、峨；袁紹取冀，下制書於燕、朔；劉表荆南，郊天祀地；魏祖據兗，遂構皇業：漢之殄滅，禍源乎此。及臻後代，任寄彌廣，委之邦宰之命，授之斧鉞之重，假之都督之威，開之征討之略。晉太康之初，武帝亦疑其然，乃詔曰：「上古及中代，或置州牧，或置刺史，置監御史，皆總綱紀，而不賦政，治民之事，任之諸侯郡守。昔漢末四海分崩，因以吳、蜀自擅，自是刺史內親民事，外領兵馬，此一時之宜爾。今賴宗廟之靈，士大夫之力，江表平定，天下合之爲一，當韜戢干戈，與天下休息。諸州無事者罷其兵，刺史分職，皆如漢氏故事，出頒詔條，入奏事京城。二千石專治民之重，監司清峻於上，此經久之體也。其便省州牧。」晉武帝又見其弊矣，雖有其言，不卒其事，後嗣纘繼，牧鎮愈重，據地分爭，竟覆天下。昔王畿之大，不過千里，州之所司，廣袤兼遠。爭強虎視之辰，遷鼎革終之日，未嘗不藉蓄兵之權，挾董司之力，逼迫伺隙，陵奪沖幼。其甚者臣主揚兵，骨肉戰野，昆弟梟懸，伯叔屠裂。末壯披心，尾大不掉，既用此始，亦病以終。

傾輈愈覲，莫或途改，致雒京有銜璧之痛，秦臺有不守之酷。胡、羌遞興，氐、鮮更起，摩滅羣黎，流禍百世。堅冰所漸，兼緣茲釁。嗚呼！後之聖王，必不久滯斯迹，靈長之終，當有神筭。不然，則雄捍反拒之事，懼甚於此心，憑強作害之謀，方盛於後意。

凡州所監都爲京都，置尹一人，二千石，丞一人。每郡置太守一人，二千石，丞一人。郡當邊戍者，丞爲長史。〔一〕王國之相亦如之。每屬國置都尉一人，比二千石，丞一人。本注曰：凡郡國皆掌治民，進賢勸功，決訟檢姦。常以春行所主縣，勸民農桑，振救乏絕。秋冬遣無害吏案訊諸囚，平其罪法，論課殿最。〔二〕歲盡遣吏上計。〔三〕幷舉孝廉，郡口二十萬舉一人。〔尉一人〕，典兵禁，備盜賊，景帝更名都尉。武帝又置三輔都尉各一人，譏出入。邊郡置農都尉，主屯田殖穀。又置屬國都尉，主蠻夷降者。中興建武六年，省諸郡都尉，幷職太守，無都試之役。〔四〕省關都尉，唯邊郡往往置都尉及屬國都尉，稍有分縣，治民比郡。安帝以羌犯法，三輔有陵園之守，乃復置右扶風都尉，京兆虎牙都尉。〔五〕皆置諸曹掾史。〔六〕本注曰：諸曹略如公府曹，無東西曹。〔七〕有功曹史，主選署功勞。有五官掾，署功曹及諸曹事。其監屬縣，有五部督郵，曹掾一人。正門有亭長一人。主記室史，主錄記書，催期會。無令史。閤下及諸曹各有書佐，幹主文書。〔八〕

〔一〕古今注曰：「建武六年三月，令郡太守、諸侯相病，丞、長史行事。十四年，罷邊郡太守丞，長史領丞職。」

〔二〕案律有無害都吏，如今言公平吏。漢書音義曰：「文無所枉害。」蕭何以文無害爲沛主吏掾。

〔三〕盧植禮注曰：「計斷九月，因秦以十月爲正故。」

〔四〕古今注曰：「六年八月，省都尉官。」應劭曰：「每有劇(職)〔賊〕，郡臨時置都尉，事訖罷之。」

〔五〕應劭漢官曰：「蓋天生五材，民並用之，廢一不可，誰能去兵？兵之設尚矣。易稱『弦木爲弧，剡木爲矢，弧矢之利，以威天下』。春秋『三時務農，一時講武』。詩美公劉『匪居匪康，入耕出戰，乃裹餱糧，干戈戚(錫)〔揚〕，四方莫當』。自郡國罷材官騎士之後，官無警備，實啓寇心。一方有難，三面救之，發興雷震，煙蒸電激，一切取辦，黔首囂然。不及講其射御，用其戒誓，一旦驅之以卽強敵，猶鳩鵲捕鷹鸇，豚羊弋豺虎，是以每戰常負，王旅不振。張角懷挾妖僞，遐邇搖蕩，八州幷發，煙炎絳天，牧守梟裂，流血成川。爾乃遠徵三邊殊俗之兵，非我族類，忿鷙縱橫，多僵良善，以爲己功，財貨糞土。哀夫民氓遷流之咎，見出在茲，不教而戰，是謂棄之，跡其禍敗，豈虛也哉！春秋家不藏甲，所以一國威抑私力也。今雖四海殘壞，王命未洽，可折衝壓難，若指於掌，故置右扶風。」

〔六〕新論曰：「王莽時置西海郡，令其吏皆百石親事。」一曰爲四百石，二歲而遷補。

〔七〕蔡質漢儀曰：「河南(府)〔尹〕掾出考案，與從事同。」

〔八〕漢官曰：「河南尹員吏九百二十七人，十二人百石。諸縣有秩三十五人，官屬掾史五人，四部督郵(史)〔吏〕部掾二十六人，案獄仁恕三人，監津渠漕水掾二十五人，百石卒吏二百五十人，文學守助掾六十人，書佐五十人，(循)〔脩〕行二百三十人，幹小史二百三十一人。」

屬官，每縣、邑、道，大者置令一人，千石；其次置長，四百石；小者置長，三百石；侯國之相，秩次亦如之。〔一〕本注曰：皆掌治民，顯善勸義，禁姦罰惡，理訟平賊，恤民時務，秋

冬集課，上計於所屬郡國。〔三〕

〔一〕應劭漢官曰：「前書百官表云，萬戶以上爲令，萬戶以下爲長。三邊始孝武皇帝所開，縣戶數百而或爲令。荆揚江南七郡，唯有臨湘、南昌、吳三令爾。及南陽穰中，土沃民稠，四五萬戶而爲長。桓帝時，以（江）〔汝〕南陽安爲女公主邑，改號爲令，主薨復復其故。若此爲繁其本。俗說令長以水土爲之，及秩高下，皆無明文。班固通儒，述一代之書，斯近其眞。」

〔三〕胡廣曰：「秋冬歲盡，各計縣戶口墾田，錢穀入出，盜賊多少，上其集簿。丞尉以下，歲詣郡，課校其功。功多尤爲最者，於廷尉勞勉之，以勸其後。負多尤爲殿者，於後曹別責，以糾怠慢也。諸對辭窮尤困，收主者，掾史關白太守，使取法，丞尉縛責，以明下轉相督敕，爲民除害也。明帝詔書不得僇辱黃綬，以別小人吏也。」

凡縣主蠻夷曰道。公主所食湯沐曰（國）〔邑〕。縣萬戶以上爲令，不滿爲長。侯國爲相。皆秦制也。〔一〕丞各一人。尉大縣二人，小縣一人。本注曰：丞署文書，典知倉獄。尉主盜賊。凡有賊發，主名不立，則推索行尋，案察姦宄，以起端緒。〔二〕各署諸曹掾史。本注曰：諸曹略如郡員，五官爲廷掾，監鄉五部，春夏爲勸農掾，秋冬爲制度掾。〔三〕

〔一〕史記秦併天下，夷郡縣，銷兵刃，示不復用。

〔二〕應劭漢官曰：「大縣丞左右尉，所謂命卿三人。小縣一尉一丞，命卿二人。」

〔三〕漢官曰：「雒陽令秩千石，丞三人四百石，孝廉左尉四百石，孝廉右尉四百石。員吏七百九十六人，十三人四百石。鄉有秩、獄史五十六人，佐史、鄉佐七十七人，斗食、令史、嗇夫、假五十人，官掾史、幹小史二百五十人，書佐九十人，（循）〔脩〕行二百六十人。」

鄉置有秩、三老、游徼。本注曰：有秩，郡所署，秩百石，〔一〕掌一鄉人；〔二〕其鄉小者，縣置嗇夫一人〔三〕。皆主知民善惡，爲役先後，知民貧富，爲賦多少，平其差品。三老掌教化。凡有孝子順孫，貞女義婦，讓財救患，及學士爲民法式者，皆扁表其門，以興善行。游徼掌徼循，禁司姦盜。又有鄉佐，屬鄉，主民收賦稅。〔四〕

〔一〕漢官曰：「鄉戶五千，則置有秩。」

〔二〕風俗通曰：「秩則田閒大夫，言其官裁有秩耳。」

〔三〕風俗通曰：「嗇者，省也。夫，賦也。言消息百姓，均其役賦。」

〔四〕風俗通曰：「國家制度，大率十里一鄉。」

亭有亭長，以禁盜賊。本注曰：亭長，主求捕盜賊，承望都尉。〔一〕

〔一〕漢官儀曰：「民年二十三爲正，一歲以爲衞士，一歲爲材官騎士，習射御騎馳戰陣。八月，太守、都尉、令、長、相、丞、尉會都試，課殿最。水家爲樓船，亦習戰射行船。（過）〔邊〕郡太守各將萬騎，行障塞烽火追虜。置長史一人，丞一人，治兵民。當兵行長領。置部尉、千人、司馬、候、農都尉，皆不治民，不給衞士。材官、樓船年五十六老衰，乃得免爲民就田。應合選爲亭長。亭長課徼巡。尉、游徼、亭長皆習設備五兵。五兵：弓弩，戟，楯，刀劍，甲鎧。鼓吏赤幘行縢，帶劍佩刀，持楯被甲，設矛戟，習射。設十里一亭，亭長、亭候；五里一郵，郵閒相去二里半，司姦盜。亭長持二尺板以劾賊，索繩以收執賊。」風俗通曰：「漢家因秦，大率十里一亭。亭，留也，蓋行旅宿會之所館。亭吏舊名負弩，改爲長，或謂亭父。」

里有里魁，民有什伍，善惡以告。本注曰：里魁掌一里百家。什主十家，伍主五家，以相檢察。民有善事惡事，以告監官。〔一〕

〔一〕風俗通曰：「周禮五家爲鄰，四鄰爲里。里者，止也。里有司，司五十家，共居止，同事舊欣，通其所也。」

邊縣有障塞尉。本注曰：掌禁備羌夷犯塞。〔一〕其郡有鹽官、鐵官、工官、都水官者，隨事廣狹置令、長及丞，秩次皆如縣、道，無分士，給均本吏。本注曰：凡郡縣出鹽多者置鹽官，主鹽稅。出鐵多者置鐵官，主鼓鑄。〔二〕有工多者置工官，主工稅物。有水池及魚利多者置水官，主平水收漁稅。在所諸縣均差吏更給之，置吏隨事，不具縣員。

〔一〕太公陰符曰：「武王問太公：『願聞治亂之要。』太公曰：『其本在吏。』武王曰：『吏者治也，所以爲治，其亂者何？』太公曰：『故吏重罪有十。』武王問『吏之重罪』。太公曰：『一、吏苛刻；二、吏不平；三、吏貪污；四、吏以威力迫脅於民；五、吏與吏合姦；六、吏與人亡情；七、吏作盜賊，使人爲耳目；八、吏賤買賣貴於民；九、吏增易於民；十、吏振懼於民。夫治者有三罪，則國亂而民愁；盡有之，則民流亡而君失其國。』武王曰：『民亦有罪乎？』太公曰：『民有十大於此，除者則國治而民安。』武王曰：『十大何如？』太公曰：『民勝吏，厚大臣，一大也。民宗強，侵陵羣下，二大也。民甚富，傾國家，三大也。民尊親其君，天下歸慕，四大也。衆暴寡，五大也。民有百里之譽，千里之交，六大也。民以吏威爲權，七大也。恩行於吏，八大也。民服信，以少爲多，奪人田宅，贅人妻子，九大也。民之基業畜產爲人所苦，十大也。所謂一家害一里，一里害諸侯，諸侯害天下。』武王曰：『絕吏之罪，塞民之大，奈何？』太公曰：『察民之暴吏，明其賞，審其誅，則吏不敢犯罪，民不敢大也。』武王曰：『是民吏相何，上下不和而結其讎。』太公曰：『爲君守成，爲吏守職，爲民守事。如此，各居其道則國治，國治則都治，都治則里治，里治則家治，家治則善惡分明，善惡分明則國無事，國無事則吏民外不懷怨，內不徼事。』」

〔三〕胡廣曰：「鹽官掊坑而得鹽，或有鑿井煮海水而以得之者。鑄銅爲器械，當鑄冶之時，扇熾其火，謂之鼓鑄。」

使匈奴中郎將一人，比二千石。本注曰：主護南單于。置從事二人，有事隨事增之，掾隨事爲員。護羌、烏桓校尉所置亦然。〔一〕

〔一〕應劭漢官曰：「擁節，屯中步南，設官府掾（吏）〔史〕。單于歲遣侍子來朝，謁者常送迎焉，得賂弓馬氈罽他物百餘萬。謁者事訖，還具表付帑藏，詔書敕自受。」

護烏桓校尉一人，比二千石。本注曰：主烏桓胡。〔一〕

〔一〕應劭漢官曰：「擁節。長史一人，司馬二人，皆六百石。并領鮮卑。客賜質子，歲時胡市焉。」晉書曰：「漢置東夷校尉，以撫鮮卑。」

護羌校尉一人，比二千石。本注曰：主西羌。〔一〕

〔一〕應劭漢官曰：「擁節。長史、司馬二人，皆六百石。」

皇子封王，其郡爲國，每置傅一人，相一人，皆二千石。本注曰：傅主導王以善，禮如師，不臣也。相如太守。有長史，如郡丞。

漢初立諸王，因項羽所立諸王之制，地既廣大，且至千里。又其官職傅爲太傅，相爲丞相，又有御史大夫及諸卿，皆秩二千石，百官皆如朝廷。國家唯爲置丞相，其御史大夫以下皆自置之。〔一〕至景帝時，吳、楚七國恃其國大，遂以作亂，幾危漢室。及其誅滅，景帝懲之，遂令諸王不得治民，令內史主治民，改丞相曰相，省御史大夫、廷尉、少府、宗正、博士官。武帝改漢內史、中尉、郎中令之名，〔二〕而王國如故，員職皆朝廷爲署，不得自置。至（漢）成帝省內史治民，更令相治民，〔三〕太傅但曰傅。〔四〕

〔一〕胡廣曰：「後漢妾數無限別，乃制設正適，曰妃，取小夫人不得過四十人。」

〔二〕前書曰：「改漢內史爲京兆尹，中尉爲執金吾，郎中令爲光祿勳。」

〔三〕漢舊儀曰：「大司空何武奏罷內史，相如太守，中尉如都尉，參職。是後中尉爭權，與王相奏，常不和也。」

〔四〕臣昭曰：觀夫高祖之創業也，豈直鴻勳碩德，大庇羣生，蕩其毒虐，厝之和泰而已哉！至於謀深慮久，封建子弟，蕃維盤固，規謀弘遠。及於三趙不終，燕靈夭絕，齊、代、淮、楚皆爲外重，故宋昌曰「外畏齊、楚、淮南」，斯非效與？事過則弊，孰或通之？全國之難，誠固財物之富，作衞之益，亦既得之於前矣，故賜以几杖，用息姦謀。嗣隕局下，怨生有以，逮連師構亂，兵交梁闕，禦侮摧寇，肇自密戚。景帝遂削蕃國之權，刻骨肉之援，封爲君而不聽治其民，置爲主而稍賤其臣，矯枉過甚，遂臻于此。呂、霍之危朝，后族愈貴於來寵，吳、楚之叛奔，侯王恒借以受詣，故賈誼欲衆建以少其力，列虛以俟其生，此乃達觀深識，監于親陪之要者也。冢嗣必傳萬里之地，分支欲使動搖不得，於經維遠筭，且已礙矣。復哀平之際，劉氏徧於四海，宗正著錄，遂以萬數。及乎後漢，彌循前迹，光武十子，並列畿外近郡，孝明八國，不能開庇遠民。國近則不可以大，不大則不足爲強，此所以本枝之援，終以少固。若使漢分兩越置二三親國，剖吳、楚樹數四列蕃，劃遼海而分皇枝，開隴蜀而王子弟，使主尊顯，依漢初之貴，民無定限，許滋養之富；若有昏虐之嗣，可得廢而不得剖，必傳劉氏。民信所奉，發其侵伐兼并之釁，峻其他族簒殺之科，制其入貢輕重之法，疏其來朝往復之數。君君臣臣，永許百世之期，一國之民，長無遷動之志，四方得志，聽離官列封，懷賢抱智，隨所適樂土。強弱相倂，遠近相推，舉其大歸，略其小滯，與其畫一，班之海內。天子之朝，自非異姓僭奪，不得興勤王之師。諸蕃國，自非雜互簒主，不降討伐之詔。犬牙相經，共爲嚴國，雖王莽善盜，將何因而敢竊，曹操雄勇，亦安能以得士。斯無俟極聖然克行，明賢粗識亦足立。故父子首足也，昆弟四支也，當使筋骨髓血，動靜足以相勝，長短大小，幹用足以相衞。豈有劀脛致腹，取骨肉以增頭，劙背露骨，剝膏腴以裨領，而謂顱頟魁岸，可得比壽松、晉，喉咽擁腫，必能長生久視哉？漢氏得之微，猶能四百載，魏人失之甚，不滿數十年。爰自晉世，矯枉太過，入列皇朝，非簡賢之授，唯親是貴，無愚智之辨。不能勝衣冠，早據公相之尊，童蒙幼子，濫登槐嶽之位。職應論道，而未離保母之養，續侯賦政，而服二三尺衣。英賢大度，稟彼昏稚，高才碩儒，恭承藐識。公餗覆而不憂，美錦碎而愈截。兼投若流，迴遷競路，才鶩任重，功摲釁多。曉比名於公旦，夕同罪於盜跖，褒稱無位，可以充德，貶退刑轘，不足以塞咎。（或）〔威〕力強濟，聲實隆重，嫌猜畏逼，身受其斃。覆滅分體，若梟仇寇，（齋）〔齏〕粉同氣，有過他逆。忠貞之士，橫羅其凶，志節之人，狼狽其禍。閼伯、實沈，繼踵史筆，顯思顯甫，比有國書。趙倫以（惷）〔惷〕愚排天，齊攸以賢明謝世，枉鬱殄夷，冤孫就盡，不可勝載矣。豈周、漢之君多孝悌之性，晉、宋之主稟豺狼之情，蓋事勢使之然也。朝行斯術，夕窺崩亂，未能革悛，來事愈甚。蒼生爲此將盡矣，四海爲此構蹶矣！聖帝英君，欲反斯敗，必當更開同姓之國，置不增之約，罷皇胤入宮之禍，守盟牲礪河之篤，乃可還嶮墜之路，反乎全安之轍也。

中尉一人，比二千石。本注曰：職如郡都尉，主盜賊。〔一〕郎中令一人，僕一人，皆千石。本注曰：郎中令掌王大夫、郎中宿衞，官如光祿勳。自省少府，職皆并焉。僕主車及馭，如太僕。本（注）曰太僕，比二千石，武帝改，但曰僕，又皆減其秩。治書，比六百石。本注曰：治書本尚書更名。大夫，比六百石。本注曰：無員。掌奉王使至京都，奉璧賀正月，及使諸國。本皆持節，後去節。謁者，比四百石。本注曰：掌冠長冠。本員十六人，後減。禮樂長。本注曰：主樂人。衞士長。本注曰：主衞士。醫工長。本注曰：主醫藥。永巷長。本注曰：宦者，主宮中婢使。祠祀長。本注曰：主祠祀。皆比四百石。〔二〕郎中，二百石。本注曰：無員。

〔一〕東觀書曰：「其紹封削絀者，中尉、內史官屬亦以率減。」

〔二〕自禮樂長至此，皆四百石。

衞公、宋公。本注曰：建武二年，封周後姬常爲周承休公；五年，封殷後孔安爲殷紹

嘉公。十三年，改常爲衞公，安爲宋公，以爲漢賓，在三公上。〔一〕

〔一〕五經通義：「二王之後不考功，有誅無絕。」鄭玄曰：「王者存二代而封及五，郊天用天子禮以祭其始祖，行其正朔，此謂通三統也。三恪者，敬其先聖，封其後而已，無殊異者也。」

列侯，所食縣爲侯國。本注曰：承秦爵二十等，爲徹侯，金印紫綬，以賞有功。功大者食縣，小者食鄉、亭，得臣其所食吏民。後避武帝諱，爲列侯。武帝元朔二年，令諸王得推恩分衆子土，國家爲封，亦爲列侯。舊列侯奉朝請在長安者，位次三公。中興以來，唯以功德賜位特進者，次車騎將軍；〔一〕賜位朝侯，次五校尉；賜位侍祠侯，次大夫。其餘以胏附及公主子孫奉墳墓於京都者，亦隨時見會，位在博士、議郎下。〔二〕

〔一〕胡廣漢制度曰：「功德優盛，朝廷所敬異者，賜特進，在三公下，不在車騎下。」

〔二〕胡廣制度曰：「是爲猥諸侯。」

諸王封者受茅土，歸以立社稷，禮也。〔一〕列土、特進、朝侯賀正月執璧云。

〔一〕胡廣曰：「諸王受封，皆受茅土，歸立社稷。本朝爲宮室，自有制度。至於列侯歸國者，不受茅土，不立宮室，各隨貧富，裁制黎庶，以守其寵。」

每國置相一人，其秩各如本縣。本注曰：主治民，如令、長，不臣也。但納租于侯，以戶數爲限。其家臣，置家丞、庶子各一人。本注曰：主侍侯，使理家事。列侯舊有行人、洗馬、門大夫，凡五官。中興以來，食邑千戶已上置家丞、庶子各一人，不滿千戶不置家丞，又悉省行人、洗馬、門大夫。

關內侯，〔二〕承秦賜爵十九等，爲關內侯，無土，寄食在所縣，民租多少，各有戶數爲限。〔三〕

〔一〕如淳曰：「列侯出關就國，侯但爵身，其有家累者與之關內之邑，食其租稅也。」古今注曰：「建武六年，初令關內侯食邑者俸月二十五斛。」

〔二〕荀綽晉百官表注曰：「時六國未平，將帥皆家關中，故以爲號。」劉劭爵制曰：「春秋傳有庶長鮑。商君爲政，備其法品爲十八級，合關內侯、列侯凡二十等，其制因古義。古者天子寄軍政於六卿，居則以田，警則以戰，所謂入使治之，出使長之，素信者與衆相得也。故啓伐有扈，乃召六卿，大夫之在軍爲將者也。及周之六卿，亦以居軍，在國也則以比長、閭胥、族師、黨正、州長、卿大夫爲稱，其在軍也則以卒伍、司馬、將軍爲號，所以異在國之名也。秦依古制，其在軍賜爵爲等級，其帥人皆更卒也，有功賜爵，則在軍吏之例。自一爵以上至不更四等，皆士也。大夫以上至五大夫五等，比大夫也。九等，依九命之義也。自左庶長以上至大庶長，九卿之義也。關內侯者，依古圻內子男之義也。秦都山西，以關內爲王畿，故曰關內侯也。列侯者，依古列國諸侯之義也。然則卿大夫士下之品，皆放古，比朝之制而異其名，亦所以殊軍國也。古者以車戰，兵車一乘，步卒七十二人，分翼左右。車，大夫在左，御者處中，勇士居右，凡七十五人。一爵曰公士者，步卒之有爵爲公士者。二爵曰上造。造，成也。古者成士升於司徒曰造士，雖依此名，皆步卒也。三爵曰簪褭，御駟馬者。要褭，古之名馬也。駕駟馬者其形似簪，故曰簪褭也。四爵曰不更。不更者，爲車右，不復與凡更卒同也。五爵曰大夫。大夫者，在車左者也。六爵爲官大夫，七爵爲公大夫，八爵爲公乘，九爵爲五大夫，皆軍吏也。吏民爵不得過公乘者，得貰與子若同産。然則公乘者，軍吏之爵最高者也。雖非臨戰，得公卒車，故曰公乘也。十爵爲左庶長，十一爵爲右庶長，十二爵爲左更，十三爵爲中更，十四爵爲右更，十五爵爲少上造，十六爵爲大上造，十七爵爲駟車庶長，十八爵爲大庶長，十九爵爲關內侯，二十爵爲列侯。自左庶長已上至大庶長，皆卿大夫，皆軍將也。所將皆庶人、更卒也，故以庶更爲名。大庶長即大將軍也，左右庶長即左右偏裨將軍也。」古今注曰：「成帝鴻嘉三年，令吏民得買爵，級千錢。」

四夷國王，率衆王，歸義侯，邑君，邑長，皆有丞，比郡、縣。

百官受奉例：〔一〕大將軍、三公奉，月三百五十斛。中二千石奉，月百八十斛。二千石奉，月百二十斛。比二千石奉，月百斛。千石奉，月八十斛。六百石奉，月七十斛。比六百石奉，月五十斛。四百石奉，月四十五斛。比四百石奉，月四十斛。三百石奉，月四十斛。比三百石奉，月三十七斛。二百石奉，月三十斛。比二百石奉，月二十七斛。一百石奉，月

十六斛。斗食奉，月十一斛。〔二〕佐史奉，月八斛。〔三〕凡諸受奉，皆半錢半穀。〔四〕

〔一〕古今注曰：建武二十六年四月戊戌，增吏奉如此，志例以明也。

〔二〕漢書音義曰：「斗食祿，日以斗爲計。」

〔三〕古今注曰：「永和三年，初與河南尹及雒陽員吏四百二十七人奉，月四十五斛。」臣昭曰：此言豈其妄乎？若人人奉四十五斛，則四百石秩爲太優而無品，若共進奉者人不過一斗，亦非義理。

〔四〕荀綽晉百官表注曰：「漢延平中，中二千石奉錢九千，米七十二斛。眞二千石月錢六千五百，米三十六斛。比二千石月錢五千，米三十四斛。一千石月錢四千，米三十斛。六百石月錢三千五百，米二十一斛。四百石月錢二千五百，米十五斛。三百石月錢二千，米十二斛。二百石月錢一千，米九斛。百石月錢八百，米四斛八斗。」獻帝起居注曰：「帝在長安，詔書以三輔地不滿千里，而軍師用度非一，公卿已下不得奏除。其若公田，以秩石爲奉，賦（輿）〔與〕令各自收其租稅。」

贊曰：帝道淵默，冢帥修德。寡以御衆，分職乃克。不置不監，無驕無忒。程是師徒，寧民康國。

校勘記

三六二七頁五行　外十二州　按：汲本、殿本「十」下有「有」字。

三六一七頁一〇行　省察治政　按：前表顏注引「治政」作「治狀」。孫星衍輯本同，孫云光武紀注引「治狀」作「政敎」。

三六一七頁一三行　喜則任賞　按：前表顏注引「任」作「淫」，孫輯本同。

三六一七頁一三行　煩擾苛暴　按：前表顏注引「苛」作「刻」，通典注同。

三六一七頁一三行　剝戮黎元　按：前表顏注引「戮」作「截」，通典注同。

三六一八頁一行　怙恃榮勢　按：前表顏注引「怙恃」作「恃怙」，孫輯本同，通典注同。

三六一八頁二行　比諸持板揖不拜　按：孫云「諸」下當有脫文。

三六一八頁七行　東安南　按：集解引錢大昕說，謂東安南郡無可攷。秦中記中平五年分漢陽置南安郡，晉志南安郡領豲道、新興、中陶三縣。疑此本作「南安」，而衍「東」字耳。

三六一八頁八行　凡十三〔郡〕　據汲本、殿本補。

三六一八頁九行　凡十四〔郡〕　據汲本、殿本補。

三六一九頁一六行　雖不頓革　按：「頓」原譌「頪」，逕改正。

三六二〇頁七行　夫聖主御世　按：「主」原作「王」，逕據汲本、殿本改。

三六二〇頁八行　共所創置焉可仍因　汲本、殿本「置」下有「哉」字。今按：「共」疑當作「其」，「其」既譌「共」，後人遂於「置」下增一「哉」字。

三六二一頁四行　凡州所監都爲京都置尹一人　集解引錢大昕說，謂「都」爲「部」字之譌，又顚倒其文，「凡州所監都爲」當作「凡州所監爲部」，此六字乃注文，「京都置尹一人」，則志正文也。黃山校補則謂「都」爲「郡」字之譌，凡郡爲京師則置尹，兩漢皆如此。按：錢、黃兩說似均未諦，姑仍其舊。

三六二一頁八行　〔尉一人〕典兵禁備盜賊　王先謙謂「典」上疑當有「尉一人」三字而奪之。今據何焯校本補「尉一人」三字。

三六二二頁二行　安帝以羌犯法三輔有陵園之守　按：「法」字疑衍，「三輔」二字疑當屬上讀，本書西羌傳可證。

三六二二頁三行　每有劇〔職〕〔賊〕　據汲本改。按：校補謂都尉本以備盜賊，作「職」非也。觀順帝紀置太山、琅邪都尉，卽是因有劇賊置。

三六二三頁五行　乃裹餱糧　按「餱」原作「糇」，逕改正。

三六二三頁五行　干戈載〔鍚〕〔揚〕　據汲本、殿本改。按：「載」當作「戚」。

三六二三頁一〇行　故置右扶風　按：孫星衍謂此下當脫文。

三六二三頁一二行　河南〔府〕〔尹〕掾出考案　據汲本、殿本改。

三六二三頁一三行　四部督郵〔史〕〔吏〕部掾　據汲本、殿本改。

三六二二頁一四行　(循)〔脩〕行二百三十人　集解引惠棟說，謂據北海相景君碑陰及王充論衡，「循行」當作「脩行」無疑。今據改。下同。

三六二三頁三行　以(江)〔汝〕南陽安爲女公主邑　集解引惠棟說，謂「江」當作「汝」，陽安，汝南縣也。今據改。

三六二三頁九行　公主所食湯沐曰(國)〔邑〕　據集解引錢大昕說改。按：前表列侯所食縣曰國，皇后公主所食曰邑。

三六二三頁一三行　銷兵刃　按：「銷」原譌「鑄」，逕據汲本、殿本改正。

三六二四頁一行　鄉有秩獄史五十六人　按：汲本「史」作「吏」。

三六二四頁一〇行　大率十里一鄉　按：校補謂此當是「十里一亭，十亭一鄉」，注有脫誤。

三六二四頁一三行　(過)〔邊〕郡太守　據殿本考證改。按：孫校本漢官舊儀亦作「邊」。

三六二五頁一三行　六吏與人亡情七吏作盜賊使人爲耳目　按：校補謂以上二「人」字亦當是「民」字。唐時功令，習後漢書者兼習八志，「民」字幷經避改，此亦回改未盡者。

三六二五頁一三行　吏賤買賣貴於民　按：集解引惠棟說，謂「賣貴」當作「貴賣」。

三六二六頁八行　設官府掾(吏)〔史〕　據汲本、殿本改。

三六二六頁二一行　客賜質子歲時胡市焉　汲本、殿本「焉」作「馬」。按：本書烏桓傳云「於是始復置烏桓校尉於上谷甯城，開營府，幷領鮮卑，賞賜質子，歲時互市焉」，則「客」當作「賞」，「胡」當作「互」，「焉」字不譌。

三六二七頁七行 至(漢)成帝省內史治民　按：「成帝」上不當有「漢」字，今刪。

三六二七頁一四行 全國之難誠固財物之富　按：「全國之難」以下文有脫誤。「固」疑「因」字之譌。

三六二八頁一五行 (或)〔威〕力強濟　據汲本改。

三六二八頁一六行 (齎)〔齏〕粉同氣　據汲本改。

三六二八頁一六行 橫羅其凶　按：汲本、殿本作「罹」。「羅」「罹」字通。

三六二八頁一七行 趙倫以(惷)〔惷〕愚排天　據集解本改。

三六二九頁六行 本(注)曰太僕　集解引錢大昕說，謂「注」字衍。此言王國之僕其初亦稱太僕，武帝時始去「太」字耳。今據刪。

三六二九頁八行 本注曰掌冠長冠本員十六人後減　集解引錢大昕說，謂此句疑有脫誤。漢朝謁者掌賓贊受事及上章報問，則王國之謁者所掌亦宜如之。或云掌官長別是一官，如禮樂長、衞士長之類，則員不得若是之多也。校補據輿服志「唯長冠諸王國謁者以為常服」，謂「掌」當作「常」。今按：凡「本注曰」云云，皆說明其職掌，改「掌」為「常」，於例不合，校補之說亦未諦也。

三六二九頁一四行　封周後姬常爲周承休公　按：集解引惠棟說，「姬常」當作「姬武」。參見光武帝紀六一頁校勘記。

三六三三頁六行　中二千石奉錢九千　按：殿本「奉」作「奉」。校補謂此注下文皆以月計，似「奉」「奉」皆「月」之譌，否則「奉」下脫「月」字。

三六三三頁一〇行　賦(與)〔與〕令各自收其租稅　據汲本、殿本改。

後漢書志第二十九

輿服上

玉輅　乘輿　金根　安車　立車　耕車　戎車　獵車　軿車　青蓋車　綠車　皁蓋車　夫人安車　大駕　法駕　小駕　輕車　大使車　小使車　載車　導從車　車馬飾

書曰：「明試以功，〔一〕車服以庸。」〔二〕言昔者聖人興天下之大利，除天下之大害，躬親其事，身履其勤，憂之勞之，不避寒暑，使天下之民物，各得安其性命，無夭昏暴陵之災。是以天下之民，敬而愛之，若親父母；則而養之，若仰日月。夫愛之者欲其長久，不憚力役，相與起作宮室，上棟下宇，以雍覆之，欲其長久也；敬之者欲其尊嚴，不憚勞煩，相與起作輿輪旌旗章表，以尊嚴之。斯愛之至，敬之極也。苟心愛敬，雖報之至，情由未盡。或殺身以爲之，盡其情也；弈世以祀之，明其功也。是以流光與天地比長。後世聖人，知恤民之憂思深大者，必饗其樂；勤仁毓物使不夭折者，必受其福。故爲之制禮以節之，使夫上仁繼天統物，不伐其功，民物安逸，若道自然，莫知所謝。老子曰：「聖人不仁，以百姓爲芻狗。」此之謂也。

〔一〕孔安國曰：「效試其居國爲政，以差其功。」

〔二〕孔安國曰：「賜以車服，以旌其德，用所任也。」又一通：「諸侯四朝，各使陳進治化之言，明試其言，以要其功。功成則錫車服，以表顯其能用。」

夫禮服之興也，所以報功章德，尊仁尚賢。故禮尊（尊）貴貴，不得相踰，所以爲禮也。非其人不得服其服，所以順禮也。順則上下有序，德薄者退，德盛者縟。故聖人處乎天子之位，服玉藻邃延，日月升龍，山車金根飾，黃屋左纛，所以副其德，章其功也。賢仁佐聖，封國（愛）〔受〕民，黼黻文繡，降龍路車，所以顯其仁，光其能也。及其季末，聖人不得其位，賢者隱伏，是以天子微弱，諸侯脅矣。於此相貴以等，相讞以貨，相賂以利，天下之禮亂矣。至周夷王下堂而迎諸侯，此天子失禮，微弱之始也。自是諸侯宮縣樂食，祭以白牡，擊玉磬，朱干設錫，冕而儛大武。〔一〕大夫臺門旅樹反坫，繡黼丹朱中衣，鏤簋朱紘，此大夫之僭諸侯禮也。〔二〕詩刺「彼己之子，不稱其服」，傷其敗化。易譏「負且乘，致寇至」，言小人乘君子器，盜思奪之矣。自是禮制大亂，兵革並作；上下無法，諸侯陪臣，山楶藻梲。降及戰國，奢僭益熾，削滅禮籍，蓋惡有害己之語。競修奇麗之服，飾以輿馬，文繡玉纓，象鑣金䈇，以相夸上。爭錐刀之利，殺人若刈草然，其宗祀亦旋夷滅。榮利在己，雖死不悔。及秦并天下，攬其輿服，上選以供御，其次以錫百官。漢興，文學既缺，時亦草創，承秦之制，後稍改定，參稽六經，近於雅正。孔子曰：「其或繼周者，行夏之正，乘殷之輅，服周之冕，樂則韶舞。」故撰輿服著之于篇，以觀古今損益之義云。

〔一〕鄭玄注禮記曰：「此皆天子之禮也。宮縣，四面縣也。干，盾也。錫，傅其背如龜也。武，萬舞也。白牡，大路，殷天子之禮也。白牡，殷牲。」

〔二〕鄭玄曰：「此皆諸侯之禮也。旅，道也。屏謂之樹，樹所以蔽行道。管氏樹塞門，塞猶蔽也。禮，天子外屏，諸侯內屏，大夫以簾，士以帷。反坫，反爵之坫也，蓋在尊南。兩君相見，主君既獻，於〔此〕反爵焉。繡黼丹朱以為中衣領緣也。繡讀為綃。綃，繒名也。詩云：『素衣朱綃。』又曰：『素衣朱襮。』襮，黼領也。鏤簋謂刻而飾之也。大夫刻之為龜耳，諸侯飾以象，天子飾以玉。朱紘，天子冕之紘也。諸侯青組，大夫士當緇組，紘纓邊。」

上古聖人，見轉蓬始知為輪。輪行可載，因物知生，復為之輿。輿輪相乘，流運罔極，任重致遠，天下獲其利。後世聖人觀於天，視斗周旋，魁方杓曲，〔一〕以攜龍、角為帝車，於是迺曲其輈，乘牛駕馬，登險赴難，周覽八極。故易震乘乾，謂之大壯，言器莫能有上之者也。〔二〕自是以來，世加其飾。至奚仲為夏車正，建其斿旐，尊卑上下，各有等級。〔三〕周室大備，官有六職，百工與居一焉。〔四〕一器而羣工致巧者，車最多，是故具物以時，六材皆良。〔五〕輿方法地，蓋圓象天；三十輻以象日月；〔六〕蓋弓二十八以象列星；龍旂九斿，七仞齊軫，〔七〕以象大火；〔八〕鳥旟七斿，五仞齊較，〔九〕以象鶉火；〔一〇〕熊旗六斿，五仞齊肩，以象參、伐；〔一一〕龜旐四斿，四仞齊首，以象營室；〔一二〕弧旌枉矢，以象弧也；〔一三〕此諸侯以下之所建者也。〔一四〕

〔一〕春秋緯曰：「瑤光第一至第四爲魁，第五至第七爲杓，合爲斗。」

〔二〕孝經援神契曰：「斗曲杓橈，象成車。房爲龍馬，華蓋覆鉤。天理入魁，神不獨居，故驂駕陪乘，以道踟躕。」宋均注曰：「房星既體蒼龍，又象駕駟馬，故兼言之也。覆鉤，既覆且鉤曲似蓋也。天理入魁，又似御陪乘。」

〔三〕世本云：「奚仲始作車。」古史考曰：「黃帝作車，引重致遠，其後少昊時駕牛，禹時奚仲駕馬。」臣昭案：服牛乘馬，以利天下，其所起遠矣，豈奚仲爲始？世本之誤，史考所說是也。

〔四〕周禮曰：「審曲面勢，以飭五材，以辨民器，謂之百工。」

〔五〕鄭玄曰：「取幹以冬，取角以秋，絲漆以夏，筋膠未聞。」自此至弧旌枉矢，皆出周禮，「鄭玄曰」即是周禮注。

〔六〕鄭玄曰：「輪象日月者，以其運行也。日月三十日而合宿。」

〔七〕鄭玄曰：「軫謂車後橫木。」

〔八〕鄭玄曰：「交龍爲旂，諸侯之所建也。大火，蒼龍宿之心，其屬有尾，尾九星。」

〔九〕鄭玄曰：「較者，車高檻木也。」

〔一〇〕鄭玄曰：「鳥隼爲旟，州里之所建。鶉火，朱鳥宿之柳，其屬有七星。」

〔一一〕鄭玄曰：「熊虎爲旗，師都之所建。伐屬白虎宿，與參連體而六星。」

〔一二〕鄭玄曰：「龜蛇爲旐，縣鄙之所建。營室，玄武宿，與東壁連體而四星。」

〔一三〕鄭玄曰：「覲禮曰『侯氏載龍旂弧韣』，則旌旗之屬皆有弧也。弧以張縿之幅，有衣謂之韣，又爲設矢，象弧星有矢也。妖星有枉矢者，蛇行有尾，因此云枉矢，蓋畫之。」玄注禮含文嘉曰：「蓋旗有九名：日月爲常，交龍爲旂，通帛爲旃，雜帛爲物，熊虎爲旗，鳥隼爲旟，龜蛇爲旐，（奎）〔全〕羽爲旞，析羽爲旌。」盧植注禮記曰：「有鈴曰旂。」干寶注周禮曰：「枉矢象妖星，非其義也。枉蓋應爲枉直，謂枉矢於弧。」

〔一四〕白虎通曰：「居車中，不內顧也。仰即觀天，俯即察地，前聞和鸞之聲，旁見四方之運，此車教之道。論語曰：『升車必正立，執綏，車中不內顧。』所以有和鸞以正威儀，節行舒疾也。鸞者在衡，和者在軾，馬動則鸞鳴，鸞鳴則和應。其聲鳴曰和敬。舒則不鳴，疾則失音，明得其和也。故詩云『和鸞雍雍，萬福攸同』。魯訓曰：『和，設軾者也。鸞，設衡者也。』」許慎曰「詩云八鸞鎗鎗」，則一馬二鸞也。又曰「輶車鸞鑣」，知非衡也。毛詩傳曰：「在軾曰和，在鑣曰鸞。」杜預注左傳亦云「鸞在鑣，和在衡」。傅玄乘輿馬賦注曰：「鸞在馬勒鑣。」干寶周禮注曰：「和鸞皆以金爲鈴。」史記曰：「前有錯衡，所以養目也。步中武象，驟中韶（護）〔濩〕，所以養耳也。龍旂九斿，所以養信也。寢兕持虎，蛟韅彌龍，所以養威也。故大路之馬，必信至教順然後乘之，所以養安也。」

天子（五）〔玉〕路，〔一〕以玉爲飾，〔二〕（錫）〔鍚〕樊纓十有再就，〔三〕建太常，十有二斿，九仞曳地，〔四〕日月升龍，象天明也。〔五〕夷王以下，周室衰弱，諸侯大路。秦幷天下，閱三代之禮，或曰殷瑞山車，金根之色。〔六〕漢承秦制，御爲乘輿，所謂孔子乘殷之路者也。

〔一〕周禮王之五路，一曰玉路，二曰金路，三曰象路，四曰革路，五曰木路。釋名曰：「天子所乘曰路，路亦軍事也，謂之路，言行路也。」

〔二〕古文尚書曰：「大路在賓階面，綴路在阼階面。」孔安國曰：「大路，玉；綴路，金也。」服虔曰：「大路，總名也，如今駕駟高車矣。尊卑俱乘之，其采飾有差。」鄭玄曰：「王在焉曰路，以玉飾諸末也。」傅玄乘輿馬賦注曰：「玉路，重較也。」韻集曰：「輒前橫木曰軨。」

〔三〕鄭玄曰：「(錫)〔鍚〕面當盧刻金爲之，所謂鏤(錫)〔鍚〕也。樊讀如鞶帶之鞶，謂今馬大帶也。」鄭衆曰：「纓謂當胷。士喪禮曰：『馬纓三就，以削革爲之。』三就，三重三帀也。」鄭玄曰：「纓，今馬鞅。玉路之樊及纓，皆以五采罽飾之。十二就，就，成也。」杜預曰：「纓在馬膺前，如索帬。」乘輿馬賦注曰：「繁纓飾以旄尾，金塗十二重。」

〔四〕鄭衆曰：「太常九旗之畫日月者。」鄭玄曰：「七尺爲仞，天子之旗高六丈三尺。」

〔五〕崔駰東巡頌曰：「登天靈之威路，駕太一之象車。」

〔六〕殷人以爲大路，於是始皇作金根之車。殷曰(乘)〔桑〕根，秦改曰金根。乘輿馬賦注曰：「金根，以金爲飾。」

乘輿、金根、安車、立車，〔一〕輪皆朱班重牙，〔二〕貳轂兩轄，〔三〕金薄繆龍，爲輿倚較，〔四〕文虎伏軾，〔五〕龍首銜軛，左右吉陽筩，鸞雀立衡，〔六〕𣝣文畫輈，羽蓋華蚤，〔七〕建大旂，十有二斿，畫日月升龍，駕六馬，〔八〕象鑣鏤(錫)〔鍚〕，金(鑁)〔鋄〕方釳，插翟尾，〔九〕朱兼樊纓，赤罽易茸，金就十有二，左纛以氂牛尾爲之，在左騑馬軛上，大如斗，〔一〇〕是爲德車。五時車，安、立亦皆如之。各如方色，馬亦如之。白馬者，朱其髦尾爲朱鬣云。所御駕六，餘皆

駕四，後從爲副車。〔一〕

〔一〕蔡邕曰：「五安五立。」徐廣曰：「立乘曰高車，坐乘曰安車。」

〔二〕周禮曰：「牙也者，以爲固抱也。」鄭衆曰：「牙謂輪輮也，世閒或謂之輞。」

〔三〕蔡邕曰：「轂外復有一轂抱轄，其外乃復設轄，抱銅置其中。」東京賦曰：「重輪貳轄，疏轂飛軨。」

〔四〕徐廣曰：「繆，交錯之形也。較在箱上。」說文曰：「㯽文畫蕃。」蕃，箱也。通俗文曰：「車箱爲較。」

〔五〕魏都賦注曰：「軾，車橫覆膝，人所馮止者也。」

〔六〕徐廣曰：「置金鳥於衡上。」

〔七〕徐廣曰：「翠羽蓋黃裏，所謂黃屋車也。金華施橑末，有二十八枚，卽蓋弓也。」東京賦曰：「樹翠羽之高蓋。」薛綜曰：「樹翠羽爲蓋，如雲龍矣。金作華形，莖皆低曲。」

〔八〕東京賦云：「六玄虯之奕奕。」

〔九〕獨斷曰：「金（鑁）〔錽〕者，馬冠也。高廣各五寸，上如（三）〔玉〕華形，在馬髦前。方釳，鐵也。廣數寸，在馬（鑁）〔錽〕後。後有三孔，插翟尾其中。」薛綜曰：「釳中央〔低〕，兩頭高，如山形，而貫中翟尾結著之。」顏延之幼誥曰：「釳，乘輿馬頭上防釳，角所以防罔羅，釳以翟尾鐵翮象之也。」徐廣曰：「金爲馬（义）〔文〕髦。」

〔一〇〕徐廣曰：「馬在中曰服，在外曰騑。」騑亦名驂。蔡邕曰：「在最後左騑馬頭上。」

〔一一〕古文尚書曰：「予臨兆民，懍乎若朽索之馭六馬。」逸禮王度記曰：「天子駕六馬，諸侯駕四，大夫三，士二，庶人一。」周禮四馬爲乘。毛詩天子至大夫同駕四，士駕二。易京氏、春秋公羊說皆云天子駕六。許愼以爲天子駕六，諸侯及卿駕四，大夫駕三，士駕二，庶人駕一。史記曰，秦始皇以水數制乘六馬。鄭玄以爲天子四馬，周禮乘馬有四圉，各養一馬也。諸侯亦四馬，顧命，時諸侯皆獻乘黃朱，乘亦四馬也。今帝者駕六，此自漢制，與古異耳。蔡邕表志曰：「以文義不著之故，俗人多失其名。五時副車曰五帝車，鸞旗曰雞翹，耕根曰三蓋，其比非一也。」

耕車，其飾皆如之。有三蓋。一曰芝車，置轓耒耜之箙，上親耕所乘也。〔一〕

〔一〕新論桓譚謂揚雄曰：「君之爲黃門郎，居殿中，數見輿輦，玉蚤、華芝及鳳皇、三蓋之屬，皆玄黃五色，飾以金玉、翠羽、珠絡、錦繡、茵席者也。」東京賦曰：「立戈迆戛，農輿路木。」薛綜曰：「戈，句孑戟。戛，長矛。置車上者邪柱之。迆，邪也。是謂戈路。農輿三蓋，所謂耕根車也。東耕于藉，乘馬無飾，故稱木也。」賀循曰：「漢儀，親耕青衣幘。」東京賦說親耕，亦云「鸞路蒼龍」。賀循曰：「車必有鸞，而春獨鸞路者，鸞鳳類而色青，故以名春路也。」賦又曰：「介御閒以剡耜。」薛綜曰：「耜，耒金也。廣五寸，著耒耜而載之。天子車參乘，帝在左，御在中，介處右，以耒置御之右。」

戎車，其飾皆如之。蕃以矛麾金鼓羽析幢翳，轓胄甲弩之箙。〔一〕

〔一〕漢制度曰：「戎，立車，以征伐。」周官「其矢箙」。通俗文曰：「箭箙謂之步叉。」干寶亦曰：「今謂之步叉。」鄭玄注既夕曰：「服，車箙也。」顏延之幼誥云：「弩，矢也。」

獵車，其飾皆如之。重輞縵輪，繆龍繞之。一曰闟豬車，親校獵乘之。〔一〕

〔一〕魏文帝改曰闟虎車。

太皇太后、皇太后法駕，皆御金根，〔一〕加交（路）〔絡〕帳裳。〔二〕非法駕，則乘紫罽軿車，〔三〕雲檟文畫輈，黃金塗五末，〔四〕蓋蚤。左右騑，駕三馬。長公主赤罽軿車。大貴人、貴人、公主、王妃、封君油畫軿車。大貴人加節畫輈。皆右騑而已。

〔一〕重翟羽蓋者也。

〔二〕徐廣曰：「青交（路）〔絡〕，青帷裳。」

〔三〕字林曰：「軿車有衣蔽，無後轅者謂之輜也。」釋名：「軿，屏也。四屏蔽，婦人乘牛車也。有邸曰輜，無邸曰軿。」傅子曰：「周曰輜車，卽輦也。」

〔四〕徐廣曰：「未詳。疑謂前一轅及衡端轂頭也。」

皇太子、皇子皆安車，朱班輪，青蓋，金華蚤，黑檟文，畫轓文輈，金塗五末。皇子爲王，錫以乘之，故曰王青蓋車。〔一〕皇孫（則）綠車以從。皆左右騑，駕三。〔二〕公、列侯安車，朱班輪，倚鹿較，伏熊軾，皁繒蓋，黑轓，右騑。〔三〕

〔一〕徐廣曰：「旂旗九旒，畫降龍。」魏武帝令問東平王：「有金路何意？爲是特賜非？」侍中鄭稱對曰：「天子五路，金以封同姓，諸侯得乘金路，與天子同。此自得有，非特賜也。」

〔二〕獨斷曰：「綠車名曰皇孫車，天子有孫乘之。」

〔三〕車有轓者謂之軒。

中二千石、二千石皆皁蓋，朱兩轓。其千石、六百石，朱左轓。轓長六尺，下屈廣八寸，上業廣尺二寸，九文，十二初，後謙一寸，若月初生，示不敢自滿也。〔一〕景帝中元五年，始詔六百石以上施車轓，得銅五末，軛有吉陽筩。中二千石以上右騑，三百石以上皁布蓋，千石以上皁繒覆蓋，二百石以下白布蓋，皆有四維杠衣。賈人不得乘馬車。除吏赤畫杠，其餘皆青云。〔二〕

〔一〕案本傳，舊典，傳車驂駕乘赤帷裳，唯郭賀爲（冀）〔荆〕州，敕去襜帷。謝承書曰：「孔恂字巨卿，新淦人。州別駕從事車前舊有屛星，如刺史車曲翳儀式。是時刺史行部，發去日晏，刺史怒，欲去別駕車屛星。恂諫曰：『明使君傳車自發晚，而欲徹去屛星，毀國舊儀，此不可行。別駕可去，屛星不可省。』即投傳去。刺史追辭謝請，不肯還，於是遂不去屛星。」說文曰：「車當謂之屛星。」

〔二〕古今注曰：「武帝天漢四年，令諸侯王大國朱輪，特虎居前，（虛）〔左〕兕右麋。小國朱輪畫，特熊居前，寢麋居左右，卿車者也。」

公、列侯、中二千石、二千石夫人，會朝若蠶，各乘其夫之安車，右騑，加交（路）〔絡〕帷裳，皆皁。非公會，不得乘朝車，得乘漆布輜軿車，銅五末。

乘輿大駕，公卿奉引，太僕御，大將軍參乘。屬車八十一乘，〔一〕備千乘萬騎。西都行祠天郊，甘泉備之。官有其注，名曰甘泉鹵簿。〔二〕東都唯大行乃大駕。大駕，太僕校駕；

法駕，黃門令校駕。

〔一〕薛綜曰：「屬之言相連屬也，皆在後，爲三行。」

〔二〕蔡邕表志曰：「國家舊章，而幽僻藏蔽，莫之得見。」

乘輿法駕，〔八〕〔公〕卿不在鹵簿中。河南尹、執金吾、雒陽令奉引，奉車郎御，侍中參乘。屬車〔四〕〔三〕十六乘。前驅有九斿雲罕，〔一〕鳳皇闟戟，〔二〕皮軒鸞旗，〔三〕皆大夫載。〔四〕鸞旗者，編羽旄，列繫幢旁。〔五〕民或謂之雞翹，非也。〔六〕後有金鉦黃鉞，〔七〕黃門鼓車。

〔一〕徐廣曰：「斿車有九乘。」前史不記形也。武王剋紂，百夫荷罕旗以先驅。東京賦曰：「雲罕九斿。」薛綜曰：「旌旗名。」

〔二〕薛綜曰：「闟之言函也，取四戟函車邊。」

〔三〕應劭漢官鹵簿圖曰：「乘輿大駕，則御鳳皇車，以金根爲列。」

〔四〕胡廣曰：「皮軒，以虎皮爲軒。」郭璞曰：「皮軒革車」，或曰即曲禮「前有士師，則載虎皮」。

〔五〕胡廣曰：「建蓋在中。」

〔六〕胡廣曰：「鸞旗，以銅作鸞鳥車衡上。」與本志不同。

〔七〕說文曰：「鉞，大斧也。」司馬法曰：「夏執玄鉞，殷執白鉞，周杖黃鉞。」

古者諸侯貳車九乘。秦滅九國，兼其車服，故大駕屬車八十一乘，法駕半之。屬車皆皁蓋赤裏，〔木〕〔朱〕轓，戈矛弩箙，尚書、御史所載。最後一車懸豹尾，〔一〕豹尾以前比省中。〔二〕

〔一〕薛綜曰：「侍御史載之。」

〔二〕小學漢官篇曰：「豹尾過後，罷屯解圍。」胡廣曰：「施於道路，豹尾之內爲省中，故須過後，屯圍乃得解，皆所以戒不虞也。淮南子曰『軍正執豹皮，所以制正其衆』，禮記『前載虎皮』，亦此之義類。」

行祠天郊以法駕，祠地、明堂省什三，祠宗廟尤省，謂之小駕。每出，太僕奉駕上鹵簿，中常侍、小黃門副；尚書主者，郎令史副；侍御史，蘭臺令史副。皆執注，以督整車騎，謂之護駕。春秋上陵，尤省於小駕，直事尚書一人從，其餘令以下，皆先行後罷。

輕車，古之戰車也。洞朱輪輿，不巾不蓋，建矛戟幢麾，轓輒弩服。〔一〕藏在武庫。大駕、法駕出，射聲校尉、司馬(史)〔吏〕士載，以次屬車，在鹵簿中。諸車有矛戟，其飾幡斿旗幟皆五采，制度從周禮。吳孫兵法云：「有巾有蓋，謂之武剛車。」武剛車者，爲先驅。又爲屬車輕車，爲後殿焉。

〔一〕徐廣曰：「置弩於軾上，駕兩馬也。」

大使車，立乘，駕駟，赤帷。持節者，重導從：賊曹車、斧車、督車、功曹車皆兩；大車，伍伯璅弩十二人；辟車四人；〔一〕從車四乘。無節，單導從，減半。

〔一〕周禮滌狼氏干寶注曰：「今卒辟車之屬。」

小使車，不立乘，有騑，赤屏泥油，重絳帷。導無斧車。近小使車，蘭輿赤轂，白蓋赤帷。從騶騎四十人。此謂追捕考案，有所勑取者之所乘也。諸使車皆朱班輪，四輻，赤衡軛。其送葬，白堊已下，洒車而後還。公、卿、中二千石、二千石，郊廟、明堂、祠陵，法出，皆大車，立乘，駕駟。他出，乘安車。

大行載車，其飾如金根車，加施組連壁交絡四角，金龍首銜璧，垂五采，析羽流蘇前後，雲氣畫帷裳，橅文畫曲轓，長懸車等。太僕御，駕六布施馬。布施馬者，淳白駱馬也，以黑藥灼其身爲虎文。既下，馬斥賣，車藏城北祕宮，皆不得入城門。當用，太僕考工乃內飾治，禮吉凶不相干也。

公卿以下至縣三百石長導從，置門下五吏、賊曹、督盜賊功曹，皆帶劍，三車導；主簿、主記，兩車爲從。縣令以上，加導斧車。公乘安車，則前後并馬立乘。長安、雒陽令及王國都縣加前後兵車，亭長，〔一〕設右騑，駕兩。璅弩車前伍伯，公八人，中二千石、二千石、六百石皆四人，自四百石以下至二百石皆二人。黄綬，武官伍伯，文官辟車。鈴下、侍閤、門蘭、部署、街里走卒，皆有程品，多少隨所典領。驛馬三十里一置，〔二〕卒皆赤幘絳韝云。

〔一〕纂要，雒陽亭長，車前吹管。

〔二〕臣昭案：東晉猶有郵驛共置，承受傍郡縣文書。有郵有驛，行傳以相付。縣置屋二區。有承驛吏，皆條所受書，每月言上州郡。風俗通曰：「今吏郵書掾、府督郵，職掌此。」

古者軍出，師旅皆從；秦省其卒，取其師旅之名焉。公以下至二千石，騎吏四人，千石以下至三百石，縣長二人，皆帶劍，持棨戟爲前列，揵弓韣九鞬。〔一〕諸侯王法駕，官屬傳相以下，皆備鹵簿，似京都官騎，張弓帶鞬，遮迾出入稱（課）促。列侯，家丞、庶子導從。若會耕祠，主縣假給辟車鮮明卒，備其威儀。導從事畢，皆罷所假。

〔一〕通俗文曰：「弓韣謂之鞬。」

諸車之文：乘輿，倚龍伏虎，櫎文畫輈，龍首鸞衡，重牙班輪，升龍飛軨。〔一〕皇太子、諸侯王，倚虎伏鹿，櫎文畫輈轓，吉陽筩，朱班輪，鹿文飛軨，旂旗九斿降龍。公、列侯，倚鹿伏熊，黑轓，朱班輪，鹿文飛軨，九斿降龍。卿，朱兩轓，五斿降龍。二千石以下各從科品。諸轓車以上，軛皆有吉陽筩。

〔一〕薛綜曰：「飛軨，以緹油廣八寸，長注地，畫左蒼龍右白虎，繫軸頭。二千石亦然，但無畫耳。」盧植禮記注曰：「軨，轄頭（軹）也。」楚辭云「倚結軨兮太息」，王逸注曰「重較也」。李尤小車銘曰：「軨之嗛虛，疏達開通。」案二家之言，不如綜注所記。

諸馬之文：案乘輿，金（鍐）〔錽〕方釳，插翟象鑣，〔一〕龍畫總，沬升龍，赤扇汗，〔二〕青兩翅，鷰尾。駙馬，左右赤珥流蘇，飛鳥節，赤膺兼。皇太子或亦如之。王、公、列侯、鏤（錫文）〔錫文〕髦，朱鑣朱鹿，朱文，絳扇汗，青翅鷰尾。卿以下有騑者，緹扇汗，青翅尾，當盧（文）〔文〕髦，上下皆通。中二千石以上及使者，乃有騑駕云。

〔一〕爾雅注曰：「鑣，馬勒旁鐵也。」此用象牙。

〔二〕詩云：「朱幩鑣鑣。」毛傳曰：「人君以朱纏鑣扇汗，且以為鑣飾。」

校勘記

三六三九頁五行　導從車　按：「車」原作「卒」，據汲本、殿本改。

三六四〇頁三行　效試其居國為政　按：汲本、殿本「效」作「攷」。汲本「居」作「君」。

三六四〇頁六行　故禮尊〔尊〕貴貴　據汲本、殿本補。

三六四〇頁九行　封國（愛）〔受〕民　據汲本改。

三六四〇頁一〇行　於此相貴以等　按：汲本、殿本「此」作「是」。

三六四〇頁一三行　冕而儛大武　按：集解引黃山說，謂此下應有「此諸侯之僭天子禮也」一句。志本據禮郊特牲爲說，彼文作「諸侯之僭禮也」，與下「大夫之僭禮也」一律，此亦當與下「此大夫之僭諸侯禮也」一律，明有奪誤。

三六四一頁八行　於〔此〕反爵焉　據汲本、殿本補。

三六四二頁七行　天理入魁　按：汲本、殿本「理」作「罡」，下同。又按：古微書「入」作「八」。

三六四三頁六行　(奎)〔全〕羽爲綫　據汲本、殿本改。

三六四三頁一〇行　其聲鳴曰和敬　按：「和」下疑脫「和則」二字。大戴禮保傅篇作「聲曰和，和則敬」，是其證。

三六四三頁一三行　驟中韶(護)〔濩〕　據汲本、殿本改。

三六四三頁一五行　天子(五)〔玉〕路　集解引黃山說，謂「五路」乃「玉路」之譌。周禮巾車鄭注，玉路以玉飾諸末，金路以金飾諸末，象路以象飾諸末，革路輓之以革而漆之，無他飾，木路不輓以革，漆之而已。今作「天子五路」，下接「以玉爲飾」，不可通。此涉注文「五」字而譌也。各本皆失正。今據改。

三六四三頁一五行　(錫)〔鍚〕樊纓十有再就　據汲本改，與周禮合。

三六四三頁一七行　所謂孔子乘殷之路者也　按：殿本「所謂」二字在「孔子」二字下，「路」作「輅」。

三六四四頁五行　輈前橫木曰輅　按：汲本、殿本「輅」作「路」。

三六四四頁六行　(錫)〔鍚〕面當盧刻金爲之　據汲本改，與周禮巾車鄭注合。

三六四四頁一一行　殷曰(乘)〔桑〕根　集解引惠棟說，謂禮記「大輅，殷輅也」。鄭玄云「大輅，木輅也。漢祭天乘殷之輅，今謂之桑根車」。然則「乘」當作「桑」也。今據改。

三六四四頁一三行　金薄繆龍　按：集解引惠棟說，謂「繆」禮書作「璆」。

三六四四頁一三行　建大旂　按：集解引惠棟說，謂「旂」徐廣作「常」。

三六四四頁一四行　象鑣鏤(錫)〔鍚〕　據汲本改。

三六四四頁一四行　金(鏤)〔錽〕方釳　據文選東京賦及李善注引獨斷改，注同。按：盧文弨校獨斷謂錽，亡犯切，馬頭飾也，舊譌從叟。段注說文引此文亦作「錽」。

三六四五頁四行　轂外復有一轂抱轄至抱銅置其中　集解引惠棟說，謂二「抱」字皆當作「施」，禮志可證。今按：邕說見獨斷，今獨斷「抱」作「施」，「轄」作「舝」。

三六四五頁六行　人所馮止者也　按：「止」原譌「上」，逕改正。

三六四五頁七行　置金鳥於衡上　按：殿本「鳥」作「烏」。

三六四五頁一一行　上如(三)〔玉〕華形　汲本、殿本作「三」作「五」。集解引惠棟說，謂文選注引「五華」作「玉華」。按：今獨斷亦作「玉華」，「三」與「五」疑皆形近而譌，今據改。又按：「上」原譌「匕」，逕改正。

三六四五頁一二行　在馬(鏤)〔錽〕後　殿本考證謂「鏤」當作「騣」。按：今本獨斷作「騣」，盧校改爲「錽」，今從盧校改。

三六四五頁一三行　鉈中央〔低〕兩頭高　集解引陳景雲說，謂「中央」下脫「低」字，見文選注。今據補。

三六四五頁一三行　金爲馬(乂)〔文〕髦　據汲本、殿本改。按：殿本考證謂「馬文髦」一本作「馬文尾」，何焯校本作「馬叉髦」。集解引惠棟說，謂「文」北宋本作「乂」。校補引柳從辰說，謂晉輿服志「金錽以鐵爲之，以金爲文旄」，則作「叉」作「乂」皆非。黄山謂柳說是。通典亦載以黄金爲文髦，作「文」自不誤。「髦」之作「尾」，亦形近而譌。

三六四五頁一五行　諸侯駕四　按：集解引惠棟說，謂案王度記曰「諸侯駕五，卿駕四」也。

三六四六頁四行　置轙耒耜之箙　按：黄山謂「之」乃「弩」字之訛，當以「置轙耒耜弩箙」爲文，耒耜與弩箙皆逼置車中，卽月令所謂介御閒也。

三六四七頁一行　太皇太后皇太后　按：集解引陳景雲說，謂當有「皇后」二字。

三六四七頁一行　加交(路)〔絡〕帳裳　集解引陳景雲說，謂「路」當作「絡」，劉盆子傳引此文正作「絡」。王先謙謂陳說是，後大行載車仍作「絡」，不誤。今據改。

三六四七頁五行　青交(路)〔絡〕　據陳景雲說改。

三六四七頁九行　朱班輪　按：集解引惠棟說，謂「班」一作「斑」。

三六四七頁一〇行　皇孫〔則〕綠車以從　按：本書安帝紀李注引作「至皇孫則綠車」。集解引黃山說，謂「則」字直貫「以從」爲句，李注引志省「以從」二字，此文乃並删「則」字，非也。今據補。

三六四七頁一三行　魏武帝令問東平王　按：汲本無「令」字。

三六四八頁一行　後謙一寸　按：殿本「一」作「二」。

三六四八頁三行　除吏赤畫杠　按：集解引惠棟說，謂徐廣車服注「畫」作「蓋」。

三六四八頁五行　郭賀爲（冀）〔荆〕州　按：郭賀拜荆州刺史，見本書蔡茂傳。校補謂注誤，當據傳改，今從之。

三六四八頁九行　（盧）〔左〕兕右麋　據汲本、殿本改。

三六四八頁一二行　會朝若鼂　按：集解引惠棟說，謂「朝」一作「廟」。

三六四八頁一二行　加交（路）〔絡〕帷裳　據陳景雲說改。按：本書劉盆子傳李注引正作「絡」。

三六四九頁四行　（八）〔公〕卿不在鹵簿中　校補引錢大昭說，謂「八卿」獨斷作「公卿」，儒林傳注作「公」，脫「卿」字。今據改。

三六四九頁四行　奉車郎御　按：百官志奉車無郎，「郎」字疑譌。集解引惠棟說，謂百官春秋云奉車都尉執轡。

三六四九頁五行　屬車(四)〔三〕十六乘　集解引惠棟說，謂「四」宋志作「三」。又引錢大昕說，謂當作「三十六乘」。按：今獨斷亦作「三十六乘」，盧校云續漢輿服志作「四十六乘」，誤。今據改。

三六四九頁一〇行　以金根爲列　按：集解引惠棟說，謂「列」當作「副」。

三六四九頁一六行　(木)〔朱〕轓　按：集解引惠棟說，謂北宋本「木」作「朱」。今據改。

三六五〇頁七行　洞朱輪輿　按：集解引惠棟說，謂「洞」顏師古注引作「彤」。

三六五〇頁七行　建矛戟幢麾韡軱弩服　按：集解引惠棟、黃山說，謂前書張安世傳顏注引「建」作「菑」，「韡」作「瑋」，無「軱箙」二字。又按：汲本「服」作「箙」。

三六五〇頁八行　司馬(史)〔吏〕士　據汲本、殿本改。

三六五〇頁九行　吳孫兵法　殿本「吳孫」作「孫吳」。按：校補謂本書皇甫規傳「勤明吳孫，未若奉法」，是作「吳孫」不誤也。惟章懷注以爲指吳起、孫武，而通典注則作孫子兵法，而不及吳起。夫二子不共爲書，其書又不皆言武剛車制，志文何爲並舉？疑「吳孫」云者，專指吳孫武也。

三六五〇頁一三行　辟車四人　按：集解引惠棟說，謂「車」北宋本作「居」。

三六五〇頁一四行　周禮滌狼氏　按：殿本「滌」作「條」，與今本周禮合。

三六五一頁六行　長懸車等　按：集解引惠棟說，謂「懸」徐廣作「與」。

三六五一頁九行　三車導　按：汲本、殿本「導」上有「從」字。

三六五一頁一〇行　則前後幷馬立乘　按：殿本「後」作「從」。

三六五二頁三行　每月言上州郡　按：殿本「言」作「吉」。

三六五二頁六行　出入稱(課)促　集解引陳景雲說，謂「課」字衍。「促」一作「娖」。中山簡王傳「官騎百人，稱娖前行」，注「稱娖猶整齊也」。今據刪。

三六五二頁九行　皇太子諸侯王倚虎伏鹿　按：校補引柳從辰說，謂下既有列侯，則此「侯」字當衍。

三六五二頁一一行　朱兩轓　按：汲本、殿本「轓」作「輪」。

三六五二頁一四行　軨轄頭(靼)也　集解引黄山說，謂曲禮「僕展軨效駕」，釋文引盧注「軨，轄頭靼也」，此奪「靼」字。今據補。

三六五三頁一四行　倚結軨兮太息　按：楚辭「太息」上有「長」字，此脫。

三六五三頁一四行　重較也　汲本「較」作「軨」。按：今本楚辭王逸注作「伏車重軾而涕泣也」。

三六五三頁二行　金(鍐)〔錽〕方釳　按：「鍐」當作「錽」，前已出校記。

三六五三頁三行　鏤(錫乂)〔鍚文〕髦　按：「錫」當作「鍚」，「乂」當作「文」，前已出校記。下「當盧(乂)〔文〕髦」，同。

後漢書志第三十

輿服下

冕冠　長冠　委貌冠　皮弁冠　爵弁冠　通天冠　遠遊冠　高山冠　進賢冠　法冠　武冠　建華冠　方山冠　巧士冠　却非冠　却敵冠　樊噲冠　術氏冠　鶡冠　幘　佩　刀　印　黃赤綬　赤綬　綠綬　紫綬　青綬　黑綬　黃綬　青紺綸　后夫人服

上古穴居而野處，衣毛而冒皮，未有制度。後世聖人易之以絲麻，觀翬翟之文，榮華之色，乃染帛以效之，始作五采，成以爲服。見鳥獸有冠角頓胡之制，遂作冠冕纓蕤，以爲首飾。凡十二章。故易曰：「庖犧氏之王天下也，仰觀象於天，俯觀法於地，觀鳥獸之文，與地之宜，近取諸身，遠取諸物，於是始作八卦，以通神明之德，以類萬物之情。」黃帝堯舜垂衣裳而天下治，蓋取諸乾巛。乾巛有文，故上衣玄，下裳黃。日月星辰，山龍華蟲，〔一〕作繢宗彝，〔二〕藻火粉米，〔三〕黼黻絺繡，〔四〕以五采章施于五色作服。〔五〕天子備章，〔六〕公自山以下，侯伯自華蟲以下，子男自藻火以下，卿大夫自粉米以下。至周而變之，以三辰爲旂旗。王祭上帝，則大裘而冕；〔七〕公侯卿大夫之服用九章以下。〔八〕秦以戰國即天子位，滅去禮學，郊祀之服皆以袀玄。漢承秦故。至世祖踐祚，都于土中，始修三雍，正兆七郊。顯宗遂就大業，初服旒冕，衣裳文章，赤舃絇屨，以祠天地，養三老五更於三雍，于時致治平矣。

〔一〕孔安國注尚書曰：「華，象草華；蟲，雉也。」

〔二〕古文尚書「繢」作「會」。孔安國曰：「以五采成此畫焉。」宗廟彝樽，亦以山、龍、華蟲爲飾。

〔三〕孔安國曰：「藻，水草有文者。火爲火字，粉若粟（米）〔冰〕，米若聚米。」

〔四〕孔安國曰：「黼若斧形。黻爲兩己相背。葛之精者曰絺。五色備曰繡。」杜預注左傳曰：「白與黑謂之黼，黑與青謂之黻。」

〔五〕孔安國曰：「以五采明施于五色，作尊卑之服。」

〔六〕鄭玄周禮注曰：「此古天子冕服十二章。」

〔七〕鄭衆曰：「大裘，羔裘。服以祀天，示質也。」

〔八〕鄭玄曰：「華蟲，五色之蟲。周禮繢人職曰『鳥獸蛇雜四時五色之位以章之』，謂是也。王者相變，至周而以日月星辰畫於旌旗，所謂三辰旂旗，昭其明也。而冕服九章，初一曰龍，次二曰山，次三曰華蟲，次四曰火，次五曰宗彝，皆畫以爲繢；次六曰藻，次七曰粉米，次八曰黼，次九曰黻，皆絺以爲繡。則袞之衣五章，裳四章，凡九也。鷩畫以雉，謂華蟲也。其衣三章，裳四章，凡七也。毳畫虎蜼，謂宗彝也。其衣三章，裳二章，凡五也。絺刺粉米無晝也。其衣一章，裳二章，凡三也。」法言曰：「聖人文質者也，車服以彰之，藻色以明之，聲音以揚之，詩書以光之。籩豆不陳，玉帛不分，琴瑟不鏗，鍾鼓不耺，吾無以見乎聖也！」

天子、三公、九卿、特進侯、侍祠侯，祀天地明堂，皆冠旒冕，衣裳玄上纁下。〔一〕乘輿備文，日月星辰十二章，三公、諸侯用山龍九章，九卿以下用華蟲七章，皆備五采，大佩，赤舄絇履，以承大祭。百官執事者，冠長冠，皆祗服。五嶽、四瀆、山川、宗廟、社稷諸沾秩祠，皆袀玄長冠，五郊各如方色云。百官不執事，各服常冠袀玄以從。

〔一〕東觀書曰：「永平二年正月，公卿議春南北郊，東平王蒼議曰：『孔子曰：「行夏之時，乘殷之路，服周之冕。」爲漢制法。高皇帝始受命創業，制長冠以入宗廟。光武受命中興，建明堂，立辟雍。陛下以聖明奉遵，以禮服龍袞，祭五帝。禮缺樂崩，久無祭天地冕服之制。（接）〔按〕尊事神（禮）〔祇〕，絜齋盛服，敬之至也。日月星辰，山龍華藻，天王袞冕十有二旒，以則天數；旂有龍章日月，以備其文。今祭明堂宗廟，圓以法天，方以則地，服以華文，象其物宜，以降神〔明〕，肅雍備思，博其類也。天地之禮，冕冠裳衣，宜如明堂之制。』」

冕冠，垂旒，前後邃延，〔一〕玉藻。〔二〕孝明皇帝永平二年，初詔有司采周官、禮記、尚書皐陶篇，乘輿服從歐陽氏說，公卿以下從大小夏侯氏說。冕皆廣七寸，長尺二寸，前圓後方，朱綠裏，玄上，前垂四寸，後垂三寸，係白玉珠爲十二旒，以其綬采色爲組纓。〔三〕三公諸侯七旒，青玉爲珠；卿大夫五旒，黑玉爲珠。〔四〕皆有前無後，各以其綬采色爲組纓，旁垂黈纊。〔五〕郊天地，宗祀，明堂，則冠之。〔六〕衣裳玉佩備章采，乘輿刺（史）〔繡〕，公侯九卿以下皆織成，陳留襄邑獻之云。

〔一〕邃，垂也。延，冕上覆。

〔二〕周禮曰：「五采繅十有二就，皆五采玉，十有二，玉笄朱紘。」鄭玄注曰：「繅，雜文之名也。合五采絲爲之繩，垂於延之前後，各十二，所謂邃延也。就，成也。繩之每一帀而貫五采玉，十有二旒則十二玉也。每就閒蓋一寸。朱紘，以朱組爲紘也。紘一條屬兩端於武，此爲袞衣之冕。十二旒則用玉二百八十八。鷩衣之冕，繅九旒，用玉二百一十六。毳衣之冕，七旒，用玉百六十八。絺衣之冕，五旒，用玉百二十。玄衣之冕，三旒，用玉七十二。」

〔三〕說文曰：「組，綬屬也，小者以爲冕纓焉。」禮記曰「玄冠朱組（綬）〔纓〕，天子之服」是也。

〔四〕獨斷曰「三公諸侯九旒，卿七旒」，與此不同。

〔五〕呂忱曰：「黈，黃色也。黃緜爲之。」禮緯曰：「旒垂目，纊塞耳，王者示不聽讒，不視非也。」薛綜曰：「以珩玉爲充耳也。詩云：『充耳琇瑩。』毛萇傳曰：『充耳謂之瑱。天子玉瑱。琇瑩，美石也。諸侯以石。』」

〔六〕蔡邕曰：「鄙人不識，謂之平天冠。」

長冠，一曰齋冠，高七寸，廣三寸，促漆纚爲之，制如板，以竹爲裏。初，高祖微時，以竹皮爲之，謂之劉氏冠，楚冠制也。民謂之鵲尾冠，非也。祀宗廟諸祀則冠之。皆服袀玄，〔一〕絳緣領袖爲中衣，絳絝襪，示其赤心奉神也。五郊，衣幘絝襪各如其色。此冠高祖所造，故以爲祭服，尊敬之至也。

〔一〕獨斷曰：「袀，紺繒也。」吳都賦〔注〕曰：「袀，皁服也。」

委貌冠、皮弁冠同制，長七寸，高四寸，制如覆杯，前高廣，後卑銳，所謂夏之〔毋〕〔毌〕追，殷之章甫者也。委貌以皁絹爲之，皮弁以鹿皮爲之。行大射禮於辟雍，公卿諸侯大夫行禮者，冠委貌，衣玄端素裳。〔一〕執事者冠皮弁，衣緇麻衣，皁領袖，下素裳，所謂皮弁素積者也。〔二〕

〔一〕鄭衆周禮傳曰：「衣有襦裳者爲端。」鄭玄曰：「謂之端，取其正也。正者，士之衣。袂皆二尺二寸而屬幅，是廣袤等也。其袪尺二寸。大夫以上侈之。侈之者，蓋半而益一焉。半而益一，則其袂三尺三寸，袪尺八寸。」

〔二〕皮弁，質也。石渠論玄冠朝服。戴聖曰：「玄冠，委貌也。朝服布上素下，緇帛帶，素韋韠。」白虎通曰：「三王共皮弁素積。素積者，積素以爲裳也，言要中辟積也。」

爵弁，一名冕。廣八寸，長尺二寸，如爵形，前小後大，繒其上似爵頭色，有收持笄，所謂夏收殷冔者也。〔一〕祠天地五郊明堂，雲翹舞樂人服之。禮曰：「朱干玉鍼，〔二〕冕而舞大夏。」此之謂也。

〔一〕獨斷曰：「殷黑而微白，前大而後小；夏純黑，亦前小而後大，皆以三十六升漆布爲之。詩云：『常服黼冔。』書曰：『王與大夫盡弁。』上古皆以布，中古以絲。孔子曰：『麻冕，禮也，今也純，儉。』」

〔二〕鄭玄曰：「朱干，赤大盾也。鍼，斧也。」

通天冠，高九寸，正豎，頂少邪却，乃直下爲鐵卷梁，前有山，展筩爲述，乘輿所常服。〔一〕服衣，深衣制，有袍，隨五時色。袍者，或曰周公抱成王宴居，故施袍。禮記「孔子衣逢掖之衣」。縫掖其袖，合而縫大之，近今袍者也。今下至賤更小史，皆通制袍，單衣，皁緣領袖中衣，爲朝服云。

〔一〕獨斷曰：「漢受之秦，禮無文。」

遠遊冠，制如通天，有展筩横之於前，無山述，諸王所服也。〔一〕

〔一〕獨斷曰：「禮無文。」

高山冠，一曰側注。制如通天，〔頂〕不邪却，直豎，無山述展筩，〔一〕中外官、謁者、僕射所服。太傅胡廣說曰：「高山冠，蓋齊王冠也。秦滅齊，以其君冠賜近臣謁者服之。」〔二〕

〔一〕獨斷曰：「鐵爲卷梁，高九寸。」漢書音義曰：「其體側立而曲注。」

〔二〕史記酈生初見高祖，儒衣而冠側注。漢舊儀曰：「乘輿冠高山冠，飛月之纓，幘耳赤，丹紈裏衣，帶七尺斬蛇劍，履虎尾絇履。」案此則亦通于天子。

進賢冠，古緇布冠也，文儒者之服也。前高七寸，後高三寸，長八寸。公侯三梁，〔一〕中二千石以下至博士兩梁，自博士以下至小史私學弟子，皆一梁。宗室劉氏亦兩梁冠，示加服也。〔二〕

〔一〕胡廣曰：「車駕巡狩幸其國者，侯衣玄端之衣，冠九旒之冕，其盛法服以就位也。今列侯自不奉朝請侍祠祭者，不得服此，皆常三梁冠，皁單衣，其歸國流黃衣皁云。」晉公卿禮秩曰：「太傅、司空、司徒著進賢三梁冠，黑介幘。」

〔二〕獨斷曰：「漢制禮無文。」荀綽晉百官表注曰：「建光中，尚書陳忠以爲『令史質堪上言，太官宜著兩梁，尚書孟〔希〕〔布〕奏，太官職在鼎俎，不列陛位，堪欲令比大夫兩梁冠，不宜許。臣伏惟太官令職在典掌王饔，統六清之飲，列八珍之饌，正百品之羞，納四方之貢，所奉尤重，用思又勤。明詔愼口實之御，防有敗之姦，增崇其選。侍御史主捕案，太醫令奉方藥供養，符節令掌幡信金虎，故位從大夫，車有軺沂，冠有兩梁，所以殊親疏，別內外也。太官令以供養言之，爲最親近，以職事言之，爲最煩多，令又高選，又執法比太醫令，科同服等，而冠二人殊，名實不副。又博士秩卑，以其傳先王之訓，故尊而異之，令服大夫之冕。猶此言之，兩梁冠非必列於陛位也。建初中，太官令兩梁冠。春秋之義，大於復古。如堪言合典，可施行。克厭帝心，即聽用之』。」獻帝起居注曰：「中平六年，令三府長史兩梁冠，五時衣袍，事位從千石、六百石。」

法冠，一曰柱後。〔一〕高五寸，以纚爲展筩，〔二〕鐵柱卷，〔三〕執法者服之，侍御史、廷尉正監平也。或謂之獬豸冠。獬豸神羊，能別曲直，楚王嘗獲之，故以爲冠。〔四〕胡廣說曰：「春秋左氏傳有南冠而縶者，則楚冠也。秦滅楚，以其君服賜執法近臣御史服之。」

〔一〕獨斷曰：「柱後惠文。」

〔二〕前書注曰：「纚，今之縰。」通俗文：「幘裹曰纚。」

〔三〕荀綽晉百官表注曰：「鐵柱，言其厲直不曲橈。」

〔四〕異物志曰：「東北荒中有獸名獬豸，一角，性忠，見人鬭，則觸不直者；聞人論，則咋不正者。楚執法者所服也。今冠兩角，非象也。」臣昭曰：或謂獬豸迺非定名，在兩角未足斷正，安不存其豎飾，令兩爲冠乎？

武冠，〔一〕一曰武弁大冠，諸武官冠之。〔二〕侍中、中常侍加黃金璫，附蟬爲文，貂尾爲飾，謂之「趙惠文冠」。〔三〕胡廣說曰：「趙武靈王效胡服，以金璫飾首，前插貂尾，爲貴職。秦滅趙，以其君冠賜近臣。」〔四〕建武時，匈奴內屬，世祖賜南單于衣服，以中常侍惠文冠，中黃門童子佩刀云。

〔一〕一云古緇布冠之象也。或曰繁冠。

〔二〕晉公卿禮秩曰：「大司馬、將軍、尉、驃騎、車騎、衞軍、諸大將軍開府從公者，著武冠，平上幘。」

〔三〕又名鵔鸃冠。

〔四〕應劭漢官曰：「說者以金取堅剛，百鍊不耗。蟬居高飲絜，口在掖下。貂內勁捍而外溫潤。」此因物生義也。徐廣曰：「趙武靈王胡服有此，秦卽趙而用之。」說者蟬取其淸高，飲露而不食，貂紫蔚（采）〔柔〕潤，而毛采不彰灼，故於義亦取。胡廣又曰：「意謂北方寒涼，本以貂皮煖頟，附施於冠，因遂變成首飾。」

建華冠，以鐵爲柱卷，貫大銅珠九枚，制似縷鹿。〔一〕記曰：「知天者冠述，知地者履絇。」春秋左傳曰：「鄭子臧好鷸冠。」前圓，以爲此則是也。〔二〕天地、五郊、明堂，育命舞樂人服之。

〔一〕獨斷曰：「其狀若婦人縷鹿。」薛綜曰：「下輪大，上輪小。」

〔二〕說文曰：「鷸，知天將雨鳥也。」

方山冠，似進賢，以五采縠爲之。祠宗廟，大予、八佾、四時、五行樂人服之，冠衣各如其行方之色而舞焉。

巧士冠，〔前〕高七寸，要後相通，直豎。不常服，唯郊天，黃門從官四人冠之，在鹵簿中，次乘輿車前，以備宦者四星云。〔一〕

〔一〕獨斷曰：「禮無文。」

却非冠，制似長冠，下促。宮殿門吏僕射冠之。負赤幡，青翅燕尾，諸僕射幡皆如之。〔一〕

〔一〕獨斷曰：「禮無文。」

却敵冠，前高四寸，通長四寸，後高三寸，制似進賢，衞士服之。〔一〕

〔一〕獨斷曰：「禮無文。」

樊噲冠，漢將樊噲造次所冠，以入項羽軍。廣九寸，高七寸，前後出各四寸，制似冕。司馬殿門大誰衞士服之。或曰，樊噲常持鐵楯，聞項羽有意殺漢王，噲裂裳以裹楯，冠之入軍門，立漢王旁，視項羽。

術氏冠，前圓，吳制，差池邐迆四重。趙武靈王好服之。今不施用，官有其圖注。〔一〕

〔一〕淮南子曰楚莊王所〔復〕〔服〕𩍐冠者是。蔡邕曰：「其說未聞。」

諸冠皆有纓蕤，執事及武吏皆縮纓，垂五寸。

武冠，俗謂之大冠，環纓無蕤，以靑系爲緄，加雙鶡尾，豎左右，爲鶡冠云。〔一〕五官、左右虎賁、羽林、五中郎將、羽林左右監皆冠鶡冠，紗縠單衣。虎賁將虎文絝，白虎文劒佩刀。虎賁武騎皆鶡冠，虎文單衣。襄邑歲獻織成虎文云。鶡者，勇雉也，其鬭對一死乃止，故趙武靈王以表武士，秦施之焉。〔二〕

〔一〕莊子曰「縵胡之纓，武士之服」是也。

〔二〕徐廣曰：「鶡似黑雉，出於上黨。」荀綽晉百官表注曰：「冠插兩鶡，鷙鳥之暴疏者也。每所攫撮，應爪摧衄，天子武騎故以冠焉。」傅玄賦注曰：「羽騎，騎者戴鶡。」

安帝立皇太子，太子謁高祖廟、世祖廟，門大夫從，冠兩梁進賢；洗馬冠高山。罷廟，侍御史任方奏請非乘從時，皆冠一梁，不宜以爲常服。事下有司。尚書陳忠奏：「門大夫職如諫大夫，洗馬職如謁者，故皆服其服，先帝之舊也。方言可寢。」奏可。謁者，古者一名洗馬。〔一〕

〔一〕古今注曰：「建武十三年，初令令長皆小冠。」獨斷曰：「公卿侍中尙書衣皁而朝者曰朝臣。諸營校尉將大夫以下，不爲朝臣。」

古者有冠無幘，其戴也，加首有頍，所以安物。故詩曰「有頍者弁」，此之謂也。三代之世，法制滋彰，下至戰國，文武並用。秦雄諸侯，乃加其武將首飾爲絳袙，以表貴賤，其後稍稍作顏題。漢興，續其顏，却摞之，施巾連題，却覆之，今喪幘是其制也。名之曰幘。幘者，賾也，頭首嚴賾也。至孝文乃高顏題，續之爲耳，崇其巾爲屋，合後施收，上下羣臣貴賤皆服之。文者長耳，武者短耳，稱其冠也。尙書幘收，方三寸，名曰納言，示以忠正，顯近職也。迎氣五郊，各如其色，從章服也。皁衣羣吏春服青幘，立夏乃止，助微順氣，尊其方也。武吏常赤幘，成其威也。未冠童子幘無屋者，示未成人也。入學小童幘也句卷屋者，示尙幼少，未遠冒也。喪幘却摞，反本禮也。升數如冠，與冠偕也。期喪起耳有收，素幘亦如之，禮輕重有制，變除從漸，文也。〔一〕

〔一〕獨斷曰：「幘，古者卑賤執事不冠者之所服也。董仲舒止雨書曰『執事者皆赤幘』，知不冠者之所服也。元帝額有壯髮，不欲使人見，始進幘服之，羣臣皆隨焉。然尙無巾，故言『王莽禿，幘施屋』。冠進賢者宜長耳，冠惠文者宜短耳，各隨其宜。」漢舊儀曰：「凡齋，紺幘；耕，青幘；秋貙劉，服緗幘。」

古者君臣佩玉，尊卑有度；上有韍，〔一〕貴賤有殊。佩，所以章德，服之衷也。韍，所以執事，禮之共也。故禮有其度，威儀之制，三代同之。五霸迭興，戰兵不息，佩非戰器，韍非兵旗，於是解去韍佩，留其係璲，〔二〕以爲章表。故詩曰「鞙鞙佩璲」，此之謂也。〔三〕韍佩既廢，秦乃以采組連結於璲，光明章表，轉相結受，故謂之綬。漢承秦制，用而弗改，故加之以雙印佩刀之飾。至孝明皇帝，乃爲大佩，衝牙雙瑀璜，皆以白玉。〔四〕乘輿落以白珠，公卿諸侯以采絲，其〔玉〕視冕旒，爲祭服云。

〔一〕徐廣曰：「韍如（巾）〔今〕蔽膝。」

〔二〕徐廣曰：「今名璲爲繸。」

〔三〕鞙鞙，佩玉貌。璲，瑞也。鄭玄箋曰：「佩璲者，以瑞玉爲佩，佩之鞙鞙然。」

〔四〕詩云：「雜佩以贈之。」毛萇曰：「珩、璜、琚、瑀，衝牙之類。」月令章句曰：「佩上有雙衡，下有雙璜，琚瑀以雜之，衝牙蠙珠以納其閒。」玉藻曰：「右徵角，左宮羽，進則揖之，退則揚之，然後玉瑲鳴焉。」纂要曰：「琚瑀所以納閒，在玉之閒，今白珠也。」

佩刀，乘輿黃金通身貂錯，半鮫魚鱗，金漆錯，雌黃室，五色罽隱室華。諸侯王黃金錯，環挾半鮫，黑室。公卿百官皆純黑，不半鮫。小黃門雌黃室，中黃門朱室，童子皆虎爪文，虎賁黃室虎文，其將白虎文，皆以白珠鮫爲鏢口之飾。〔一〕乘輿者，加翡翠山，紆嬰其側。〔二〕

〔一〕通俗文曰：「刀鋒曰鏢。」

〔二〕左傳曰：「藻率鞞鞛。」杜預曰：「鞞，佩刀削上飾。鞛，下飾也。」鄭玄詩箋曰：「既爵命賞賜，而加賜容刀有飾，顯其能制斷也。」春秋繁露曰：「劍之在左，青龍之象也。刀之在右，白虎之象也。韍之在前，朱鳥之象也。冠之在首，玄武之象也。四者，人之盛飾也。」臣昭案：自天子至于庶人，咸皆帶劍。劍之與刀，形制不同，名稱各異，故蕭何劍履上殿，不稱爲刀，而此志言不及劍，如爲未備。

佩雙印，長寸二分，方六分。乘輿、諸侯王、公、列侯以白玉，中二千石以下至四百石皆以黑犀，二百石以至私學弟子皆以象牙。上合絲，乘輿以縢貫白珠，赤罽蕤，諸侯王以下以絳赤絲蕤，縢絳各如其印質。刻書文曰：「正月剛卯既決，靈殳四方，赤青白黃，四色是當。帝令祝融，以教夔龍，庶疫剛癉，莫我敢當。疾日嚴卯，帝令夔化，慎爾周伏，化茲靈殳。既正既直，既觚既方，庶疫剛癉，莫我敢當。」凡六十六字。〔一〕

〔一〕前書注云：「以正月卯日作。」

乘輿黃赤綬，四采，黃赤(紺)縹〔紺〕，淳黃圭，長〔二〕丈九尺九寸，五百首。〔一〕

〔一〕漢舊儀曰：「璽皆白玉螭虎紐，文曰『皇帝行璽』、『皇帝之璽』、『皇帝信璽』、『天子行璽』、『天子之璽』、『天子信璽』，凡六璽。皇帝行璽，凡封之璽賜諸侯王書；信璽，發兵徵大臣；天子行璽，策拜外國，事天地鬼神。璽皆以武都紫泥封，青囊白素裏，兩端無縫，尺一板中約署。皇帝帶綬，黃地六采，不佩璽。璽以金銀縢組，侍中組負以從。秦以前民皆佩綬，金、玉、銀、銅、犀、象爲方寸璽，各服所好。奉璽書使者乘馳傳。其驛騎也，三騎行，晝夜千里爲程。」吳書曰：「漢室之亂，天子北詣河上，六璽不自隨，掌璽者投井中。孫堅北討董卓，頓軍城南，官署有井，每旦有五色氣從井出。堅使人浚得傳國璽。其文曰『受命于天，既壽永昌』。方圜四寸，上有紐文槃五龍，瑨七寸管，龍上一角缺。」獻帝起居注曰：「時六璽不自隨，及還，於閣上得。」晉陽秋曰：「冉閔大將軍蔣幹以傳國璽付河南太守戴施，施獻之，百僚皆賀。璽光照洞徹，上蟠螭文隱起，書曰『(旻)〔昊〕天之命，皇帝壽昌』。秦舊璽也。」徐廣曰：「傳國璽文曰『受天之命，皇帝壽昌』。」

諸侯王赤綬，〔一〕四采，赤黃縹紺，淳赤圭，長二丈一尺，三百首。〔二〕

〔一〕徐廣曰：「太子及諸王金印，龜紐，纁朱綬。」

〔二〕荀綽晉百官表注曰：「皇太子朱綬，三百二十首。」

太皇太后、皇太后，其綬皆與乘輿同，皇后亦如之。

長公主、天子貴人與諸侯王同綬者，加特也。

諸國貴人、相國皆綠綬，三采，綠紫紺，淳綠圭，長二丈一尺，二百四十首。〔一〕

〔一〕前書曰：「相國、丞相皆秦官，金印紫綬。高帝相國綠綬。」徐廣曰：「金印綠綟綬。」綟音戾，草名也。以染似綠，又云似紫。紫綬名緺綬，〔緺〕音瓜，其色青紫。綟字亦(盩)〔盭〕，音同也，傳寫者誤作「綮」。公加殊禮，皆服之。何承天云：「緺音媧。青紫色綬。綟，紫色也。」

公、侯、將軍紫綬，二采，紫白，淳紫圭，長丈七尺，百八十首。〔一〕公主封君服紫綬。

〔一〕前書曰：「太尉金印紫綬。御史大夫位上卿，銀印青綬，成帝更名大司空，金印紫綬。將軍亦金印。」漢官儀曰：「馬防爲車騎將軍，銀印青綬，在卿上，絕席。和帝以竇憲爲車騎將軍，始加金紫，次司空。」

九卿、中二千石、二千石青綬，三采，青白紅，淳青圭，長丈七尺，百二十首。〔一〕自青綬以上，縌皆長三尺二寸，與綬同采而首半之。縌者，古佩璲也。佩綬相迎受，故曰縌。紫綬以上，縌綬之閒得施玉環鐍云。〔二〕

〔一〕一號青緺綬。

〔三〕通俗文曰：「缺環曰鐍。」漢舊儀曰「其斷獄者印爲章」也。

千石、六百石黑綬，三采，青赤紺，淳青圭，長丈六尺，八十首。四百石、三百石長同。〔一〕

〔一〕漢官曰：「尙書僕射，銅印青綬。」

四百石、三百石、二百石黃綬，〔一采〕，淳黃圭，（一采）長丈五尺，六十首。自黑綬以下，縌綬皆長三尺，與綬同采而首半之。

百石青紺（綸）〔綬〕，一采，宛轉繆織〔圭〕，長丈二尺。〔一〕

〔一〕丁孚漢儀載太僕、太中大夫襄言：「乘輿綬，黃地冒白羽，青絳綠五采，四百首，長二丈三尺。詔所下王綬，冒亦五采，上下無差。諸王綬四采，絳地冒白羽，青黃去（綠）〔緣〕，二百六十首，長二丈一尺。公主綬如王。侯，絳地，紺縹三采，百二十首，長丈八尺。二千石綬，羽青地，桃華縹三采，百二十首，長丈八尺。黑綬，羽青地，絳二采，八十首，長一丈七尺。黃綬一采，八十首，長丈七尺。以爲常式。民織綬不如式，沒入官，犯者爲不敬。二千石綬以上，禁民無得織以粉組。」皇太后詔可，王綬如所下。

凡先合單紡爲一系，四系爲一扶，五扶爲一首，五首成一文，文采淳爲一圭。首多者系細，少者系麤，皆廣尺六寸。〔一〕

〔一〕東觀書曰：「建武元年，復設諸侯王金璽綟綬，公侯金印紫綬。九卿、執金吾、河南尹秩皆中二千石，大長秋、將作大匠、度遼諸將軍、郡太守、國傅相皆秩二千石，校尉、中郎將、諸郡都尉、諸國行相、中尉、內史、中護軍、司直秩皆二千石，以上皆銀印青綬。中外官尚書令、御史中丞、治書侍御史、公將軍長史、中二千石丞、正、平、諸司馬、中宮王家僕、雒陽令秩皆千石，尚書、中謁者、謁者、黃門冗從、四僕射、諸都監、中外諸都官令、都候、司農部丞、郡國長史、丞、候、司馬、千人秩皆六百石，家令、侍、僕秩皆六百石，雒陽市長秩四百石，主家長秩皆四百石，以上皆銅印黑綬。諸署長楫櫂丞秩三百石，諸秩千石者，其丞、尉皆秩四百石，秩六百石者，丞、尉秩三百石，四百石者，其丞、尉秩二百石，縣國丞、尉亦如之，縣、國三百石長相，丞、尉亦二百石，明堂、靈臺丞、諸陵校長秩二百石，丞、尉、校長以上皆銅印黃綬。縣國守宮令、相或千石或六百石，長相或四百石或三百石，長相皆以銅印黃綬。而有秩者侍中、中常侍、光祿大夫秩皆二千石，太中大夫秩皆比二千石，尚書、諫議大夫、侍御史、博士皆六百石，議郎、中謁者秩皆比六百石，小黃門、黃門侍郎、中黃門秩皆比四百石，郎中秩皆比三百石，太子舍人秩二百石。」

太皇太后、皇太后入廟服，紺上皁下，蠶，青上縹下，皆深衣制，〔一〕隱領袖緣以絛。翦氂蔮，簪珥。珥，耳璫垂珠也。簪以瑇瑁爲擿，長一尺，端爲華勝，上爲鳳皇爵，以翡翠爲毛羽，下有白珠，垂黃金鑷。左右一横簪之，以安蔮結。諸簪珥皆同制，其擿有等級焉。

〔一〕徐廣曰：「卽單衣。」

皇后謁廟服，紺上皁下，蠶，青上縹下，皆深衣制，隱領袖緣以絛。假結，步搖，簪珥。步搖以黃金爲山題，貫白珠爲桂枝相繆，一爵九華，熊、虎、赤羆、天鹿、辟邪、南山豐大特六獸，詩所謂「副笄六珈」者。〔一〕諸爵獸皆以翡翠爲毛羽。金題，白珠璫繞，以翡翠爲華云。

〔一〕毛詩傳曰：「副者，后夫人之首飾，編髮爲之。笄，衡笄也。珈，笄飾之最盛者，所以別尊卑。」鄭玄曰：「珈之言加也。副既笄而加飾，如今步搖上飾，古之制所未聞。」

貴人助蠶服，純縹上下，深衣制。大手結，墨瑇瑁，又加簪珥。長公主見會衣服，加步搖，公主大手結，皆有簪珥，衣服同制。自公主封君以上皆帶綬，以采組爲緄帶，各如其綬色。黃金辟邪，首爲帶鐍，飾以白珠。

公、卿、列侯、中二千石、二千石夫人，紺繒蔮，黃金龍首銜白珠，魚須擿，長一尺，爲簪珥。入廟佐祭者皁絹上下，助蠶者縹絹上下，皆深衣制，緣。自二千石夫人以上至皇后，皆以蠶衣爲朝服。

公主、貴人、妃以上，嫁娶得服錦綺羅縠繒，采十二色，重緣袍。特進、列侯以上錦繒，采十二色。六百石以上重練，采九色，禁丹紫紺。三百石以上五色采，青絳黃紅綠。二百石以上四采，青黃紅綠。賈人，緗縹而已。〔一〕

〔一〕博物記曰：「交州南有蟲，長減一寸，形似白英，不知其名，視之無色，在陰地多緗色，則赤黃之色也。」

公、列侯以下皆單緣襈，制文繡爲祭服。自皇后以下，皆不得服諸古麗圭襂閨緣加上之服。〔二〕建武、永平禁絕之，建初、永元又復中重，於是世莫能有制其裁者，乃遂絕矣。〔三〕

〔一〕司馬相如大人賦曰：「垂旬始以爲幓。」注云：「葆下旒也。」則幓之容如旌旒也。

〔二〕蔡邕表志曰：「永平初，詔書下車服制度，中宮皇太子親服重繒厚練，浣已復御，率下以儉化起機。諸侯王以下至于士庶，嫁娶被服，各有秩品。當傳萬世，揚光聖德。臣以爲宜集舊事儀注本奏，以成志也。」

凡冠衣諸服，旒冕、長冠、委貌、皮弁、爵弁、建華、方山、巧士，衣裳文繡，赤舄，服絇履，大佩，皆爲祭服，其餘悉爲常用朝服。唯長冠，諸王國謁者以爲常朝服云。宗廟以下，祠祀皆冠長冠，皁繒袍單衣，絳緣領袖中衣，絳絝袜，五郊各從其色焉。

贊曰：車輅各庸，旌旂異局。冠服致美，佩紛璽玉。敬敬報情，尊尊下欲。孰夸華文，匪豪麗縟。

校勘記

三六六一頁八行　遂作冠冕纓蕤　按：集解引惠棟說，謂「蕤」北宋本作「緌」。

三六六二頁七行　粉若粟（米）〔冰〕　集解引李良裘說，按孔傳本作「粉若粟冰」，作「米」，譌也。此志北宋本亦作「粟冰」。今據改。

三六六三頁一行　裳二章　按：「二」原譌「一」，逕據汲本、殿本改正。

三六六三頁九行　（接）〔按〕尊事神（禮）〔祇〕　據汲本、殿本改。按：聚珍本東觀漢紀同。通典卷六十一引作「接尊事神」，無「禮」字。

三六六三頁二行　以降神〔明〕　據汲本、殿本及通典補。

三六六四頁一行　乘輿刺（史）〔繡〕　校補謂案對下「織成」言，「刺史」蓋「刺繡」之譌。書益稷鄭注「刺者爲繡」。前書賈誼傳「美者黼繡，是古天子之服」，師古注「繡者，刺爲衆文」。今作「刺史」，列乘輿上，公侯下，明誤。今據改。

三六六四頁八行　玄冠朱組（綬）〔纓〕　據汲本改，與今禮記合。

三六六五頁一行　吳都賦〔注〕曰　按：下所引乃文選吳都賦注文，明脫一「注」字，今補。

三六六五頁二行　委貌冠皮弁冠同制　按：集解引惠棟說，謂北宋本作「委貌與皮弁冠同制」。

三六六五頁二行　夏之（毋）〔毋〕追　據集解本改。按：校補引柳從辰說，謂白虎通「毋追，言其追大也」。字一作「無」，周禮追師鄭注作「牟」，釋名同。

三六六五頁三行　委貌以阜絹爲之　按：集解引惠棟說，謂「絹」一作「縉」。

三六六五頁一六行　展筩爲述　按：集解引惠棟說，謂此下脫「筩縧犀簪導」五字。

三六六六頁七行　〔頂〕不邪却　集解引惠棟說，謂「不」上宜從董巴輿服志及三禮圖增「頂」字。今據補。

三六六六頁八行　太傅胡廣說曰　按：集解引惠棟說，謂「胡廣」上脫「南郡」二字。

三六六七頁一行　尙書孟（希）〔布〕奏　集解引惠棟說，謂「希」當作「布」，漢隸帣卽布字，故誤作「希」也。

今據改。按：尙書孟布見本書陳忠傳。

三六六七頁五行　名實不副　按：「副」原譌「嗣」，逕據汲本、殿本改正。

三六六八頁九行　秦郎趙而用之　按：「趙」原譌「漢」，逕據汲本、殿本改正。

三六六八頁九行　貂紫蔚〈采〉〔柔〕潤　據殿本、集解本改。

三六六八頁一六行　方山冠似進賢　按：集解引惠棟說，謂下脫「前高七寸後高三寸纓長八寸」十二字，當從三禮圖增。

三六六九頁二行　巧士冠〔前〕高七寸　集解引惠棟說，謂「高」上脫「前」字。今據補。

三六六九頁二行　黃門從官四人冠之　按：集解引惠棟說，謂「官」北宋本作「宦者」。

三六六九頁一四行　楚莊王所〈復〉〔服〕獬冠者是　據殿本改。按：殿本考證謂「服」字監本誤作「復」，依宋本改。

三六七〇頁二行　紗縠單衣　集解引惠棟說，謂「紗」上脫「著」字。

三六七〇頁四行　秦施之焉　按：殿本「之焉」作「安焉」。惠棟云「安焉」一作「用之」。

三六七〇頁五行　縵胡之纓武士之服　按：集解引黃山說，謂今莊子說劍篇無「武士之服」四字。

三六七一頁五行　入學小童幘也句卷屋者　按：殿本考證謂「也」疑作「施」。

三六七一頁一〇行　服緗幘　按：汲本、殿本「緗」作「緋」。

三六七一頁一三行　解去韍佩　按：「韍」原譌「紱」，逕據汲本、殿本改正。下「韍佩既廢」同。

三六七一頁一三行　留其係璲　按：北堂書鈔儀飾部引董巴輿服志「係璲」作「綵縫」，初學記二十六、御覽六百八十二引董志作「綵縱」。下「連結於璲」同。

三六七一頁一四行　轉相結受　按：御覽引董巴志「受」作「授」。

三六七二頁一行　乘輿落以白珠　御覽六百九十二引董巴輿服志「落」作「絡」。按：落絡通。

三六七二頁二行　其〔玉〕視冕旒　校補引柳從辰說，謂御覽六百九十二引董巴輿服志作「其玉視冕旒」，此脫「玉」字。今據補。

三六七二頁三行　如(巾)〔今〕蔽膝　據殿本改。按：集解引惠棟說，謂「巾」當作「今」。

三六七三頁三行　正月剛卯既決　按：「決」當依前書莽傳注作「央」，與下「靈殳四方」叶韻。

三六七三頁四行　愼爾周伏　按：前書注「周」作「固」。

三六七三頁七行　乘輿黃赤綬四采　集解引惠棟說，謂「四」當依董巴輿服志作「五」。今按：北堂書鈔服飾部及宋本御覽六百八十二引董志並作「四」，惟初學記二十六引董志作「五」。下云「黃赤縹紺」，明祇四采，不當作「五」。

三六七三頁七行　黃赤(紺)縹〔紺〕　集解引惠棟說，謂「紺縹」當從董志作「縹紺」。今據以乙正。

三六七三頁七行　長〔二〕丈九尺九寸　集解引惠棟說，謂「丈」上當從三禮圖增「二」字。今據補。按：北堂書鈔、初學記及御覽引董志，並作「長二丈九尺」。

三六七三頁一五行　(旻)〔昊〕天之命　據汲本、殿本改。按：北堂書鈔服飾部引晉陽秋亦作「旻」，王石華校改「旻」爲「昊」。

三六七四頁一行　長二丈一尺三百首　集解引惠棟說，謂董志「一」作「八」，博物志仍作「一」。今按：北堂書鈔服飾部引應劭漢官作「長二丈一尺」。

三六七四頁八行　紫綬名緺綬〔緺〕音瓜　據汲本補。按：汲本脫「綬」字，殿本「綬」下脫「緺」字。

三六七四頁八行　綟字亦(盩)〔盭〕　據汲本改。按：「亦」下當脫「作」字。

三六七四頁一四行　古佩璲也　集解引惠棟說，謂「璲」北宋本作「襚」。今按：御覽六百八十二引董志亦作「襚」。

三六七四頁一四行　佩綬相迎受　按：集解引惠棟說，謂董志「綬」作「襚」。

三六七四頁一五行　繸綬之閒得施玉環鐍云　集解引惠棟說，謂「鐍」北宋本作「玦」。今按：御覽六百八十二引董志亦作「玦」。

三六七五頁六行　黃綬〔一采〕淳黃圭(一采)長丈五尺六十首　集解引惠棟說，謂董巴輿服志曰「皆黃綬，一采，淳黃圭，長一丈五尺，六十首」，崔豹古今注同。今據以乙正。

三六七五頁八行　百石青紺(綸)〔綬〕　據集解引惠棟說改。按：惠云「綬」譌「綸」，當從董巴輿服志改。

三六七五頁八行　宛轉繆織〔圭〕長丈二尺　集解引惠棟說，謂「長」上脫「圭」字，當從董巴輿服志增。今據補。

三六七五頁一〇行　青黃去（綠）〔緣〕　據殿本改。按：集解引惠棟說，謂漢官儀「去緣」作「赤綵」。

三六七五頁一〇行　長二丈一尺　按：汲本作「長一丈二尺」，殿本作「長二丈二尺」。惠棟云北宋本作「二丈一尺」。

三六七五頁一一行　長丈八尺　集解引惠棟說，謂漢官儀作「二丈八尺」。今按：孫星衍校漢官儀云「二」當作「一」。

三六七五頁一一行　黑綬羽青地　集解引惠棟說，謂漢官儀作「黑綬白羽青地」。今按：孫校云「白」字當衍。

三六七六頁六行　其丞尉秩二百石　按：集解引惠棟說，謂北宋本「二」作「三」。

三六七六頁一一行　簪以瑇瑁爲擿　按：集解引惠棟說，謂「擿」一作「揥」，又作「擿」。錢大昕謂擿即揥字。

三六七六頁一五行　一爵九華　按：集解引惠棟說，謂「一爵」當依徐廣輿服雜志作「八爵」，三禮圖引作「一爵」，訛。

三六七七頁八行　助蠶者縹絹上下皆深衣制緣　按：集解引惠棟說，謂「縹」一作「青」。

三六七七頁一五行　又復中重　按：集解引黃山說，謂明紀永平十二年詔云「有司其申明科禁」，和紀永元十一年詔云「但且申明憲綱」，凡詔書遵用舊章，未有不言申者。易稱「重巽以申命」，荀子富國篇「爵服慶賞，以申重之」，王霸篇「案申重之，以貴賤殺生」。「中」當卽「申」形近之訛。

三六七八頁一行　垂旬始以爲襂　集解引惠棟說，謂「襂」當作「幓」。今按：史記司馬相如傳作「幓」。

三六七八頁三行　各有秩品　集解引惠棟說，謂「秩」北宋本作「科」。

三六七八頁六行　絳緣領袖中衣　按：集解引惠棟說，謂「袖」下脫「爲」字。

三六七八頁六行　絳絝袜　按：集解引惠棟說，謂下脫「示赤心」三字。

獄中與諸甥姪書

范曄

吾狂釁覆滅，豈復可言，汝等皆當以罪人棄之。然平生行己在懷，猶應可尋，至於能不，意中所解，汝等或不悉知。

吾少懶學問，晚成人，年三十許政始有向耳。自爾以來，轉爲心化，推老將至者，亦當未已也。往往有微解，言乃不能自盡。爲性不尋注書，心氣惡，小苦思便憒悶，口機又不調利，以此無談功。至於所通解處，皆自得之於胸懷耳。文章轉進，但才少思難，所以每於操筆，其所成篇，殆無全稱者。

常恥作文士。文患其事盡於形，情急於藻，義牽其旨，韻移其意。雖時有能者，大較多不免此累，政可類工巧圖繢，竟無得也。常謂情志所託，故當以意爲主，以文傳意。以意爲主，則其旨必見；以文傳意，則其詞不流。然後抽其芬芳，振其金石耳。此中情性旨趣，千條百品，屈曲有成理。自謂頗識其數，嘗爲人言，多不能賞，意或異故也。

性別宮商，識淸濁，斯自然也。觀古今文人，多不全了此處；縱有會此者，不必從根本中來。言之皆有實證，非爲空談。年少中謝莊最有其分，手筆差易，文不拘韻故也。吾思乃無定方，特能濟難適輕重，所禀之分，猶當未盡，但多公家之言，少於事外遠致，以此爲恨，亦由無意於文名故也。本未關史書，政恆覺其不可解耳。

既造後漢，轉得統緒。詳觀古今著述及評論，殆少可意者。班氏最有高名，既任情無例，不可甲乙辨，後贊於理近無所得，唯志可推耳。博贍不可及之，整理未必愧也。吾雜傳論，皆有精意深旨，既有裁味，故約其詞句。至於循吏以下及六夷諸序論，筆勢縱放，實天下之奇作。其中合者，往往不減過秦篇。嘗共比方班氏所作，非但不愧之而已。欲徧作諸志，前漢所有者悉令備。雖事不必多，且使見文得盡；又欲因事就卷內發論，以正一代得失，意復未果。贊自是吾文之傑思，殆無一字空設，奇變不窮，同含異體，乃自不知所以稱之。此書行，故應有賞音者。紀傳例爲舉其大略耳，諸細意甚多。自古體大而思精，未有此也。恐世人不能盡之，多貴古賤今，所以稱情狂言耳。

吾於音樂，聽功不及自揮，但所精非雅聲爲可恨。然至於一絕處，亦復何異邪！其中體趣，言之不盡。弦外之意，虛響之音，不知所從而來。雖少許處，而旨態無極。亦嘗以授人，士庶中未有一豪似者。此永不傳矣！

吾書雖小小有意，筆勢不快。餘竟不成就。每愧此名。

後漢書注補志序

劉昭

臣昭曰：昔司馬遷作史記，爰建八書；班固因廣，是曰十志。天人經緯，帝政紘維，區分源奧，開廓著述，創藏山之祕寶，肇刊石之遐貫，誠有繫於春秋，亦自敏於改作。

至乎永平，執簡東觀，紀傳雖顯，書志未聞。推檢舊記，先有地理，張衡欲存炳發，未有成功。靈憲精遠，天文已煥。自蔡邕大弘鳴條，寔多紹宣。協妙元卓，律曆以詳；承洽伯始，禮儀克舉；郊廟社稷，祭祀該明；輪騑冠章，車服贍列。於是應、譙纘其業，董巴襲其軌。司馬續書摠爲八志，律曆之篇仍乎洪、邕所構，車服之本即依董、蔡所立，儀祀得於往制，百官就乎故簿，並籍據前修，以濟一家者也。王教之要，國典之源，粲然略備，可得而知矣。既接繼班書，通其流貫，體裁淵深雖難踰等，序致膚約有傷懸越，後之名史，弗能罷意。叔駿之書，是爲十典，矜緩殺青，竟亦不成。二子平業，俱稱麗富，華轍亂亡，典則偕泯，雅言邃義，於是俱絕。沈、松因循，尤解功創，時改見句，非更搜求，加藝文以矯前棄，流書品採自近錄，初平、永嘉圖籍焚喪，塵消煙滅，焉識其限，借南晉之新虛，爲東漢之故實，是以學者亦無取焉。

具。范曄後漢，良誠跨衆氏，序或未周，志遂全闕。國史鴻曠，須寄勤閑，天才富博，猶俟改前，若草昧厥始，無相憑據，窮其身世，少能已畢。遷有承考之言，固深資父之力，太初以前，班用馬史，十志所因，實多往制，升入校部，出二十載，續志昭表，以助其閒，成父述者，夫何易哉！況曄思雜風塵，心檮成毁，弗克員就，豈以茲乎？夫辭潤婉贍，可得起改，覈求見事，必應寫襲，故序例所論，備精與奪，及語八志，頗褒其美，雖出拔前羣，歸相沿也。又尋本書當作禮樂志，其天文、五行、百官、車服，爲名則同。此外諸篇，不著紀傳，律曆、郡國，必依往式。曄遺書自序，應徧作諸志，前漢有者，悉欲備製，卷中發論，以正得失，書雖未明，其大旨也。曾臺雲構，所缺過乎榱桷，爲山霞高，不終踰乎一壑，鬱絕斯作，吁可痛哉！徒懷纘緝，理慙鉤遠，迺借舊志，注以補之。狹見寡陋，匪同博遠，及其所値，微得論列。分爲三十卷，以合范史。求於齊工，孰曰文類；比茲闕恨，庶賢乎已。昔褚生補子長之削少，馬氏接孟堅之不畢，相成之義，古有之矣。引彼先志，又何猜焉！而歲代逾邈，立言湮散，義存廣求，一隅未覿，兼鍾律之妙，素挹校讎，參曆筭之微，有慙證辨，星候祕阻，圖緯藏嚴，是須甄明，每用疑略，時或有見，頗邀傍遇，非覽正部，事乖詳密。今令行禁止，此書外絕，其有疏漏，諒不足誚。